जीना कितनी बार

जीना कितनी बार

चन्द्र भार्गव

वाणी प्रकाशन

वाणी प्रकाशन

4695, 21-ए, दरियागंज, नयी दिल्ली 110 002

फ़ोन : +91 11 23273167 फ़ैक्स : +91 11 23275710

शाखाएँ

अशोक राजपथ, पटना 800 004, बिहार

कॉफ़ी हाउस कैम्पस, महात्मा गांधी मार्ग, इलाहाबाद 211 001, उत्तर प्रदेश

महात्मा गांधी अन्तरराष्ट्रीय हिन्दी विश्वविद्यालय, वर्धा 442 001, महाराष्ट्र

सुल्तानिया रोड, मोतिया पार्क, भोपाल 462 001, मध्य प्रदेश

www.vaniprakashan.in
marketing@vaniprakashan.in
sales@vaniprakashan.in

JEENA KITNI BAR
by Chandra Bhargav

ISBN : 978-93-88434-39-3
Novel

प्रथम संस्करण 2019

मूल्य : ₹ 395

सिटी प्रेस, दिल्ली-110 095 में मुद्रित

वाणी प्रकाशन का लोगो मक़बूल फ़िदा हुसेन की कूची से

1

अकेलापन, एकान्त, एकाकीपन, तन्हाई—इसे कोई भी संज्ञा दे दो, वास्तविकता तो यही होती है कि जैसे ही हम अकेले होते हैं, शून्यता का मण्डप मन-मस्तिष्क पर छाने लगता है। वैसे ही हमारे अधूरे सपने हमें पूरी तरह से घेर लेते हैं। बादलों की तरह मेघदूत बनकर विचरने लगते हैं। जी करने लगता है कि गिर्द के फैले यथार्थ को नकार कर झट से अपने मनोवांछित स्थान पर पहुँच जायें। और यह स्थिति पल-दर-पल जाने कब हावी हो जाये पता ही नहीं चलता। कहीं न कहीं दायित्वों का हुजूम आपकी आकांक्षाओं के साथ गड्डमड्ड होने लगता है। और आप इस झंझा से निरस्त होने के विकल्प तलाशते हैं।

कुछ ऐसी ही मनःस्थिति सौम्या की रही थी। जिसने अलगाव का पल-पल एक युगदंश-सा झेला था। जब अन्ततः वह सपना जो जाने कितने लम्बे अन्तराल और कितने भटकाव के बाद अपने यथार्थ रूप में मुखरित होने जा रहा था। उसकी सोच भर सौम्या को रोमांचित किये जा रही थी।

वैसे तो वह शिमला बीसियों बार जा चुकी थी। कभी सड़क, कभी रेल तो कभी हेलीकॉप्टर द्वारा। परन्तु इस बार की उड़ान उसे पल-प्रतिपल उस चरम पर पहुँचा रही थी, जिसके लिए उसने वर्षों तप किया था। सौम्या को इस बात की लेशमात्र भी रंजिश नहीं थी क्योंकि उसने सदैव ही अतिवृष्टि या अनावृष्टि में भी कोई सुखद परिणति देखी थी। उसका दृष्टिकोण या यों कहें कि नज़रिया ही ऐसा था कि निविड़तम अन्धकार या गहनतम श्यामल मेघों में भी आशा की चपला देख ही लेती थी।

उसे स्पष्टतया याद था जब वह पहली बार शोभित के साथ शिमला जा रही थी तो उसने धीमे से उसके साथ सटते हुए कहा था—"शभू—क्यों न ड्राइवर को पीछे बैठा कर, गाड़ी मैं चलाऊँ। और आप आगे बैठो मेरे साथ—आगे वाली सीट पर।" इस कहने के अन्दाज़ में एक चंचलता, एक शोख़ी, एक बालहठ था।

"सुशी—पगला गयी हो क्या? अरे पहाड़ी रास्ता है। चढ़ाई अभी शुरू हुई है। सड़क कितनी घुमावदार, कितनी रिस्की है। अच्छे-अच्छों के हाथ-पाँव फूलने लगते हैं।" शोभित को यह विचार मात्र भीतर तक कँपा गया। "ऊँ हूँ ... आप भी न बस! मुझे लेकर हमेशा ही डरे और भीरु ही रहोगे।"

और सौम्या ने कपोल शोभित के कन्धे पर रख दिया था। ड्राइवर रीयर व्यू मिरर से सब देख रहा था।

शोभित ने धीमे से अरुणिमा रंजित दूसरा कपोल धीमे से थपथपाया। एक विद्युत-सी कौंध गयी; नस-नस में और उसे लगा कि वह जैसे असंयत हो रहा है। "ठीक है... आपकी बात तो हुजूर माननी ही है... आपकी अदा ही ऐसी है..।"

और सौम्या का सर धीमे से कन्धे से हटाया।

"चौहान ज़रा गाड़ी साइड पर लगाओ" परवानू जो उस समय कहीं था भी नहीं—और सड़क-एक ओर हरे भरे पहाड़... निश्चित क्रमवार झूमते चीड़ के पेड़... तो दूसरी ओर दुकूल सी सरकती घाटी जिस पर जैसे चीड़ की शाखाओं से बनी लता की कढ़ाई कर रखी हो...। जगह-जगह खिले वनफूल... वह नाम भी पूछे तो किससे? सभी कोई न कोई पहाड़ी नाम ही बता देते...। परन्तु... वह उतरी और सड़क के किनारे खड़े होकर घाटी की लोमहर्षक वादी में डूब गयी...। वो देख रही थी दूर सुरमई पहाड़ों की फैली विराट लीला और शोभित उसकी तन्मयता में मुग्ध था। लगता था शायद गुलाबों ने लाली उसी के रक्तरंजित कपोलों से चुरा ली थी और कलियों ने हँसी—उसी की दूधिया दन्त माला से!

"चलना नहीं है क्या—डियरी—या यहीं पर घर बसाने का इरादा है?" शोभित ने हल्के से कोमल कमल को दबाया—जैसे ज़रा भी अधिक दबाव लगने से हाथ की पंखुड़ियाँ कुम्हला जायेंगी।

"सच में कहूँ—जी करता है—आपके आगोश में सिमटी—यहीं रह जाऊँ...। क्यों राजे... मंजूर है मेरे आका? और उसने शोभित को बाँहों में भरने का क्षणिक सपना लिया। जैसे लतिका पेड़ के तने से लिपट जाये। "क्यों नहीं—जान कहे और हमारी क्या बिसात? पर सुशी अभी तो तुमने स्वर्गिक मार्ग पर क़दम ही रखा है और अभी से कुमुदिनी-सी खिल गयीं और इस फिज़ा की भरपूर छटा देखोगी तो... पर नहीं... वह भी तुम्हारे सामने धुँधला जायेगी...।" और शोभित ने उसके दोनों हाथों को अपने हाथों में ले, रूमानियत को हलका किया...।

ड्राइवर थर्मस से चाय दो मगों में डाल लाया था और साथ ही दो साल्टिश कुकीज़ और दो बटर कुकीज़ एक प्लेट में। सड़क की पेरापिट पर आमने-सामने और बीच में प्लेट...। हलकी-हलकी स्निग्ध-सी ठण्डक। जैसे प्रेमिका का ख़याल-भर भीतर, कहीं बहुत भीतर सिहरन-सी पैदा कर देता है। सौम्या ने पहला घूँट सिप किया और शोभित ने मग को होंठों से छुआ ही था। कोकिला की कूक सी कानों में सुखद अनुभूति पैदा कर गयी। "तुसी कोल (पास) नईं बैठ सकदे...। किन्ना (किराना) डर...। किन्ना शर्माऊँदे ओ... तुआडी वऊटी (आपकी पत्नी) आँ... दुड़ा (भगा) के तानी आँदी...।"

और सौम्या ने प्लेट हाथ में ली, पास सरक कर शोभित के नितम्ब और जाँघ से सटकर बैठ गयी।

ऐसा नहीं था वह शिमला पहले नहीं गयी थी। सातवीं-आठवीं क्लास में तो स्काउट्स और गाइड के कैम्प में तारादेवी भी गयी थी। परन्तु वह थी अल्हड़, मस्ती की उम्र जिसमें वह कौन है, क्या है। लड़की है—तो क्या...? कुछ भी तो नहीं था पता! बस इतना भर जब माँ कह देती—

"सारा दिन मुडियाँ (लड़कों) नाल खेलदी रहदीं ए—चुप करके घर बैठिया कर..."

और वह किताब लेकर बरामदे के कोने में कुर्सी लेकर दुबक कर बैठ जाती।

वह तो उसके बड़े भाई ही थे जो कहते... "बीजी—यही तो उम्र है हँसने-खेलने की... न रोका करो इसको..." कहकर सौम्या को भगा देते...।

सौम्या के माता-पिता वर्षों से अबोहर में रहते थे। पिता रामलाल विनायक, सरकारी स्कूल में हिन्दी-संस्कृत के अध्यापक थे। आठ सदस्यों के परिवार को एक भाषा के टीचर के लिए पालना कितना दुर्गम काम था। यह या तो वो या उनकी पत्नी शीला ही जानती थी। चार बेटे और दो बेटियाँ। सभी पढ़ने में तेज़। परन्तु उतने भी नहीं कि यूनिवर्सिटी की छात्रवृत्ति पा सकें। वह तो रामलाल जी का सनातन धर्म सभा के सेक्रेटरी के नाते, शहर में इतना रसूख था कि बच्चों ने कभी न तो कोई फीस ही दी और न ही कोई पुस्तक ही ख़रीदी। सबसे बड़े लड़के ने ट्यूशनें पढ़ा कर बी.एससी. कर ली और एम.एससी. के लिए बनारस जाने को तत्पर था। परन्तु घर के हालात ऐसे कि पिता जी एक रुपया भी देने में लाचार। यही स्थिति थी कमोबेश प्रत्येक निम्न मध्यवर्गीय परिवार की। वह तो आखिरी दिन खाना खाते हुए—उनकी माँ ने चूल्हे में लकड़ी को आगे सरकाते हुए कहा, "यश, फेर जाणा (जाना) कद (कब) ए।"

"बीजी—कल सवेरे...।"

"टिकट किद्दां (कैसे) लई...।"

"दोस्त ने लै लई...।"

"खाण-पीण लई पैसे...।"

"कितयों (कहीं से) वी भीख मंग के गुजारा कर ई लवाँगे"

माता के पास न कोई उत्तर और न ही कोई साधन...। न ही पति को कहने की हिम्मत। वह भी तो जानती थी घर के हालात। ले दे कर उसके पास भी तो तीन ही सूती धोतियाँ थी। बड़ी बेटी सुनयना शादी के लायक, उससे छोटा बेटा रेलवे में क्लर्क, सबसे बड़े बेटे को दादा जी ने बड़े लाड़-प्यार से आयुर्वेदिक डॉक्टर बना दिया और आप चल बसे—सौम्या पाँचवें स्थान पर और सबसे छोटा बेटा प्राइमरी की पहली क्लास में।

यह थी परिवार की जन्म-कुण्डली—भारत के विभाजन के बाद की कुण्डली से मेल खाती हुई...। परिश्रम, पौरुष, प्रयास, प्रयत्न—ये ही थाती थी ऐसे परिवारों की; जो निःशुल्क उपलब्ध थी। मैट्रिक करने के पश्चात् यदि आगे पढ़ना हो तो अपने बलबूते पर। अन्यथा नौकरी करो। मज़दूरी करो। मार्ग तय था। दिशा-निर्देश स्पष्ट थे। अस्तित्ववाद की राह पर निकलो। बीहड़ों में रास्ता बनाओ और गुप्त-धन निकालो।

वैसे तो विभाजन से पहले या दस-एक साल के बाद की त्रासदी ऐसी ही रही जिसमें आर्थिक तंगी और उससे जनित संघर्ष जैसे हर पल की ही बात हो। माँ-बाप भी क्या करते, परिवार के सदस्यों का पेट पालें या उन्हें उच्च शिक्षा दें। मध्यम या निम्न मध्यम वर्ग इसी जद्दोजहद में उलझा रहता। कोई विकल्प था भी नहीं। कोई विरला यदि रुपया-दो रुपया रिश्वत का जुगाड़ कर भी लेता तो रातों की नींद काफूर और भगवान के चिन्तन में वही रुपल्ली आँखों के सामने घूमती। किसी का डर न भी हो परन्तु समाज, सगे-सम्बन्धियों के सामने क्या साख़ रह जायेगी। परिवार के नाम को ही बट्टा लग जायेगा। और फिर भगवान और स्वयं अपने से बचकर कहाँ जायें। एक ख़ौफ़, किन्हीं परोक्ष आँखों का, भीतर ही भीतर खा जाता था। इसीलिए नैतिकता सर्वोपरि थी। ऐसे में अब बेटे पढ़ें या मज़दूरी करें... यह वे स्वयं ही जानें। परन्तु एक रोष का बीज तो कहीं न कहीं, भीतर ही भीतर पनपता रहता। इन्हीं परिस्थितियों में यश ने वाराणसी के लिए कूच किया। मात्र दो रुपये की धनराशि जेब में संयोजित कर... एम.एससी. की पढ़ाई के लिए! आगे सोचा हरि इच्छा!

सौम्या की बड़ी दीदी के क्लासफेलो मि. युवराज अरोड़ा, जो दो गली छोड़कर रहते थे, उसे प्रायः अपने पास बुला लेते और उसकी बड़ी बहन के बारे में पूछते रहते।

"और तेरी दीदी सुनयना क्या करती रहती है...? घर से बाहर क्यों नहीं निकलती... तुम उसको बुलाकर लाना... कह देना मैंने बुलाया है।"

वह जाकर तोते की तरह रटे-रटाये ढंग से अपनी कैसेट सुना देती। बेशक, उसे पता ही नहीं था कि इन सब बातों का अर्थ क्या है, कैसेट क्या है और सबका परिणाम क्या?

वह तो जन्मी थी विनायक परिवार में, जो जन्मजात कुलीन ब्राह्मण—पूर्णतया सनातनी, आस्थावान्। राम, कृष्ण, हरि भक्त या यों कहो कि सभी के भगत...। पर सौम्या तो धीरे-धीरे पत्रवाहक ही बन गयी—जिसे हर लैटर दीदी तक पहुँचाने के मिलते थे पैसे...। पूरा एक आना। रुपये का सोलहवाँ भाग...।

उस समय की यादें तो ताज़ा ही थीं—यादों का सिलसिला होता ही ऐसा है; सागर के नीर की तरह जो बार-बार बादल, बर्फ़ बनकर उसी में ही लौट आता है। परन्तु इन दस वर्षों में भी इतना बदलाव, जो कालका की चढ़ाई शुरु होते ही, चारों ओर घने हरे जंगलों से ढँके पहाड़, आकाश को छूने की होड़ में चीड़ और देवदार के पेड़, एक से ऊपर एक सर उठाए हुए—मन क्यों न बौरा जाये, ऐसी अवर्णनीय

छटा में। परन्तु अब, बीच-बीच में कटे पेड़ और पहाड़ के शरीर पर सूरजमुखी से दाग। कितनी चिन्ता रहती है इन्सान को अपने चेहरे-मोहरे की, सुन्दरता की परन्तु जिसने उसे यह सब प्रदान किया उसी पर यह जघन्य अत्याचार। पता नहीं कहाँ तक ठीक था, परन्तु बुज़ुर्गों, दादा-दादी के मुँह से तो कई बार सुना था कि अंग्रेजों में लाख बुराइयाँ हों परन्तु कुदरत या नेचर को हमेशा ही अनछुआ रखते थे। यह था, शायद उनका सौन्दर्य के प्रति दृष्टिकोण। घर की चारदीवारी में कुछ भी हो—मनमुटाव, झगड़े... भी; परन्तु सार्वजनिक तौर पर स्त्री का पूरा आदर, पूरा सम्मान, और पूरी शालीनता...। और आजादी के बाद हमारी बेड़ियाँ ऐसी टूटीं कि उच्छृंखलता, अनुशासनहीनता, नियमों, कानूनों का धड़ल्ले से बेख़ौफ़ उल्लंघन। जो साफ़ प्रकट करता था कि हमारी गुलामी तो गयी परन्तु गुलामी की मानसिकता नहीं। क्योंकि गुलाम इतना भयभीत और कुण्ठाग्रस्त होता है कि वह मालिक की नज़रों से ओझल होते ही नियम, कानून तोड़ कर खुश होता है। तो फिर बच्चे भी तो उनका ही अनुसरण करते हैं। सौम्या जाने क्यों, दार्शनिक मुद्रा में लीन थी।

"डियर—इस दिवास्वप्न से बाहर आओ—किसी डिपार्टमेण्ट के एक्साइज़ के झमेले में उलझ गयीं या फिर अपने पीछे तीसरे नेत्र से वादी की मनोरम छटा में खो गयीं।"

"कुछ भी समझ लो; आप पास होते हैं तो उठकर जाने का मन ही नहीं करता।"

"तो ठीक है... रात यहीं गुज़ारते हैं—कोई बात नहीं... शाम होते ही सड़क पर बाघ, सियार और लकड़बग्घे इन बन्दरों और लंगूरों का स्थान ले लेंगे..."

"चलो... फिर तो जल्दी करो, सोलन जाकर लंच भी लेना है... होटल तो मिलेगा नहीं... कोई ढाबा ही सही..."

"इतनी बड़ी अधिकारी के पति होने का गौरव प्राप्त है... लंच भी वैसा ही होगा... तो चलें..."

और शोभित ने हाथ आगे बढ़ाकर उत्पाद एवं सीमा शुल्क के उपआयुक्त को कार तक एस्कार्ट किया। आगे चालक सीट के बगल में फ्रण्ट डोर खोलकर बिठाया और स्वयं स्टीयरिंग थामा।

फिएट सेकेण्ड गियर में शनैः-शनैः स्पीड पकड़ रही थी और चालीस पर पहुँचते पहुँचते, हर घुमावदार मोड़ पर लगता कि अब टकरायी या अब उलटी....।

"तुसी हौली नईं चला सकदे। कॉली (जल्दी) कॉदी (किस बात की) ऐ....! एंज्वाय करो... और मैनूँ बी ठीक तरह वेखण (देखने) दिओ..." "ओ.के. ..." और एक घण्टे बाद कार खड़ी थी पी.डब्ल्यू.डी. के रेस्ट हाउस पर...। सौम्या... वीडियो रिकार्डर से बीच बी्च में, कभी जंगल, कभी पेड़ों की कतारों, कभी, दूर एकाकी झोंपड़ी और उस पर हिमालय का वरद हस्त... थोड़ी-थोड़ी देर में भारी भरकम वीडियो के भार से थक जाती परन्तु वह विहंगम दृश्य उसे जैसे अपने में ही समाए जा रहे हों...

"बौत सोहना ए... और तुहाडे नाल ता होर बी" "[आपके साथ तो और भी]"

उसे याद आया शाम पहुँचते-पहुँचते छः बज गये थे...। सर्किट हाउस...। हिल टॉप... पर। बीस-बाईस फुट ऊँची छत; उसका कमरा... बीस या पच्चीस बाई बीस...। एक दीवार से थोड़ा हटकर डबल बेड... सामने चार आरामकुर्सियाँ, टीकवुड टेबल...। एक ओर स्टडी टेबल, टेबललैम्प, स्टडी चेयर...। बाईं ओर वॉश-रूम...। काफी खुला...। छत से लटकते दो फानूस...। दरवाज़े के सामने की दीवार पर, चिंघाड़ से गुर्राता हुआ चीता...। नहीं, उसका टाँगा हुआ सर। और नीचे फायर प्लेस जिसके ऊपर दीवार के भीतर ही भीतर ऊपर जाती चिमनी। ...डेढ़-दो किलोमीटर क्षेत्र में कुछ देवदार... बी.एस.एफ. के जवानों से तैनात...। लेकिन चारों ओर दूर तक फैली देवदार से ढकी क्रमवार उठती, गिरती... बर्फानी चोटियाँ...। लेकिन उषा की पहली किरण पड़ी सौम्या के मुख मंजुल पर...। फिर हिमालय के भाल पर...। शोभित रात भर तन्द्रिल। ...परन्तु सौम्या स्वप्निल-सी बेसुध...!

रात माल पर घूमते-घूमते काफी देर हो गयी थी। परन्तु अगला दिन रविवार होने के कारण, उन्हें प्रातः जल्दी उठने की चिन्ता न थी। एक दिन पहले ही तो सौम्या लखनऊ से देहली आयी थी। फ्लाइट लेट थी, सो रात्रि भोजन तो विमान में ही हो गया था। बेशक, शोभित ने उसे रिसीव करने के बाद ही रात साढ़े बारह बजे खाना खाया। सौम्या, अपनी आदत के अनुरूप, विमान की परिचारिका से घुलमिल गयी थी। एकदम सुन्दर, सलोनी, सामान्य से तीखी नाक जो उसके थोड़े लम्बे मुख को, आँखों के सम्मोहन और अधरों और कपोलों के गुलाबीपन को और भी कँटीला बना रही थी। केश, कानों के ऊपर से सरकते, एक दो लटें उच्छृंखल, नितम्बों तक गुँथी वेणी...। कोई एक बार बात कर ले, तो जी करे बतियाता ही रहे।

"शुभ...! जानते हो वो ऍयर हॉस्टेस, हाय, इतनी सुन्दर और नाम भी लावण्या... जी में बार-बार आया, काश... तुम उसे देखते... क्या शकुन्तला होगी उसके सामने?"

"पर, मैं क्यों...?"

"अरे... मैं नहीं जानती... कोई भी सुन्दर स्त्री या महिला पास से गुज़र जाये... तो तुम्हारे दिल की धड़कन कैसे... धक् धक्..."

"और तुम्हें देखकर नहीं...?"

"वो तो होती ही है... परन्तु दूसरी महिलाओं को देख कर भी..."

"तुम भी क्या ले बैठीं... एक ओर कहती हो लिखो... कोई नॉवल लिखो... और दूसरी ओर आँखें बन्द रखो..."

"आँखें खोलो... पर दूसरों पर क्यों? हमारी तो नज़र तक नहीं उठती...। शादी से पहले तो मेरे सिवा कुछ दिखाई ही नहीं देता था...।" "अरे डार्लिंग—वो तो अभी भी नहीं...। पर तुम क्या जानो? जिसको भी देखो, तुम्हीं किसी न किसी रूप

में नज़र आती हो...। आप ही सरक जाती हैं उनमें...। आप यह समझ ही नहीं पायेंगी...। जिसने प्रेम किया हो... वो ही जान सकता है।" "यह तो मेरा ही अहोभाग्य है कि देहली यूनिवर्सिटी के प्रोफ़ेसर ने मुझे वर लिया, बेशक, हज़ारों चक्कर काटे हों और सैकड़ों रेस्त्रां और होटलों में मनुहार किये हों... यह तो अपनी अपनी किस्मत है—अब क्यों पछता रहे हो?"

"अगर इसे पछतावा कहते हैं तो मैं सैंकड़ों जन्मों में यह पश्चात्ताप करता रहूँगा परन्तु केवल आपके लिए ही।... आपने हाँ कर दी... यह तो दैवी कृपा ही है; वरना आज तक भटकते ही रहते...।"

इस तरह से बीते थे चार दिन। स्निग्ध शीतलता जो शाम को गर्म कपड़ों से भीतर भी गुदगुदा देती थी जैसे शुभ का हाथ भीतर कुछ टटोल रहा हो। ऊष्मा के कलशों में शीत भरी सिहरन, क्यों न समा जाती सौम्या उसके आलिंगन में। रात को टिमटिमाती चण्डीगढ़ की लाइटें, सूरजपुर की सीमेण्ट फैक्टरी से उठता धुआँ, वादी के घर, कोने, हर झोंपड़ी, हर पेड़ के पैरों से उठते अधेड़ा के केशों से मेघ... हाथों में हाथ लिए युगलों में वे भी एक...। एक-एक पल को आत्मसात कर लिया था सौम्या ने और साथ ही शोभित से वायदा कि वहीं पर किसी पहाड़ी पर बसायेंगे अपना नीड़... दूर तक निहारते अपने प्रेमासक्त विराट स्वरूप को!

और आज पूरे सैंतीस साल बाद सेवानिवृत्त। जब भी सोचो लगता कि शायद उसी जल की धार, किनारे के पत्थर को चूम कर निकली हो, जबकि होता तो वह नीर ही है, जल तरंग ही है—परन्तु वह नहीं—। वह तो होती है उसकी पुनरावृत्ति, उसी कालचक्र या पर्यावरण के चक्र में उलझी। और ऐसा ही होता है जीवन का मार्ग, कितना किया तय और कितना बचा आगे; कौन जाने।

शोभित तो पहले से ही शिमला में था। चाँदीपुर यूनिवर्सिटी के अंग्रेज़ी विभाग में करीबन दस साल तक अध्यक्ष रहा। तत्पश्चात् अध्यक्ष का पद प्रोफ़ेसर को, वरीयता के आधार पर, हर तीन साल में क्रमवार दिया जाता था। तीन बार उसी नियम के अधीन भी अध्यक्ष रहने के बाद, वह सेंटर फॉर एडवांस्ड रिसर्च, शिमला में बतौर निदेशक नियुक्त किया गया। बेशक, अब उनका अपना सुशी नेस्ट विला रिज से नीचे की ओर जाते हुए गवर्नर हाउस से चौथा, ऊँचे-ऊँचे देवदारों से ढँके जाखू हिल के सामने था। लेकिन, शोभित अभी भी एडवांस रिसर्च सेंटर के ऑफ़िशियल आवास में ही था।

सौम्या इसी कोठी में तीन-चार बार आ चुकी थी। करीबन एक किलोमीटर क्षेत्र में आवास, चारों ओर से गुलाबी लताओं और जुही की बेलों से घिरा हुआ था। चार दीवारी पर फैली, लटकती, गुलाबों और जुही के फूलों से लदी लतिकाएँ, अपनी भीनी भीनी सुगन्ध से, पूरे वातावरण में एक अजब सी मादकता बिखेरती थीं। इस विशाल परिसर के एक कोने में सर्वेण्ट क्वार्टर्ज़, खपरैलों की लाल रंग की छतें और

बाक़ी ढाँचा मिट्टी तथा चूने और लकड़ी से बनाया गया ताकि भीतर ठण्डक न महसूस हो। परिसर के बीचोबीच अंग्रेजों के समय का बना हुआ बड़ा सा विला–। सेंट्रल हॉल के चारों ओर छः कमरे–जिनका एक दरवाज़ा हाल में खुलता–और हर कमरे में साथ ही प्रसाधन, ड्रेसिंगरूम और स्काई लाइट...। भीतरी दीवारें टीक वुड की ढलान में लगी खपरैली छतें और विला दूर से कोई समुद्री जहाज़ सा प्रतीत होता था। विला के प्रवेश पर गेट जहाँ बायीं ओर सुरक्षाकर्मी के लिए लकड़ी का केबिन। विला के सामने मखमली हरा लॉन और पीछे किचन गार्डन...। सामने और साइड्ज़ पर अलग-अलग फूलों की क्यारियाँ–अधिकतर झूमते गुलाबी, लाल, पीले, सफेद, नारंगी और न जाने कितने रंगों के गुलाब...। कुछ में मौसमी लिली, रजनीगन्धा, ग्लेडिला, ऐस्टर इत्यादि के झूमते गोल, त्रिकोण, अर्ध गोलाकार भूखण्ड। यदि एक-एक कमरे का वर्णन करें तो बस उसी में उलझे रहें।

सौम्या ने पहली बार, सब जगह, सब ओर चक्कर लगाने के बाद कहा, "वास्तव में ही बहुत सुन्दर है। आपके बयाँ से बीसियों गुना अधिक सुन्दर...। मैंने सब छोड़ कर यहाँ चले आना है। मुझे टाँग रखा है देहली में... इतने साल नौकरी कर ली। अब थक गयी हूँ... अकेले रहते-रहते... बोलते क्यों नहीं...?"

सौम्या शोभित पर झुकी हुई, एक हाथ उसके कन्धे पर रखे, मचल-मचल कर चल रही थी। इतनी वरिष्ठ अधिकारी, परन्तु वो बालपन, नटखट अदा, शोखी, लावण्यमयता अभी भी कायम... जैसे तीस की हो...। ऐसे लम्हे कई बार आये जब सौम्या ने अनुग्रह किया कि वह अकेले सर्विस का भार वहन नहीं कर सकती। कितना तनाव, कितना दबाव, कितनी उल्टी-सीधी अपेक्षाएँ, नियमों का पालन, पालन करो तो सभी नाराज़, कहते कुछ हैं अधिकारी और चाहते पूर्णतया उसके विपरीत। और मन्त्री महोदय, उनकी तो पूछो ही मत...। उन्हें आपके कायदे-कानून से कोई मतलब नहीं, सब उलटा। बस, होना ही है। वह तो यदि आपका वरिष्ठ अधिकारी आपका समर्थन और आपको आलम्बन न दे, तो आपका कैरियर ताक़ पर... गर्त में...। और महिलाओं के लिए तो सभी परिस्थितियाँ विपरीत ही। एक-एक वर्ष कैसे बिताया सौम्या ने... वही जानती थी।

परन्तु शोभित उसे सर्विस छोड़ने को क्यों नहीं कहते...? क्यों नहीं सहमत होते...? हर बार सौम्या सोचती। परन्तु किसी ठोस कारण या निष्कर्ष पर पहुँच ही नहीं पाती। लगता है शोभित को अब पैसे से प्यार हो गया है–मुझसे भी अधिक। सभी अपनी पत्नियों को बिना नौकरी रखते ही हैं। कितने प्रतिशत नौकरी करती हैं? होंगी तीस प्रतिशत। बेशक, मेरे पास डाटा नहीं है तो भी मध्यम वर्गीय महिलाएँ तो इसलिए सर्विस करती हैं कि उनके परिवार का निर्वाह, एक तनख़्वाह से नहीं होता और उन्हें पैसे-पैसे के लिए पति की ओर देखना पड़ता है। और निम्न वर्ग, उनके पास तो कोई विकल्प है ही नहीं। परन्तु मैं... घर में बैठ कर भी ट्यूशन कर सकती

हूँ... और बच्चों की भी सुचारु रूप से देखभाल कर सकती हूँ...। वैसे एक तरह से सोचा जाये तो लगता है शोभित ठीक ही कहते हैं... जब भी मिसेज़ खन्ना मिसेज़ शर्मा और न जाने कितनी... सभी मिलती हैं–तो यही कहेंगी कि नौकरी छोड़ कर गलती कर ली... अब मिल जाये तो आज कर लूँ... और मुझसे तकाजा करेंगी कि कहीं भी नौकरी दिलवा दो... कुछ बात तो है ही न...!

उन दिनों सौम्या की पोस्टिंग सूरत में थी। दोनों बेटियाँ अभी छोटी ही थीं। शिखा छः साल तथा महक तीन की। वह उपायुक्त (केन्द्रीय उत्पाद एवं सीमा शुल्क) के पद पर आसीन थी। उसका तीन बेडरूम का फ्लैट, अठवालाईंस पर आकृति सोसाइटी में था। बेटियों के लिए पूरे दिन आया (मेड) का प्रबन्ध था। परन्तु बेटियों के दिलों से असुरक्षा की भावना कैसे दूर की जाये। चाहे आया पचास से ऊपर की, विधवा थी, जिसके बेटा, बेटी की शादी हो चुकी थी, परन्तु फिर भी गुजराती होने के कारण, सौम्या और बेटियों को बातचीत में काफी कठिनाई होती थी। उस पर सूरत शहर ऐसा, कि सड़कों, होटलों, गलियों में गन्दगी के ढेर। मलेरिया, डेंगू, वायरल तो रोज़मर्रा की मुसीबत। उस रविवार शोभित देहली से आया हुआ था। वह डाइनिंग टेबल पर बैठा बेटियों को ब्रेड जैम दे कर, स्वयं पराँठे के इन्तज़ार में था। ग्यारह बज चुके थे और बाई अभी तक आयी नहीं थी।

सौम्या चाहती थी कि पूरे एक महीने बाद शोभित दिल्ली से आये हैं, तो उनका पूरा ध्यान रखा जाये। परन्तु कामकाजी महिला का मन; शरीर का कभी भी साथ नहीं देता। मन में उलझनें होती हैं अपने कार्यभार की, उसका निष्पादन तथा सभी तरह के दबावों के बीच भी सतर्कता, स्टाफ की निजी तथा पारस्परिक समस्याएँ... और यह झंझा लगातार समानान्तर हर काम के साथ चलती ही है। मायके से कोई आ नहीं सकता और ससुराल से जो भी आये अपना काम छोड़कर, अतिथि के तौर पर। महिला लाख सन्तुलन रखने का यत्न करे, परन्तु इस सब का प्रभाव कहीं तो होता ही है।

"अई... क्या मुसीबत है...?" सौम्या किचन से चिल्लाई।

शोभित लॉबी से फौरन भागा किचन में गया। देखा, सौम्या उँगलियों पर फूँक मार रही थी। दाहिना हाथ बायें हाथ से पकड़ा हुआ। शोभित ने झट से दाहिने हाथ की पाँचों उँगलियाँ गीले आटे में घुसा दीं।

"कहा था ना, आप रहने दो...। ब्रेड खा लेते या फिर मैं बना देता। अब ऐसे ही रुकना।" और झट से अपनी शेविंग किट से बरनौल क्रीम लाकर लगा दी।

"क्या करूँ? फिर कह दोगे–इतने दिन बाद आया हूँ–फिर वही ब्रेड... ताने देने में भी तो मिनट भर लगाते हो...।"

"अच्छा, अब आप चलो, बच्चों के पास बैठो। अब मैं देखता हूँ...।" और उसने सौम्या की कमर में हाथ को घेरा बना, उसे डाइनिंग चेयर पर बैठा दिया।

"नहीं, अब मुझे ब्रेड ही खानी है... आप रहने दें..." अरे डियर...! बस... एक मिनट... सारा काम तो आपने कर ही रखा है...। अभी मैं लाता हूँ... आप शुरू करो... और मैं आपके खाते खाते आया।"

"पापा—! फोर्क, नाइफ दें... मैं मम्मी को काट कर खिला देती हूँ। एक दो बाइट खोची (महक) के मुँह में भी डाल देती हूँ...।"

"ओ.के. माय स्वीट चॅफ्फी... पर पहले एक मीठी सी पारी, मुझे न सही.. पर मम्मी को।" और खोची और चॅफ्फी जो महक और शिखा के पेट नेम थे... जाकर मम्मी से चिपट गयीं। मम्मी की पीड़ा तो बच्चे ही हर सकते हैं।

"कितनी बार कह चुकी हूँ कि यह ऑफिस की टेंशन, बच्चों की टेंशन, उनकी देखभाल, उनके स्कूल का काम, खाना-पीना... सब कुछ मैनेज करते करते टूट जाती हूँ। क्यों नहीं घर से किसी को बुला लेते। नहीं तो कोई कपल ही हिमाचल से अरेंज करो जो पीछे से बच्चों और घर को सँभाले। अब मेरे से नहीं सँभलता...। आप जानो, आपका काम...। कुछ जवाब तो दो...। घुन-मुन से चुप हो कर बैठ जाते हो।" सौम्या आज कुछ असामान्य मानसिक तनाव में थी। तभी उसने विप्लव की भाँति भीतरी लावा उगल दिया...। जो कब शान्त होगा... शोभित भी हतप्रभ-सा सुनता रहा।

"अब बोलूँ क्या...? कई बार कोशिश की... पर कोई भी इतनी दूर आने को तैयार नहीं होता।" शोभित पूर्णतया बचाव मुद्रा में था।

"नहीं कुछ कर सकते तो स्वयं छुट्टी ले लो...। आज तो फ़ैसला करना ही होगा। मैं अब दिन रात पिसती पिसती ब्रेक डॉउन की स्टेज पर पहुँच गयी हूँ...।" शोभित को लगा कि ज्वाला और प्रचण्ड हो रही है।

बच्चे ऐसी नोंकझोंक के अभ्यस्त से हो चुके थे। परन्तु इस बार की विभीषिका उनके मानसिक सन्तुलन पर गहरी चोट कर रही थी। शोभित जानता था कि बच्चों में असुरक्षा की भावना पैदा हो जाती है जो उनके विकास का ह्रास करती है।

"अच्छा, अभी शान्त हो जाओ... फिर बात करेंगे।" शोभित ने समस्या के निलम्बन में ही कल्याण समझा।

"बस... वही पुरानी टालू चाल...। कहा ना, निदान। मेरे पास कोई अलादीन का चिराग है जो अभी के अभी हुज़ूर की सेवा में परिचारिका पेश कर दूँ। मुझे भी उतनी ही चिन्ता है।"

"बहुत देख ली चिन्ता। कमिश्नर कहता है टूर करो, सर्वे करो... रात रात भर लगो... और जनाब के पास मेरी नौकरी के लिए वक्त ही नहीं। आज फ़ैसला करना ही होगा।" सौम्या आज ग़ुबार से भरी हुई थी। "शिखा बेटे... महक को गार्डन में ले जाओ...। हम अभी आते हैं।" शोभित ने स्थिति सँभालने का प्रयास किया।

पूरा दिन... एक भयावह मौन छाया रहा। बच्चों को खाना खिलाया। परन्तु सौम्या-शोभित... मूक, निःशब्द...। अलग-अलग कमरों में...जैसे नदिया दो पाटों में बँट गयी हो। बच्चे सहमे-सहमे। डरे-डरे। किससे बात करें। कौन सही, कौन गलत...। पता नहीं। उन्हें तो दोनों चाहिए। हँसते, खेलते...।

"पापा आप ही मम्मी को मना लो...। हमें तो नींद भी नहीं आ रही...। डर लग रहा है। और महक, देखो... कैसे मुरझा गयी है। और परसों आप चले जाओगे।" शिखा ने पापा की गोद में सर रख डरते-डरते कहा।

"नहीं बेटा... ऐसे थोड़े छोड़ेंगे अपने दोनों प्यारे-प्यारे बच्चों को... कल सुबह सब ठीक हो जायेगा..."

"प्रॉमिज़।"

"हाँ प्यारे बेटे, प्रॉमिज़।"

और शोभित ने पन्द्रह दिन की छुट्टी ले ली। दो जीवन्त देशों के बीच तनावपूर्ण परिस्थितियाँ पैदा होती रहीं...। शान्त होती रहीं...। ज़िन्दगी यूँ ही चलती रही...। बच्चे कक्षाएँ चढ़ते रहे।।

बीच में जब पहली बार सौम्या की पोस्टिंग चण्डीगढ़ में हुई उस समय वह अपने विभाग में अतिरिक्त आयुक्त का कार्यभार सँभाले हुए थी। ऑफिस सेक्टर नौ में था। आवास की व्यवस्था की आवश्यकता नहीं थी क्योंकि शोभित को यूनिवर्सिटी परिसर में एक भव्य बँगला मिला हुआ था। अधिक नहीं तो, कम-से-कम; एक एकड़ में फैला बँगला, ग्रासी लॉन, करीने से बॉर्डर पर फूलों की क्यारियों का जैसे दुकूल पर पैच-वर्क और आम, सन्तरा, पपीता, नीबू, प्लम के फलदार पेड़ तथा कोठी के चारों ओर सिल्वर, ओक, बॉटल ब्रश, गुल मोहर के पेड़।

मुख्य गेट से करीबन सौ गज भीतर जाकर बँगला, बीच में ड्राइंग, साइड में किचन, एक ओर डाइनिंग, बेडरूम और गेस्टरूम और बायीं ओर से ऊपर जाकर तीन बेडरूम, फर्स्ट फ्लोर पर। सभी बेडरूम्स के साथ प्रसाधन, बाहर खुलती बालकोनी जहाँ से दिखती थीं हरियाली के सागर में टापू सी भव्य इमारतें... जो अपनी अस्मिता की अमिट छाप छोड़ती थीं। सारे यूनिवर्सिटी कैम्पस में स्टूडेंट्स की गहमा-गहमी, सभी तरह की तितलियाँ, भँवरे और बीच-बीच में पतंगे। पूरा वातावरण सतरंगी, जीवन्त, चटकीला, प्रफुल्ल और उत्तेजनापूर्ण।

जबकि सौम्या की प्रकृति के अनुसार या फिर उनके विभाग की परिपाटी और चलन के अनुरूप, कोई उसे न तो मिलने ही आता, या आ सकता था या फ़ोन भी यदाकदा। वह भी जब तक अति आवश्यक न हो। महीना भर तो सौम्या ने केवल देखा ही, अवलोकन ही किया। परन्तु एक दिन, रविवार ही था शायद—दो लड़कियाँ, बीस-बाईस की होंगी, यौवन का खुमार फूट-फूट पड़ता, गौर वर्णा और लालिमा मुख मण्डल से जैसे टपक जाये। सुबह के साढ़े आठ—चॅफ्फी और खोची

अभी सो ही रही थीं और वे दोनों लॉन में बैठे चाय पी रहे थे। नवम्बर का अन्तिम सप्ताह, ठण्डक अपना प्रकोप बढ़ा रही थी। प्रातः की स्निग्ध, सम्मोहक धूप, गर्म गाउन के भीतर भी, धीमी-सी ऊष्मा, सुखद अनुभूति दे रही थी। रात के प्रेम-प्रलाप की प्रगाढ़ता, अंग-अंग में आनन्दातिरेक की तन्द्रा पसरी हुई थी। जी करता था कि धूप में ही ऐसे बैठे रहें, किसी अनन्त पल की प्रतीक्षा में। इतने में डोरबैल बजी। एक मिनट के अन्तराल पर दोबारा—

शोभित उठने को था—"मैं देखता हूँ...।"

"आप बैठें, कजरी अभी आने वाली ही होगी... मैं जाती हूँ...।"

जाकर जाली के दरवाज़े से देखा, वही रोज़मर्रा की तरह, लड़कियों के लगातार आते क्रम में से दो लड़कियाँ...। उसने दरवाज़ा खोला...

"गुड मॉर्निंग मैम... सर हैं क्या?"

"आप...?"

"मैं आस्था और यह आकांक्षा... सर से थीसिस की रूपरेखा के बारे में बात करनी थी...।"

"अरे... सण्डे को तो ज़रा चैन लेने दिया करो... आप फ़ोन करके अपॉइंटमेंट लेकर आया करें..."

"मैम, सर ने कह रखा है, जब मर्ज़ी आ जाया करो... तभी हम आयी हैं।"

"ओ.के., आप अन्दर बैठें... मैं भेजती हूँ..."

बाहर जाकर सौम्या ने कहा... "जाइए हुज़ूर... आपकी गोपिकाएँ आयी हैं—गोपिकाएँ नहीं... अभिसारिकाएँ... सन्डे को भी चैन नहीं।"

शोभित चुपचाप उठा। बिना एक शब्द बोले...। भीतर ड्राइंगरूम में गया... और वही औपचारिक वार्ता...। पीएच.डी. के विषय पर चर्चा। आधे घण्टे बाद कजरी चाय और बिस्किट ले आयी। आगे-पीछे तो नाश्ता भी करवा देता... परन्तु आज नहीं... मैडम का मूड ज़रा उखड़ा हुआ है। सौम्या बाहर बैठी अख़बार के पन्ने पलटती रही और साथ ही चलता रहा मन का यन्त्र; जो शोभित के जीने के सलीके, काम करने के तरीके पर लगातार वीडियो रिकॉर्डिंग कर रहा था।

"वाक़ई—!" अजीब ही हैं ये। लव मैरिज की। सौ मनुहार, हज़ारों नाज़-नखरों के बाद तो हाँ करवायी...कसमें खायीं—घुटने दबाये...जगह-जगह चक्कर काटे...। जो जब चाहा मिला। सेक्स... वह भी... मूड हो न हो... तो बलात्! ...नहीं तो गुस्सा, मुँह फूला हुआ...। बेटियों पर नाराज़गी...। तो सोचा शान्ति के लिए, घर के सुखद वातावरण के लिए सील गाय ही बने रहो।

क्या नहीं किया...। कॉम्पिटीशन दिया। जनाब का ध्यान; तैयारी से अधिक मुझमें... फिर वही हुआ। मैं ट्रेनिंग में और ये लगे रहे पीएच.डी. में। अच्छा हुआ हो गयी... नहीं तो, होती कितनी कुण्ठा, घुटन और क्षोभ। वैसे प्रवीण, बुद्धिमान और

हँसमुख थे तभी तो इतनी जल्दी प्रोफ़ेसर हो गये। परन्तु हर जगह मेरे साथ... मेरी सर्विस, मेरे पद का रोब, बेशक, इशारों में ही...। पर अब... लड़कियाँ देखी नहीं कि फिदा, लट्टू... मर्यादा... लक्ष्मण रेखा... क्या पता कहाँ तक जाते हैं। फिसलन तो मर्द की फितरत है। और लड़कियाँ, आजकल की, कैरियर के लिए कोई सीमा नहीं। सभी लाँघ जायेंगी... अपना उल्लू सीधा होना चाहिए। वैसे कहने को जनाब के पास फुर्सत नहीं–टेलीफ़ोन करो तो थोड़ी ही देर में या फिर झट से बन्द कर देंगे परन्तु इन 'हीरों' के लिए समय ही समय–हों या फिर गोपियों के कृष्ण। वैसे तो ये ज्वालाएँ ही कौन-सी कम हैं–ज़रा कोई लिफ्ट दे, ज़रा कोई हँस कर बतियाए तो झट से आग़ोश में जाने को तत्पर रहती हैं। उन्हें तो सरोकार रहता है अपने नम्बरों से, अपनी पीएच.डी. से, अपने थीसिज़ से; और एक बार यूनिवर्सिटी के डिपार्टमेन्ट में समायोजित हुए, नियुक्त हो गये तो कौन पूछता है फिर विगत को। फिर दिखता है ज्वलन्त, देदीप्यमान, अनागत–सुनहला भविष्य!

मुझे तो कई बार लगता है कि शोभित ने जान बूझकर आई.ए.एस. को क्वालिफाइ नहीं किया। साभिप्राय अर्हता प्राप्त करने में प्रयास नहीं किया। अन्यथा जिसने मुझे तैयारी करवाई हो, वह स्वयं योग्यता सूची में रह जाये, घण्टे मिलन गामिनियों से घिरे, कामाकांक्षा से संलिप्त–। एक रसिक को क्या चाहिए आखिर....। जो पहली ही नज़र में प्रेम-पाश में बँध जाये और उसे प्राप्त करने तक संकल्पित हो, वह ऐसे कितने शर, कितने बाण, कितनी कामुक आँखें, उनके नये नशीले अन्दाज़ कहाँ-कहाँ बचा सकता है स्वयं को। ऐसा असंयत, जो कहता है कि वह मेरा ही बिम्ब देखता है सभी में। यह आत्म-प्रवंचना तो नहीं? परन्तु नारी का भावनात्मक छलावा तो अवश्य ही है! मुझे बख़ूबी याद है, उस दिन जब मैं मीटिंग से, तीन बजे सीधी घर आ गयी थी तो साधना ने दरवाज़ा खोला था। मैं तो देखकर हतप्रभ रह गयी–वह तो पेटीकोट में थी। पीछे से प्रकाश पुंज उसके शरीर का अंग-अंग मुखरित कर रहा था। पूरी टाँगें, नितम्ब, लगा पेंटी भी नहीं और ब्रा भी, जैसे हुक खुले हों। मेरे पूछने पर सकपका गयी और शोभित ने बताया कि उसकी साड़ी पर चाय गिर गयी थी। परन्तु संवाद पूरे दस दिन बन्द रहा और नौकर ने बताया कि इन दिनों घर पर कोई नहीं आया।

वैसे, अविश्वास, शक, शंका करो तो कोई सीमा नहीं। जीवन और विशेषतया वैवाहिक दाम्पत्य तो विश्वास की पटरी पर ही चलता है। भारतीय पद्धति या उनके सूत्रों के अनुसार स्त्री-पुरुष, गृहस्थी के रथ के दो पहिये हैं–जो बराबर अधिकार, सम गति और समान सबलता के साथ चलें तभी जीवन सुचारु ढंग से चल सकता है। यही है शायद दम्पति की परिभाषा। परन्तु इंगलिश में तो दम्पति को कपल कहते हैं। उसके लिए गणित की परिभाषा अधिक सटीक लगती है जिसमें दो समान

शक्तियाँ, अलग-अलग बिन्दुओं पर विपरीत दिशा में अपना बल प्रयोग करती हैं। और सन्तुलित रहती हैं।

अचानक उसकी ध्यानमुद्रा भंग हुई। एक खरगोश उसके पाँव के पास बैठा था। शायद छू गया हो। कितनी सम्मोहक गुदाज़ी अनुभूति थी। वह बिना हिलेडुले उसे निहारती रही। जैसे ही वह उसे छूने को झुकी, वह भाग गया—फुदकता हुआ—। भीतर से दोनों लड़कियों के हँसने की आवाज़ आ रही थी, पहले से भी अधिक स्वच्छन्द, उन्मुक्त!

वो उठी, भीतर गयी। तो छात्राएँ—वैसा ही कहना होगा—झेंप-सी गयीं।

"आप लोग सन्डे को तो प्रोफ़ेसर साहब को थोड़ा आराम करने दिया करो। अभी तो ये फ्रेश भी नहीं हुए हैं।"

"सॉरी मैम... वैसे ही... बातचीत में ज़्यादा ही समय लग गया... सर... थैंक्स... हम चलती हैं।" और वे उसी बलखाती वेगवती लहर-सी उठीं... लम्बी अधगुँथी वेणी पीछे झूल रही थी मानों जुही की बेल की लहरें हवा के झोंके से लहरा रही हों।

"ओ.के. जैसे चर्चा हुई न, उसी तरह संक्षेप में अपने विषय की रूपरेखा लिख लेना। फिर मुझे किसी भी दिन डिपार्टमेण्ट में दिखा देना।"

असन्तोष की कालिमा उन दोनों के चेहरों पर चाँद के सलोनेपन को छूती-छूती हुई बदली की तरह गुज़र गयी।

"वैसे, आप भी, सच में ही कमाल हैं। सात दिन में एक तो इतवार आता है। कितने काम सोच रखे होते हैं; कितनी बातें डिस्कस करनी होती हैं। और आप हैं कि आपको अपनी युवतियों से विराम मिले तब न! और बच्चों को कभी कसम खाने के लिए भी, गाइड नहीं किया। न तो पढ़ाई में और न ही उनके जीवन को निर्दिष्ट करने में। छोड़ो... वैसे ही... आज का दिन ही चौपट कर दिया।"

"आप तो बेवजह, ज़रा-सी बात को इतना तूल दे रही हैं। मैंने तो कभी आपके कार्य-निष्पादन या उसके सलीके पर तपसरा या हस्तक्षेप नहीं किया।"

"कर भी नहीं सकते। मैं काम से काम रखती हूँ—आय मीन बिज़नेस...। अपनी बात संक्षेप में कहो और जाओ। और लोग इतने तेज़ होते हैं कि संकेत झट से समझ जाते हैं। जो अनर्गल वार्ता, क़िस्से-कहानियों को तरजीह या महत्त्व देते हैं वो ही फ़ाइलों के अम्बार अपने आगे-पीछे बिखेरे रखते हैं। फिर कहेंगे काम ही इतना होता है कि घर पर भी फुर्सत नहीं मिलती। वो हैं न मिस्टर सेठ, उनका अपनी पत्नी पर इतना प्रभुत्व है कि वह कहती नहीं थकतीं कि इनके पास तो काम ही इतना देखा है कि कभी भी रात के दो से पहले सोते ही नहीं। अब वही चार्ज मेरे पास है। दिन भर तो हर क़िस्से की रामायण और दो मिनट की बात समाप्त करेंगे पूरे दो घण्टे में... अपना समय तो व्यर्थ बरबाद करते ही हैं दूसरे को भी उसी रस्सी से बाँधे रहते हैं। और होते ही हैं ऐसे अधिकारी लोकप्रिय —जैसे नौकरी भी गणतन्त्र

के अनुरूप चलेगी –जहाँ मतगणना पर ही पदोन्नति दी जायेगी। बहुत से वरिष्ठ अधिकारी ऐसी ही गपशप वाली प्रणाली से प्रभावित होते हैं। ख़ैर, छोड़ो... अब... नाश्ते का इरादा है या नहीं...?"

"मैडम... इतनी प्रताड़ना के बाद तो लंच की भी आवश्यकता नहीं...वरिष्ठ अधिकारी और वो भी केन्द्रीय सरकार की... हमारी क्या मजाल ज़रा भी बोल जायें... जेल गये तो जमानत भी नहीं होगी–दोहरी कारा शायद असहनीय हो..."

"दोहरी कारा... मतलब..."

"एक तो हम वैसे ही आपके सलोनेपन और सौन्दर्य की कारा में हैं फिर ये तेवर... कत्ल करने की ही ठान ली है क्या?"

"बस करो... पता है... मन में वो ही आकांक्षा, वो ही अपेक्षा, वो ही अभीप्सा... पता नहीं कितने घर हैं आपके भीतर... कौन थाह ले?"

"ठीक ही तो है जो राजकीय तन्त्र पूरा देश और समाज चला रहा है, उससे घर पर पूरा नियन्त्रण अपेक्षित ही है। वैसे भी विश्वास और शंका में झीना-सा पर्दा ही तो होता है, परन्तु होती है उसमें पूरी पारदर्शिता। शेष तो होता है मन का ही भ्रमजाल, उसी का ताना-बाना, जो होने को सुरभित उद्यान भी हो सकता है, अन्यथा कँटीला बीहड़। मैं तो यही मानता हूँ प्रत्येक दम्पति और विशेषकर यदि वह प्रणय-सूत्र की निष्ठा में पिरोया गया हो; तो उनकी समर्पिता का मूल आधार पारस्परिक निष्ठा, आपसी प्रेम की (अभेद्य) प्राचीर और परस्पर विश्वास का प्रत्येक निःश्वास। प्रत्यक्ष या परोक्ष किसी भी परिस्थिति में रहें वो। बाक़ी सब है आत्म-प्रवंचना, फरेब, छल, छद्म, मिथ्याचार; या यूँ कहो कि बेवफाई।"

सौम्या पूरे मनोयोग से सुन रही थी। इतने में कजरी आयी और उसके साथ उनकी दोनों बेटियाँ भी। दोनों ने पहले मम्मा को प्यार किया, फिर मिलीं पापा के गले और घोल दिया जीवन अमृत, जो शायद जीने की समस्त ऊर्जा होती है, मनोहारी मृदुता। दोनों ने ही अपने-अपने मनोभावों से सोचा कि बेटियाँ, ईश्वर का सबसे बड़ा वरदान होती हैं क्योंकि उन्हीं में तो होते हैं सृष्टि के सम्पूर्ण अंश...। वो ही शक्ति, वो ही ओज, ऊर्जा, जयन्ती, जया, ज्योत्स्ना, सौम्या, स्तुति, सृजना, जननी सभी कुछ तो है... वह ही सम्पूर्ण है।

"पापा, सुबह-सुबह ही आप दोनों कौन-सी डिस्कशन में उलझ गये... ऊपर तक आवाज़ आ रही थी।"

"सॉरी बेटा... वैसे ही... कुछ तो बात करनी ही होती है" और शोभित ने बात का रुख़ मोड़ दिया।

सौम्या ने नाश्ता बाहर लॉन में लगवा दिया। कार्न फ्लेक्स, टमेटो रवा उत्तप्पम, गोभी के पराँठे, और बटर जैम ब्रेड। चार सदस्य और चार पसन्द। सभी अपनी अपनी रुचि से अभिभूत। परन्तु बेटियों के लिए दूध अनिवार्य।

कजरी तीस के करीब। नाम के अनुरूप करारी आँखें—जैसे अधपके आमों पर हलकी-सी प्याजी रंगत—इकहरा तन बदन परन्तु पूर्णतया प्लावित वक्ष और तराशी हुई खजुराहो की कटि, रंग साँवला और क़द जैसे बढ़ता कदम्ब। यदि साधन सम्पन्न होती, तो किसी भी कॉलेज या यूनिवर्सिटी की सौन्दर्य प्रतियोगिता को सहज ही जीत लेती। ऐसा नहीं था, कि सौम्या को किसी प्रकार की चुनौती थी या फिर अपने दाम्पत्य साम्राज्य के असुरक्षा की आशंका। परन्तु कुछ छिटपुट घटनाएँ उसे कहीं न कहीं उद्वेलित तो अवश्य ही कर देती थीं। सौम्या ने शोभित को कितनी ही बार कहा—“आप इसके पति को अपने विभाग में न सही परन्तु किसी दूसरे विभाग में चपरासी या माली लगवा दें। डॉ. शुक्ला उस दिन कह तो रहे थे कि आपके और समाजशास्त्र विभाग में दो-दो बार स्थान रिक्त हुए। परन्तु आपको क्या। यह राम भरोसे रोज़ सुबह सात बजे निकलता है और शाम सात बजे लौटता है। मेसन या मज़दूरी का काम तो ऐसा ही होता है।”

“मैडम, आप क्या जानें? हर विभाग की अपनी पॉलिटिक्स होती है। उससे निबट भी लो तो वी.सी. भी अपनी असमर्थता जता देते हैं कि चण्डीगढ़ तीन-तीन राज्यों की राजधानी है। हर नियुक्ति के लिए केन्द्रीय मन्त्री की सिफ़ारिश।”

“वो तो मैं जानती हूँ, परन्तु फिर भी आपको कुछ न कुछ तो करना ही चाहिए।”

“इसमें तो आप ही कुछ करें तो करें। अब अपने बस में तो है नहीं।”

“मुझे पता ही है कि आप तो कोई दायित्व नहीं निभा सकते। न घर का, न बच्चों का, न ही बाहर का। पूरा घर मैं ही चलाती हूँ। कभी सोचा है मुझ पर कितना स्ट्रैस, कितना तनाव रहता है। शाम तक शारीरिक और मानसिक रूप से पूरी तरह टूट जाती हूँ।”

“ठीक है बाहर की सब ज़िम्मेदारी मेरी...।”

“कितनी ही बार आपने यह बीड़ा उठाया, कभी भीतर झाँक कर देखो, निभाया है कभी...? कोई आ जाये, आगन्तुक, अतिथि, प्रोफ़ेसर या फिर वो तितलियाँ, जनाब तो शहंशाह की तरह सोफ़े पर पसरे ऑर्डर कर देंगे। घर में स्नैक्स हैं या नहीं—आपको क्या मतलब? मेरा दायित्व आपसे कहीं अधिक है... कभी पूछा है कैसे... कैसे निबाहती हो... क्लाइंट्स से, अधिकारियों, से कर्मचारियों से और फिर राजनेताओं से...। हम ठहरे मज़दूर... आप ठहरे बुद्धिजीवी... आपको तो समाज को दिशा दिखानी है।”

"ओ.के. मैम... अब बस भी करो... ठीक है खुद ही बना लूँगा... अब तो ज़रा वह कातिलाना छुरी चला दो... बस एक...।"

बात आयी-गयी हो गयी। परन्तु खुशवन्त सिंह ने विमेन (औरतें) में जो लिखा, हो सकता है वह पूर्णतया कपोल-कल्पित हो। परन्तु यथार्थ को मात्र कल्पना कहकर तो नहीं नज़रअन्दाज़ कर सकते।

मर्द की तो फितरत ही ऐसी है। उसके लिए स्त्री तो स्त्री ही है। वह तो उसके लिए देह मात्र है। चाहे वह मन्त्री हो, सचिव हो, प्रोफ़ेसर हो, सी.ई.ओ., टीचर या फिर नौकरानी या श्रमिक ही क्यों न हो। ज़रा ठीक सी, सुन्दर या उसके आसपास मांसलता में लिपटी या छरहरी औरत हो तो कुत्तों की तरह लार टपकने लगती है। एक हिसाब से बुर्क़ा ठीक ही है। बिना बात की फिसलन तो नहीं।

उस दिन फ़ाइल मुख्य आयुक्त को थमाई तो उसने जैसे हाथ ही थाम लिया। मैंने झट से हाथ खींच लिया। और, "सर, आइ रिस्पेक्ट यू, बी विदइन योर लिमिट्स..." और कह कर झट से उठकर बाहर चली आयी। अब जब भी बुलाते हैं तो मैं किसी न किसी को साथ ही ले जाती हूँ। परन्तु कामकाजी महिलाओं ने तो अपने लिए मुसीबत ही पैदा कर ली है। हर ओर, हर जगह भेड़िए, तेंदुए और सियार... शिकारी हैं—कुदृष्टि से कैसे बाज़ आयें।

और यह कजरी। काम करती है तो इतना बन ठन कर आने की क्या ज़रूरत लेकिन एक-एक अंग की वक्रता जैसे साड़ी, ब्लाउज फाड़ ही देगी। औरतें कौन-सा जाल फेंकने से बाज आती हैं। जब भी पोंछा लगाती है, तभी इन्हें भी अख़बार सूझता है। और वो है कि पल्लू या चुनरी को सरकने देती है और ये कैसी ललचाई निगाहों से देखते हैं। मुझे तो यह मानसिक विकृति पूर्ण मनुष्य जाति में ही लगती है। इस कजरी का क्या कसूर...? पर एक बात तो है ही कि कजरी को कितनी बार कहा—"जहाँ, डॉक्टर साहब बैठे हों, वहाँ पोंछा और सफाई बाद में कर लिया कर—पर तुम सुनती कब हो।"

"मैडम, काम खत्म कर मुझे बच्चों को भी खाना खिलाना होता है, नहीं तो काम रह ही जाता है।"

"और जो डॉक्टर साहब डिस्टर्ब होते हैं, मेरा भी ध्यान बँटता है। पर तुम्हें इस सबसे क्या?"

"ठीक है मैडम, आगे से ध्यान रखूँगी।"

परन्तु अगले दिन फिर वही टेढ़ी दुम—वो ही ठुमक, वो ही लचक, वो ही उरोज प्रदर्शन। सच में ही आज तो क्या, कभी भी, किसी भी युग में पुरुष नियन्त्रित हुआ है क्या? और स्त्री भी तो अपनी मोहिनी से उसे निरन्तर आकृष्ट करती ही रही है। पानी तो ढलान की ओर बहेगा ही, केवल ढलान को ही समतल बनाया जा सकता है। सौम्या ने सोचा कि इस कजरी का घरवाला सुबह ही निकल जाता है और मैं भी

करीबन समय पर नौ बजे निकल कर शाम को छः-सात से पहले आती नहीं। पीछे शोभित के पास कौन आता-जाता है, सभी के आतिथ्य का ध्यान यह कजरी ही तो करती है और दिन भर घर में घुसी रहती है। तभी तो मैं चाहती थी कि रामभरोसे को यूनिवर्सिटी के किसी विभाग में लगवा दूँ तो थोड़ी सतर्कता बढ़ाई जा सकती है। उसने यही तरकीब निकाली कि समय-असमय अपनी पी.ए. लता को किसी न किसी बहाने भेज देती। परन्तु न ही डॉ. शोभित और न ही सौम्या या बच्चों ने इस नये उपक्रम का ज़िक्र ही किया। हाँ, अब कजरी का घर में टिका रहना कम हो गया।

वैसे तो सभी राजकीय विभागों की परिपाटी ही रही है और सम्भवतः यह अंग्रेजों के समय से ही चलती आ रही हो कि कोई भी दफ़्तर के समय के बाद किसी अधिकारी को फ़ोन नहीं करता। मिलना-जुलना, फ्रेंड्स सर्कल, अनौपचारिक विजिट करीबन न के बराबर। वैसे यह प्रक्रिया मुख्य आयुक्त मि. जोशी नहीं मानते थे। उनका विश्वास था कि तनाव रहित वातावरण में ही चरमोत्कर्ष प्राप्त किया जा सकता है। वह कोई भी क्षेत्र हो—ऑफिस, कारपोरेट सेक्टर, शिक्षा, चिकित्सा और सभी फील्ड्स जहाँ पर भी टीमवर्क हो।

उस दिन रक्षा बन्धन का अवकाश था। घर में सौम्या के दो भाई सपरिवार और शोभित की दो बहनें अपनी फेमिली के साथ आये हुए थे। आज कजरी भी चटकीली गोटा किनारी वाली टमाटरी लाल साड़ी और माँग में सिन्दूर की लम्बी सी बिखरन जैसे अतिथियों के स्वागत के लिए रेड-कार्पेट बिछा दी जाती है। रक्षा बन्धन की औपचारिकता के बाद सभी बाहर लॉन में, घर की सभी प्रकार की कुर्सियाँ खींच कर आपस में हास-उपहास में लीन थे। इतने में रामभरोसे अपने दो साल के बेटे को उठाए हुए आया। बेटा और वो, दोनों की कलाइयाँ राखियों से लदी-लदी और कपड़े भी भड़कीले—लाल, पीले, नीले रंग के कुर्ते और पाजामे।

"मैडमजी, कोई सर, जोशी जी और उनकी शायद पत्नी ही हो... आये हैं।"

क्या मुसीबत है? त्योहार वाले दिन भी चैन नहीं। सौम्या ने सोचा।

परन्तु झट से नयी साड़ी की तरह, अपनी ज्योत्स्ना सी मुस्कान ओढ़े...

"सर, मोस्ट वेलकम, व्हाट अ सरप्राइज़—हाऊ गुड ऑफ यू"... दोनों हाथ जोड़ मि. एण्ड मिसेज़ जोशी का अभिवादन किया।

"सौम्या जी, हम तो आपके ही साथ वाले सेक्टर में अपने एक फ्रेंड को मिलने गये थे। कई देर से तकाजा कर रहे थे। और सोचा आप भी पास ही हैं तो क्यों न हैलो करते जायें।" और सौम्या ने दोनों को ड्राइंगरूम में बिठाया।

मिसेज़ जोशी ने एक पैनी-सी नज़र से सभी साजो-सामान का जायज़ा लिया।

इतने में मि. शोभित भीतर आ गये।

"हैलो! डॉ. वशिष्ठ... आपको डिस्टर्ब तो नहीं किया।"

"नो, सर, नॉट एट ऑल।" (बिलकुल नहीं)।

"अब मि. शोभित आपको क्या बतायें, हमारी श्रीमती रीता तो जैसे सौम्या जी की मुरीद हैं। हमेशा कहती रहती हैं, सौम्या जी को मिलने चलो..."

"मैम को कुछ तो लगता होगा, तभी तो कहती हैं।" शोभित वशिष्ठ ने गर्वान्वित होकर कहा।

"क्यों नहीं... मैम इतनी स्ट्रिक्ट एडमिनिस्ट्रेटर, इतनी इण्टेलीजेण्ट और फिर इतनी चार्मिंग... ये तो तारीफ़ करते ही नहीं थकते। कहते हैं कि ऐसी महिलाएँ इतने सुदृढ़ आचरण की दुर्लभ ही हैं।"

"नहीं, मैम, सर आप ही इतने इन्सपायरिंग और जोवियल हैं कि हर कोई इन्हीं की तारीफ़ करता है। हम तो इनके सामने किसी गिनती में नहीं।" सौम्या ने अपने अन्दाज़ में कहा।

मिसेज़ जोशी ने देखा, दीवारों पर, किसी पर एक काश्मीर की पेंटिंग, एक ओर म्यूरल, एक तरफ़ बस्तर की टीक पर तराशी हुई दो नग्न महिलाएँ, और बाक़ी सभी कोनों में ट्रॉफ़ियाँ या एक दो मार्बल के स्टेच्यू... किसी भी आर्ट-इ-फेक्ट या चित्र ने उस पर छाप नहीं छोड़ी। उसने सोचा कैसे उच्च अधिकारी हैं। कोई सोने-चाँदी के लैम्प, घड़ियाँ, स्टेच्यूट्, नामी पेंटर्ज़ की पेंटिंग्ज़... कुछ भी तो नहीं। रहे वो ही मास्टर के मास्टर...। बेशक, मैं भी कॉलेज में प्राध्यापिका हूँ, फिर भी कोई तो स्टैण्डर्ड, कोई तो स्तर होता है। पता नहीं सारे कम्पनी मालिकों के तोहफे कहाँ रखते हैं। कोई देता होगा तब ना... जब स्नॉब रहोगे किसी का काम नहीं करोगे, किसी को उपकृत या ऑब्लाइज़ नहीं करोगे, तो क्लर्की ही करोगे। अपने आप को बड़ी टफ़ समझती है। वो तो जोशी जी हैं जो इसे बर्दाश्त कर रहे हैं, मैं होती तो दो दिन में सीधा कर देती!

परन्तु ऊपर से चेहरे पर उषा की किरणें फैलाकर बोलीं..."वास्तव में ही सौम्या जी आप तो प्रशंसा के योग्य हैं... सभी शब्द कम पड़ जाते हैं।"

अब सौम्या समझ गयी कि कोई मोटी असामी फँसी होगी, जो कुछ भारी भेंट देकर जायेगी और मैम चुप रहे... गाँधी जी के बन्दरों की तरह—छोड़ दे सब कुछ रीछों के लिए...। सिस्टम को शार्ट सर्किट करोगे तो अपना ही घर जलेगा—मेरी बला से... तभी तो सभी से बना कर, उनको खुश मूड में रखते हैं। पता चल ही गया—"वो जो इतना मुस्करा रहे हैं, कोई माल है जिसे छुपा रहे हैं।"

इतने में कजरी आयी। सजी-सँवरी, साड़ी का पल्लू कसकर कटि पर टँका हुआ। उसने स्पराइट सबसे पहले मि. जोशी को प्रस्तुत की, फिर मिसेज़ जोशी और बाद में उन्हें।

मि. जोशी तो देखते ही रह गये। कीकर का कँटीला पेड़ और उस पर सुगन्धित कानों के टॉप्स से गुँथे पीले फूल, साँवलेपन में सलोनापन, जैसे किसी मन्दिर के लिए ग्रेनाइट की प्रतिमा तराशी हुई हो—कोई देवी या अप्सरा... और केशराशि पूर्णतया

गुण्ठित, जैसे पहाड़ की चोटी पर साया सरक रहा हो...। उसने देखा, निगाह लाइन ऑफ रेव्यूल्यूशन पर जा टिकी और कोल्ड ड्रिंक का गिलास गिरते-गिरते बचा।

"क्या कर रहे हो—ध्यान किधर है?" मिसेज़ जोशी ने टिप्पणी की। वह समझ तो गयी थी कि जनाब आशिकाना मिज़ाज में संलिप्त हो गये। कजरी के जाने के बाद मि. जोशी ने शोभित की ओर मुखर होकर कहा... "कौन है यह डॉ. वशिष्ठ...?"

"क्यों क्या हुआ... हमारी मेड है।"

"क्या ग़ज़ब की विस्फोटक है... तुम तो वाकई में लकी हो... मौज ही मौज..."

"मान गये आपकी रसिक नज़र को... आपके यहाँ लगवा दें?"

"क्या बात करते हो मि. वशिष्ठ? इस बला को तो अपने ही पास रखो... ये तो कहीं भी फ़िदा हो जाते हैं। वैसे मज़ाक़ करने की इनकी आदत ही है।" मिसेज़ जोशी ने प्रत्युत्तर दिया।

"आप तो सीरियस हो गये... भाई साहब कभी लाइट मूड भी रखा करो... और भी गम हैं ज़माने में..." मि. जोशी ने समोसे की बाइट लेते हुए कहा...।

डेढ़ घण्टे बाद वे खाना खाकर गाड़ी में बैठे। सौम्या ने उनसे विदा लेने के बाद एक उच्छ्वास छोड़ा और हाथ जोड़े... हे भगवान्...। तब बच्चों और अतिथियों को टेबल पर बुलाया।

तीन बज चुके थे। मेघों ने अपनी विशेष अनुकम्पा बनाये रखी। सामने कसौली और चायल की पहाड़ियों पर घने बादलों से आती शीतल बयार साफ़ बता रही थी कि वहाँ वर्षा हो रही है। सभी डायनिंग टेबल पर बैठे, खाने के इन्तज़ार में थे। कजरी चर्चा का केन्द्र थी। सौम्या उसका कच्चा चिट्ठा सुनाने में व्यस्त थी और पुरुष उसके गुदाज़ीपन से अभिभूत...। बाहर की फुहार, कहीं भीतर तक उन्हें भिगो रही थी। जैसे-जैसे कजरी भीतर आती फुहार का अन्दाज़ भी तीव्रतर हो जाता। परन्तु मूकभाषा उन्हें सभी कुछ आत्मसात् करने में प्रयासरत थी।

"बिटिया अब तो आप नाइन्थ स्टैंडर्ड में हो ना? उसी सेंट एन्थनी में।" शोभित की बहन ने रोटी का ग्रास तोड़ते हुए शिखा से पूछा।

"नहीं, आण्टी, अब मैं टेन्थ में हूँ। आपको पहले भी बताया था, शायद आप भूल गयीं।" शिखा ने अपने उसी भोलेपन के अन्दाज़ में कहा।

"और यह छुटकी...?"

"बताओ खोची आण्टी आपसे पूछ रही हैं।"

शिखा ने महक को मुखर करते हुए कहा।

महक जो निरुत्तर सब के चेहरों को बारी-बारी से देख रही थी, कुछ बोलने के मूड में नहीं थी।

"बोलो... खोची-पोची..." शिखा ने उसके गाल पर चुटकी भरते हुए कहा।

"आण्टी... सिक्स्थ स्टैंडर्ड में..."

"कौन पढ़ाता है आपको?" बूआ ने बात बढ़ाते हुए पूछा।

"आण्टियाँ... सिस्टर्ज़–"

सभी हँस पड़े। बुआजी को अपने प्रश्न के अधूरेपन पर झेंप-सी आ गयी।

"नहीं बेटा... मैं कह रही थी... घर में...।"

"दीदी... और कभी-कभी मम्मी..." महक ने मुस्कराते हुए कहा।

"और पापा..."

"कभी नहीं... बस मिलते हैं तो सिर्फ़ पारी के लिए।"

महक की मासूमियत पर सभी हँसते रहे। उसे समझ नहीं आ रहा था कि आखिर उसने ऐसा क्या कह दिया।

बारिश की फुहार अब झमाझम में तब्दील हो चुकी। ठिठुरन व्यंग्य के पैनेपन की भाँति भीतर चुभनी शुरू हो गयी थी। सभी अपने-अपने कमरों में अब निज-स्पेस में सिकुड़ चुके थे। महक ने धीमे से मम्मी को गलबाँही में लपेटा। फिर वही कहा जो वह अपनी दीदी के कान में कह चुकी थी।

"मम्मा... ये लोग कब जायेंगे?"

सौम्या ने उसे गोद में लेकर चूमा और उसके कान में उसी के लहजे में कहा, "शायद कल!"

"ऊँ-ऊँ!" कहकर वह शिखा के साथ बाहर चली गयी।

2

शोभित ने हाथ हल्का-सा क्विल्ट (रजाई) से बाहर किया और टेबललैम्प का स्विच ऑन किया। मन्द-मन्द प्रकाश, सकुचाता-सा, अँधेरे की पर्तों पर कब छा गया, शोभित को महसूस तक नहीं हुआ। तन्द्रा आँखों पर बोझिलता बनाये हुए थी। फिर भी, उसने सायास पलकें खोलीं जैसे किसी अप्रत्याशित स्वप्न से जाग रहा हो। जाने क्यों, टेबललैम्प की झालर से छनती रोशनी किताबों पर सूरजमुखी-सी छिटक रही थी। सुस्ताई-सी टीक की छत, दीवारों की क्रीम पेण्ट, खिड़कियों पर टँगे हल्के आसमानी, गुलाबी बेल से अलंकृत परदे; कुल मिलाकर—स्वच्छ, सुखद सुबह की अनुभूति। समस्त प्रसरित परिवेश में एक रूमानियत-सी महसूस हुई, जो फिलहाल, उसके कमरे में सिमटी-सी लग रही थी।

रात 'वॉल्ट व्हिटमैन' की 'लीव्ज़ ऑफ ग्रास' पढ़ते-पढ़ते कब नींद आ गयी, उसे पता ही नहीं चला। पन्ने अभी भी 'सांग ऑफ मायसेल्फ' के चालीसवें परिच्छेद पर खुले थे। काफी देर तक तो मैट्रेस भी बर्फ़ीली चट्टान-सी लग रही थी। आस-पास का सारा वातावरण निर्जीव ठण्डक में सिकुड़ा हुआ लग रहा था। रात में इतना बदलाव आ गया, तो कैसे? दिन में बादलों का ठहराव, वातावरण में शीतलता परन्तु एक गर्माहट की स्निग्धता, कि एक गर्म सूट और स्वेटर में सुखद एहसास। लगा जैसे प्रकृति प्रतिपल, अपने गर्भ में एक उद्भासित आशावादिता को सँजोए रखती है। एक प्रकार से देखा जाये तो यह स्वयं का ही दृष्टिकोण होता है जो परिवेश को अपने अनुरूप प्रतिपादित करता है। तभी, शायद, उसे लगा कि आज का दिन सुखमय, मंगलमय होगा।

उसने लेटे-लेटे ही कॉलबेल का स्विच दबाया। खानसामा ने धीमे से दरवाज़ा खोला—

'गुड मॉर्निंग सर!'

"मॉर्निंग...! कैसे हो प्यारे लाल?"

"ठीक हूँ सर....! आपका आशीर्वाद बना रहे!"

"चाय ले आओ... प्यारे लाल..." उसने हल्के से कहा।

जैसे ही प्यारे मुड़ा, उसने पीछे से कहा—

"देखना कोई केक पीस भी बिस्किट के साथ लाना.."

"जी, सर..." कहकर प्यारे चला गया। जाता हुआ दरवाज़ा बन्द कर गया परन्तु बिना आवाज़ किये हुए। शोभित अब तक अपनी तन्द्रा त्याग चुका था। वह उठा, ... पर पाँव धरा, एक नर्म-सी गर्मी का एहसास हुआ।

मखमली स्लीपर पहन, कर्टनूज़ को स्ट्रिंग खींच कर हटाया और वह मन्त्रमुग्ध-सा, खड़ा ही रह गया। पिछले तीन साल से जिस इन्तज़ार में था, वह अचानक, अप्रत्याशित ढंग से हो गया। उसे तो विश्वास ही नहीं हो रहा था।

सेवानिवृत्ति के तदुपरान्त वो अपने कुमारहटी के आर्चर्ड में आ गया था। कुछ महीने ही रहा था कि 'सेंटर फॉर एडवांस रिसर्च' शिमला से निदेशक पद के लिए मन्त्री ने अनुरोध किया, तो उसे वहाँ जाना ही पड़ा। परन्तु दिसम्बर, जनवरी तो उसे अवश्य यहीं बिताने होते... क्योंकि यह अवधि उसे अतीव मनोहारी लगती थी। आर्चर्ड में बनी लॉग हट्स, सहज ही आकर्षण का केन्द्र थीं। वो बीचोबीच थीं इसलिए बगीचा जैसे उन्हीं का विस्तृत स्वरूप था। कितना मन होता था कि वो पल कब आयेंगे जब वह सौम्या के साथ यहाँ का एक-एक पल अंगीकार कर उन्हें जीवन्त कर देगा। पी लेगा उन्हें आखिरी बूँद तक और उस बिखराव को समेट कर सँजोएगा अपने भीतर पूर्णतया महफ़ूज़, सुरक्षित।

कितनी ही बार कालका से ड्राइव किया, पत्नी सौम्या और बेटियों के साथ। दोपहर में थोड़ा सुस्ताए। लंच किया। और उठकर दोनों ने बाग का एक चक्कर लगाया। चाय पी और डूबते सूरज के साथ डूबती चली जाती वह सान्निध्य की अभिलाषा। सर-सर करती मधुर बयार, बना चीड़ों के पत्तों से अपनी धुन, खुमानी के पेड़ों से चुराती सुगन्ध, सेबों के पौधों से उनका रस... और समा जाती बस... हर साँस के उच्छ्वास में। हर बार वे इसी अधूरी तमन्ना के साथ लौट जाते कि कभी तो वह ऋतुराज आयेगा जब वे उसमें समा जायेंगे—आत्मविभोर मोर की तरह!

कितने मनोयोग से उसके पिताजी ने यह बाग ख़रीदा होगा। उसमें थे हर प्रकार और उस क्षेत्र में पनपने वाले हर प्रजाति के फल,—एप्पल्ज़, प्लॅम, एप्रीकॉट, ग्रेप्स, अलीची, आम, अमरूद, और कितने ही प्रकार के फूल; कि बाग में साल भर बहार छाई रहे। बगीचे के रख-रखाव के लिए दो माली, सालों से वहीं आउट हाउस में रहते हैं। दीनू और सरजू—दोनों बिहार के मोतीहारी ज़िले से। जब आये थे तो मात्र पन्द्रह-सोलह के रहे होंगे। परन्तु अब तो उनके चार-चार बच्चे भी हैं। पहले तो बच्चे कभी-कभार आ जाया करते थे परन्तु ज्यों-ज्यों वे बड़े हुए तो दोनों ने उन्हें वहीं बुलवा लिया। एक बार; जब शोभित, सौम्या और बेटियाँ ग्रीष्मावकाश के लिए आये हुए थे और बाहर गार्डन में बैठे प्रकृति को कहीं बहुत भीतर चित्रित कर रहे थे, तो दीनू और सरजू आये और हाथ जोड़ कर खड़े हो गये—

"क्या बात है सरजू?" शोभित ने पूछा।

"बाबू जी का बतावैं, अबै बचुआ लोग बड़े होए रहिन, उनका पढ़ाई-लिखाई को व्यवस्था का सोचत रहिन। इहाँ लिवालैवें तबै ठीकै हो सकत। आपका आशीर्वाद मिलत रहिन, उसै खातिर आपकी इजाजत माँगत रहैं।"

"देखो सरजू—बात तो तुम्हारी ठीक है पर इतने लोगों की व्यवस्था इतनी छोटी सी जगह में नहीं हो पायेगी। तुम लोग साल में जाते तो हो, ज्यादा क्या, दो बार चले जाया करो।" शोभित ने नकारात्मक-सा उत्तर दिया।

"मालिक जादा ही कठिनाई रहता। नहीं तो इत्तैव्वरस म हमलोगन नें कबै गुजारिश नाहीं की।"

"ठीक है सरजू... अभी तुम लोग जाओ। फिर बताते हैं। प्यारे लाल को बोलना थोड़ा फ्रूट काट कर ला दे।" सौम्या ने सहृदयता से कहा। नारी में कोमल भाव ऐसी स्थितियों में शीघ्र ही पनपने लगते हैं।

और ऐसे दोनों के परिवार अब उन्हीं हट्स में आ बसे और कोयल, गौरैया, तोते, व्हिसलिंग टील इत्यादि पक्षियों के मधुर संगीत का स्थान ले लिया बच्चों की चूँचराँ, महिलाओं की तू-तड़ाक ने। पूरे गार्डन के सुकूं, शान्ति और स्तब्धता में पड़ा यह पहला ख़लल। तो भी आठ एकड़ में फैले इस बाग का रख-रखाव बड़े सुचारू ढंग से करते थे। कई बार आस-पड़ोस वाले फार्म हाउस वालों ने प्रलोभन देने का प्रयत्न भी किया परन्तु ये दोनों ही पिछले तीस साल से यहीं पर जैसे बस गये हों।

बाग के बीचोंबीच, लॉग हट तो क्या, अच्छा-खासा बँगला था। षट्कोणीय ड्राइंगरूम के चारों ओर चार शयन-कक्ष, उन्हीं में भीतर खुलते प्रसाधन, गेस्टरूम, किचन, सभी तरह की सुख-सुविधा जो एक सम्भ्रांत परिवार जुटा पाता है।

मन्त्रमुग्ध-सा खड़ा, मूर्तिवत्, शोभित देखता ही रह गया। प्रकृति की छटा का प्रसार और उस शस्य-श्यामल, हरी-भरी प्रकृति का यह रूप देखा, वो ठगा-सा रह गया। कब चाय की ट्रे प्यारे रख कर चला गया, उसे ज़रा भी आभास तक न हुआ।

अचानक उसे ध्यान आया कि कैसे वह अपने पापा मि. सुधीर से उस दिन उलझ रहा था—

"आप भी क्या पापा, एक तो साल भर में बड़ी मुश्किल से छुट्टियाँ होती हैं। और आप हैं कि यहाँ लाकर पटक देते हैं। जैसे किसी वीराने में, हमें कारावास में भेज दिया हो।" शोभित ने टोस्ट का बाइट लेते हुए मम्मी की ओर देखते हुए कहा।

पास बैठी उसकी छोटी बहन जो सेण्ट बीड्स से छुट्टियों में आयी हुई थी, यह सब एन्ज्वाय कर रही थी।

"अब तुम ही समझाओ इन्हें—विशाखा हम लोग साल भर दिल्ली की गर्मी में तपते हैं। धूल फाँकते हैं। पेट्रोल सूँघते हैं और कुछ दिन यहाँ आकर चैन की साँस लेते हैं। फिर यह जेल कैसी! बड़े हो जाओगे न बच्चू—तो देखना इन्हीं दिनों को याद कर तरसोगे।" मि. सुधीर ने मर्माहत मुद्रा में कहा।

"ठीक ही तो कहते हैं तुम्हारे पापा" विशाखा ने कॉफ़ी का घूँट भरते हुए बात आगे बढ़ाई। "तुम क्यों नहीं खा रही हो! खाने से ज़्यादा बातों में कितना ध्यान लगता है इस शिप्रा का!"

"खा तो रही हूँ मम्मी–" शिप्रा ने बटर टोस्ट को नाइफ से काटा और काँटे से उठाकर मुँह में डाला। मम्मी को कुछ सन्तोष हुआ। और तब ध्यान आया कि चर्चा का मुद्‌दा तो बीच में ही लटका हुआ है।

"हाँ तो मैं कहाँ थी! ओ.के....। बेटा... हम मानते हैं कि तुम्हारा सनॉवर स्कूल भी ऐसा ही है–इसी तरह का परिवेश... पर... माहौल तो अलग है। हम सब साथ हैं–कितना मन करता रहता है कि सब साथ रहकर हँसें खेलें...।"

मम्मी जैसे उसे दुलार रही हो।

"वो तो ठीक है पर मुझे क्यों सनॉवर में फँसा रखा है। फिर कहोगे स्नॉब बन गया...'

शोभित ने अकुलाहट भरे स्वर में कहा।

"अब साल भर की ही तो बात है भैया... अगले साल तो कॉलेज में देहली में ही पढ़ोगे।"

शिप्रा की आँखों में बिल्ली की सी चमक थी।

"तुम्हें कैसे पता... छुटकी..."

"मैंने मम्मी-पापा को कई बार बात करते सुना है।"

"सच में पापा... मम्मी" और वह झट से उठा और मम्मी के गले में बाँहें डाल उसे चूम लिया।

"हाँ बेटा, अगले साल तुम्हें सेण्ट स्टीफन्स में डाल देंगे... खुश...।"

और शोभित खुश...! छुटकी के गाल पर चिकोटी काटते हुए जाकर पापा से लिपट गया।

समय के पास पंख होते हैं या कोई अदृश्य शक्ति। ठहरता है तो ठहरा ही रहता है। उड़ता है तो उड़ता ही चला जाता है। आप जान भी नहीं पाते आप कहाँ थे...। कहाँ पहुँच गये।

अमीरज़ादों के बड़े स्कूल और उनके गुमराही के बड़े ही राजमार्ग। शोभित के पापा की ऑटो पार्ट्स बनाने की फैक्ट्री थी। बेहिसाब कमाई थी। मम्मी मीरा कॉलेज देहली में मनोविज्ञान की प्राध्यापिका थीं। बेटे को पैसे की कमी न थी। ड्रग्स की लत कब लग गयी किसी को नहीं पता। कई दिनों तक उसके दो और दोस्त हॉस्टल से गायब रहते। आखिरकार प्रिंसिपल ने उसके पापा-मम्मी को बुलवा लिया।

पापा की सहनशीलता से बाहर। प्रिंसिपल के सामने ही दो-तीन थप्पड़ लगा दिये। स्कूल से ले गये... देहली में इलाज करवाया। और सेंट स्टीफन के सपने काफ़ूर...। प्राइवेट मेट्रिक की...। और डी.ए.वी. कॉलेज देहली में प्रवेश दिला दिया।

घर-परिवार सँभल गया। शोभित को भी अपनी गलती का एहसास हो गया। परन्तु समय कभी एक सा नहीं रहता। शिप्रा एम.ए. अर्थशास्त्र के आख़िरी वर्ष में थी। शोभित दो साल से डी.ए.वी. अमृतसर में अंग्रेज़ी का प्राध्यापन कर रहा था। मार्केट में बिज़नेस में काफी सलम्प (मन्दी) आ चुका था। मि. मिसेज़ सुधीर ने यही तय किया कि शिप्रा की शादी जल्द ही मि. सुधीर के दूर के रिश्तेदार के लड़के से कर दी जाये। लड़का यू.एस. में एक्सपोर्ट का बिज़नेस कर रहा था। काफी आमदनी थी। एम.ए. की परीक्षा समाप्त होते ही... शादी बड़ी धूम-धाम से कर दी गयी...। और शिप्रा यू.एस. जाकर सेटल हो गयी...।

परन्तु मि. सुधीर के पार्टनर ने बैंक मैनेजर से मिलकर फैक्ट्री को गिरवी रख दिया...। और सारी पूँजी के साथ जर्मनी में जाकर बस गया। फैक्ट्री नीलाम कर दी गयी...। और सुधीर सड़क पर...। परन्तु अब तक शोभित अमृतसर में प्राध्यापक नियुक्त हो चुका था। परिवार को सँभाला। एक बार उसके मम्मी-पापा आगरा से बिज़नेस की कुछ डील फाइनल कर लौट रहे थे... कि एक शराब के नशे में धुत्त ड्राइवर ने सीधे कार में ट्रक दे मारा। दोनों घटनास्थल पर ही परलोक सिधार गये... और साथ चल बसे... वे स्वप्निल सपने... जिन्हें परिवार के हर सदस्य ने अपने हिसाब से सँजोया हुआ था।

और यह पटाक्षेप जाने कब स्मृति की पर्तों से उठ गया और शोभित... कुमार हटी से कसौली के पथ पर! सारी क़ायनात, पूरा आलम, समस्त परिवेश; दूधिया, मखमली चादर में लिपटी थी और रुई के नन्हे-नन्हे गाले आकाश की अनुकम्पा बिखेर रहे थे। औचक से बैठ रहे थे पेड़ों की शाखाओं पर, चीड़, दयार की फैली बाँहों पर, लटकते हुए, अटके हुए, झूलते हुए, ठहरे से हिम अंश—शनैः-शनैः निस्तब्ध वातावरण में स्वर्गिक गरिमा का अवतरण—एक अलौकिकता का एहसास! वह रोक ही नहीं पाया स्वयं को।

कब शोभित ने इटेलियन ओवरकोट पहना, जर्मन फेल्ट ली और निकल पड़ा प्रकृति की छटा से सराबोर होने। कब वह छोटे-छोटे, पहाड़ों की ढलानों पर बसे गाँव की पगडण्डियों से होता हुआ कसौली की माल रोड पर पहुँच गया, उसे तब पता चला, जब एक के बाद एक दम्पति गुज़र रहे थे हाथों में हाथ लिए, सर पर टोप या स्कार्फ पहने। उसे बर्फ़ की स्निग्धता कहीं बहुत ही भीतर तक स्पर्श किए जा रही थी।

क्यों उसे ऐसा प्रतीत हुआ जैसे सौम्या, उसके कोट में सिमटी तन्वंगी...., उसे एक ऊष्मा की अनुभूति से अनुप्राणित किए जा रही थी। वह चलता जा रहा था—निःशब्द। निस्तब्धता की भाषा सभी भावों को अंगीकार कर लेती है। न जाने कितने अथाह अहसासों के सागर, हिलोर किये उमड़ रहे थे उस नैसर्गिक रूमानियत

के शून्य में! इस मानसिक स्थिति को क्या नाम दे; वह सोच ही नहीं पा रहा था। सिवाय इसके कि उसे लगा कि वह कहीं भीतर से तड़प रहा है, बेकरार, बेकल, बेचैन।

"क्या ज़रूरत पड़ी थी उस निदेशक पद की। इतने साल प्रोफ़ेसर से जी नहीं भरा। हो सकता है सत्ता, प्रभुत्व की कोई लालसा अधूरी रह गयी हो।" सौम्या ने अकुलाहट से भरे उफान में कहा था।

"नहीं, मॉम... ऐसा नहीं हो सकता। पापा यहाँ अकेले भी क्या करते, कब तक चीड़ों, दयारों से बातें करते।" शिखा बीच में ही बोल पड़ी। वह पापा की रिटायरमेण्ट के बाद पहली बार अपने हसबैंड और बेटे के साथ आयी थी।

"आप क्या कहते हैं समीर...!" शिखा ने उससे मुख़ातिब होकर पूछा।

"ठीक ही तो कहती हैं आप... शायद, पापा के लिए यही ठीक रहे। और वो कौन से नौकरी के लिए किसी से अनुरोध करने गये थे। बल्कि उन्होंने तो डिपार्टमेण्ट को ऑब्लाइज ही किया।" समीर ने स्थिति जैसे स्पष्ट कर दी।

"हाँ मॉम... आप बेवजह एक 'नॉन-इश्यू' को विवाद का मुद्दा बना रही हैं।" समीर ने टिप्पणी की।

"मैं तो केवल इसलिए कह रही थी कि अब तो आप आराम करें। देहली में मेरे पास रहने को कहा तो पढ़ने-लिखने का तर्क। और अब फिर वही व्यस्तता।" सौम्या तो निस्सन्देह आहत थी। क्योंकि उसके लाख अनुरोध करने पर भी शोभित देहली में रहने के लिए राज़ी नहीं हुआ था। वह जानता था कि सौम्या देहली में कितनी व्यस्त होती है। जीवन या सर्विस के आखिरी पड़ाव में वह 'केन्द्रीय उत्पाद एवं सीमा शुल्क' (सेंट्रल एक्साइज़ एण्ड कस्टम) की 'मेम्बर बोर्ड' थी और शीघ्र ही अध्यक्ष पद पर नियुक्त की जायेंगी। समय ही कितना होता है इन अधिकारियों के पास...। कुछ तो पिसते ही चले जाते हैं और कुछ आजीवन पेपरवेट ही घुमाते हैं। जो काम करेगा, निर्धारित लक्ष्य से कहीं अधिक प्राप्त करेगा, उसी को ही कार्य निष्पादन के लिए कहा जायेगा। फिर यदि उन्हीं की पदोन्नति हो, उन्हीं को सम्मानित किया जाये तो ईर्ष्या, डाह या जलन कैसी। नौकरी में ईमानदारी सर्वोपरि है और वह सभी क्षेत्रों, विभागों, शाखाओं और व्यक्तियों पर लागू होती है। सौम्या इन सभी क्षेत्रों में अग्रणी थी।

सौम्या और वह–दोनों ही अपने कार्यक्षेत्र में अग्रणी। स्पर्धा को पूर्ण निष्ठा एवं मनोयोग से जीतने वाले। आजीवन भोगते रहे दुराव की यन्त्रणा। दाम्पत्य जीवन में यदि दोनों ही कुशाग्र, मेधावी, स्तरीय हों और अपने-अपने व्यावसायिक क्षेत्र में चरमोत्कर्ष के सोपान पर चढ़ने के लिए संकल्पित हों तो यह अलगाव, अमिलन, वियोग, विरह, एकाकीपन उसका अनिवार्यतम अंग है। यदि वनवास में लक्ष्मण युद्धरत ही रहा (और यह परिस्थिति सौम्या पर पूर्ण सत्यता से लागू होती थी) कि उर्मिला पूर्ण वियोग, मानसिक यातना, बिछोह और पार्थक्य से ग्रसित रही। यही तो

मनोदशा थी प्रायः उसकी जो भावुकता का पुंज था—मेघों की तरह जो नीर का भार वहन न करने की स्थिति में झर-झर बरसने लगते हैं।

कुछ ऐसा ही तो सोच रहा था शोभित। पता नहीं कौन-सी स्थितियाँ, किन व्यक्तित्वों के समीचीन होती हैं। जीवन के जिन पलों में मधुमय भविष्य को उकेरा, सँवारा, कल्पना के संसार में नभ के देदीप्यमान नक्षत्रों में स्थापित किया, वह कब कैसे एक उफनती नदी होते हुए भी—चलती रही, बहती रही, उन्हें दो कूलों पर ठेल—अलग-अलग। परन्तु उस सब में निहित रहा—एक आत्मतोष, एक परस्पर निष्ठा एवं विश्वास जो नीर-सा दोनों किनारों को बाँधता रहा। वह नीर चिरन्तन प्रेम का, चिरस्थायी विश्वास का!

कब तक कहें—यह सब मात्र घटनाक्रम ही होता है, केवल संयोग, महज़ इत्तफ़ाक, सम्भावना या भाग्य योग, दैव योग। कुछ भी कहा जाता सकता है—कोई भी संज्ञा दी जा सकती है। और बिना अकारथ तर्क के, इस सारी वस्तुस्थिति को किसी रहस्यमय तन्त्र के माथे मढ़कर, केवल मूक द्रष्टा के रूप में ही स्वीकार करें। अन्यथा, करीबन चालीस साल पहले का चलचित्र...।

खिड़की वाली सीट...। सामने बैठी वह। हाथ में "दा फाउंटेन हैड" बॉय 'एन रेंड'। पतली, पैनी उँगलियाँ पन्नों को पलट रही थीं। नयनों की पुतलियाँ चल रही थीं, पुस्तक की पंक्तियों पर; मेघों की तरलता लिए। और चेहरा... एक रक्त रंजित लालिमा, कपोलों पर पाटलों की पाँखों की भाँति भ्रमित किए देती थी। जी में तो आया उसे बुला ले... परन्तु आगरा, मथुरा भोपाल, सभी तो निकले जा रहे थे। उसने कितनी ही बार उसे सिर से पैर तक निहारा... अख़बार 'इलस्ट्रेटिड वीकली' किसी पर भी निगाहें टिक ही नहीं रही थीं। बार-बार देखता वह हल्का केसरिया कुर्ता और सिल्क की नवनीत सी सल्वार-दुपट्टा, गहरा नीला, जिस पर नारंगी पोलका, जो था अस्त-व्यस्त, अपनी ही दुनिया में जोब्बार मस्त। उड़ती-उड़ती नज़रों से, ध्यान जा टिकता कभी उस उच्छृंखल लट पर जो बार-बार झूल कर, आ गिरती भाल से गाल पर जैसे वो भी ही हो उसकी ही तरह आसक्त। कभी निगाहों की उड़ान जा ठहरती वक्ष के उभार पर, दुकूल के एक छोर से आच्छादित...। परन्तु वो... एकाग्रचित्त, केन्द्रस्थ, आत्मरत, शान्त, धीर... और पुस्तक को पल भर भी छोड़ने का नाम नहीं।

ख़ैर, अन्ततः, इटारसी पर गाड़ी रुकी। जी.टी. एक्सप्रेस थी इसलिए गाड़ी के ठहराव कम ही थे। रास्ता, यात्रा का प्रसरित प्रसार दूर-दूर तक फैले पहाड़, खेत, पेड़, झाड़ियाँ, गाँव, वीरान, नदियाँ, नाले. स्टेशन, सिग्नल... कैसे मान लेते हैं हम कि हर चीज़ यन्त्रवत्, यथावत् ही चलेगी, बिना अवरोध के, जैसे यह तो होना ही है—कोई विकल्प ही नहीं। गाड़ी को चलना ही है—कैसे, कौन, कहाँ—से... हमारी बला से!

"कौन-सा स्टेशन है...?" जैसे वीणा के सुप्त तारों में स्वर झंकृत हो गये हों।

"इटारसी!..." उसने सहज भाव से कहा।

"आप कहाँ जा रही हैं?" पूर्ण शालीनता से भरे स्वर में पूछा।

"नागपुर...।"

"तो ठीक है... मैं भी नागपुर जा रहा हूँ। अच्छा साथ रहेगा।" उसने आत्मीयता से बात के क्रम को आगे बढ़ाया।

"मैं अपने एक क्लासफेलो की शादी के लिए जा रहा हूँ। आप..."

"मैं तो मैथ्स के सेमीनार के लिए जा रही हूँ।"

उसने अन्यमनस्क से भाव से कहा।

"और आप इंगलिश का नॉवल पढ़ रही हैं...? कुछ ख़ास..." शोभित अभी बात पूरी भी न कर पाया था कि उसने बीच में ही तुनकमिजाज़ी से टोका–

"क्यों इंगलिश मैथ्स वालों के लिए वर्जित है?"

"नहीं, नहीं... सौम्या जी, मैंने तो कुतूहलवश पूछ लिया। लगता है आप माइंड कर गयीं। आय एम सॉरी।"...

"इट्स ओ.के....।" और सौम्या ने उसे सर से पाँव तक देखा। बस, एक उड़ती सी नज़र से! ऐसा भी कुछ विशेष नहीं लगा कि एकदम से ही आकर्षित कर ले या अपने व्यक्तित्व की छाप छोड़ दे। हाँ, ड्रेस ज़रूर ब्रांडिड थी–लिबर्टी की हाफ़ स्लीव्ज़ की शर्ट और 'येन्की' की पेण्ट। शर्ट का रंग आसमानी नीला और हलकी पीली धारियाँ, पेण्ट नेवी ब्लू। कम्बीनेशन न ही अटपटा, न ही एकदम सटीक। जीवन के प्रति दृष्टिकोण को दर्शाता है। शायद ज़िन्दगी को उतना संजीदगी या फिर गम्भीरता से नहीं लेते तभी अपने क्षेत्र–शिक्षा या वैयक्तिक–से बाहर आने में असुरक्षा का भाव लगता है।

नहीं तो मेरे हाथ में अंग्रेज़ी का उपन्यास देख और मैथ्स का पता लगने के बाद चौंकते नहीं। सौम्या ने पल भर में मूल्यांकन कर लिया।

"तो आप मेरा नाम भी जानते हैं।"

"जी, मैंने इस नॉवल से देखा था..."

"पर वह किसी का भी हो सकता है। आप इतने आश्वस्त कैसे हैं।"

अब तक साथ बैठी अधेड़ उम्र की महिला ने भी वार्तालाप में कुछ रुचि दिखाई।

"आपने नाम के साथ, कल की डेट भी लिखी है। और नयी दिल्ली रेलवे स्टेशन से ख़रीदी गयी है।"

"तो भी आप कैसे आश्वस्त हो सकते हैं–हो सकता है इनकी किसी फ्रेंड ने इन्हें प्रेजेंट कर दी हो।"

वह साथ वाली महिला भी सुपठित और आकर्षक प्रतीत होती थी।

"आप ठीक कहती हैं मैम... पर मैंने इस बात की बाहर लगे चार्ट से पुष्टि कर ली थी।"

"तब तो आप भी साइंस या मैथ्स के ही विद्यार्थी रहे होंगे।"

"नहीं, मैम... मैं तो अंग्रेज़ी का ही विद्यार्थी हूँ।"

"तब तो, यह सब, तुम्हारी उम्र ने ही करवाया, यही तो नेचुरल है। इस उम्र में ऐसा न हो तो, युवक कहीं न कहीं हीन भावना से ग्रसित हो सकता है।" उस महिला ने कहा।

"मैम आप कहाँ से हैं... और आपका साथ कहाँ तक मिलेगा।" सौम्या उत्सुक थी।

"मैं भोपाल से हूँ—और साथ जहाँ तक तुम चाहो। तुम्हारा साथ सुखकर लग रहा है।" उसने कहा।

अब तक शोभित तो जैसे किनारे पर ठेल दिया गया। बेशक कोल्ड ड्रिंक के लिए आर्डर उसी ने दिया।

शोभित जानता था कि यह नॉवेल ज्याँ पॉल सार्त्र की फ़िलॉसफ़ी ऑफ एग्ज़िस्टेंशियलिज़्म यानी अस्तित्ववाद के दर्शन को बखूबी प्रतिपादित करता है। उसे लगा, वास्तव में ही यह युवती, भीतर से कितनी निश्चयवान्, लक्ष्य केन्द्रित, आत्म-विश्वासी परन्तु आत्म-केन्द्रित या बहिर्मुखी है, वह किसी भी निष्कर्ष पर नहीं पहुँच पाया। फिर भी जीवन के जिस पड़ाव पर वह था, उसमें सामान्य से अधिक सुन्दर युवती की ओर, सहज ही आकृष्ट हो जाना, कुछ भी तो अप्राकृतिक या अनयूज़ुअल नहीं था। परन्तु तो भी, कहीं कुछ होता है, जो आपको अविशेष से विशिष्ट की ओर अग्रसर करता है। तभी तो उसे वह, न जाने क्यों, भोर का तारा सी प्रतीत हुई, अकलुष, असम्पृक्त, अचीन्ही, नैसर्गिकता से पूर्णतया स्नात!

वो खोयी रही नॉवेल में, जैसे आसपास का परिवेश अस्तित्वहीन हो और वो हो स्थितप्रज्ञ! परन्तु... शोभित तो पल, प्रतिपल, रूप-माधुर्य के सागर में डूबा, निद्रा में लीन हो गया।

किसी ने कन्धे से धीमे-से हिलाया... वह तो स्वप्न-सिक्त था—

"जागिये—नागपुर आने वाला है।"

वह हड़बड़ाया, हतप्रभ-सा, स्वप्निल-सी मुस्कान निहारता... पुनः धरती पर लौट आया।

लगा जैसे प्रकृति कहीं झंकृत-सी हो गयी—एक ही छुअन से... उस अप्रत्याशित स्पर्श से। झंकार के तार कहीं कन्धे पर अटके थे।

वह होटल गया, जहाँ ठहरने की व्यवस्था थी। शर्ट उतारकर, सहेजकर रख ली। धुलाई ही नहीं... कब तक...? जब वह दो वर्ष बाद जाकर प्रेमासक्त, परस्पर समर्पित, संकल्पित हो गये। सौम्या थी किसी ज्वार में समाई मृदु-लहरी, आलिंगनबद्ध —"आप सच में मुझे इतना प्यार करते थे?"

"इसमें क्या आश्चर्य है, तुम तो आकर्षण-पुंज हो, विद्युत-चुम्बकीय क्षेत्र है तुम्हारे चारों ओर... खिंचा जाना तो स्वाभाविक ही है।"

"आप ही किसी मनोवैज्ञानिक से अपनी मानसिकता का परीक्षण करवाएँ..."

"नहीं, कुछ असामान्य होता तो तुम्हारे पीछे दो साल तक उन्मत्त न रहता। अब क्यों ईर्ष्या करती हो मुझसे... अपना-अपना भाग्य... अपनी-अपनी पसन्द... ।"

"तब तो मैं अधिक भाग्यशाली हूँ जिसे बैठे-बिठाये मिल गया इतना दीवाना, जीवन-साथी... ।"

वार्ता का सिलसिला जारी रहा और सौम्या ने उसके कन्धे पर दन्त-दंश अंकित कर दिया।

होटल में तभी तो लिखा था... वहीं का पैड और पेन लेकर...

"तुम... मेरे सामने बैठीं...; नज़र झुकी, नज़र उठी...
उफ़! ये क्या नयन... विस्फारित...
समस्त नयनों का सम्मोहन...
मिलें किसी तलाश में—! आत्मीय... लगे जैसे...
शायद... कभी मिले हों... इसी सफ़र में...!
वो नयनों का विमोहन, आकर्षण...
फिरना, भटकना, उड़ना, बहकना...
फिर स्थिर...
उन्हीं की नील-रंजित नीलिमा में...
किसी रुपहली चाँदनी में चिर-स्थिर...!
सफ़र... पर कुछ सफ़र...
चलते रहने पर भी... रुकते हैं अपने पड़ाव पर...
फिर... रुके रहते हैं... जीवन-पर्यन्त...!"

वो समझ ही नहीं सका कि क्या संज्ञा दे इस सफ़र को। परन्तु इस सफ़र ने एक मादकता-सी भर दी पूरे तन-मन में, वातायन से दिखते समस्त वातावरण में।

मित्र की मैरिज में ध्यान कहाँ? पूरी चेतना, पूरी स्फूर्ति जैसे उड़ी-उड़ी—

"अर्र... रे... तुझे हुआ क्या है? पूरे मियाँ ग़ालिब लग रहे हो... शक़्लो-सूरत की हवाइयाँ उड़ी हुई हैं।"

"नहीं कुछ भी तो नहीं... बस वैसे ही ट्रेन सफ़र की थकावट हो सकती है। तू चिन्ता मत कर... सुबह तक ठीक हो जायेगा... ।"

शादी की रस्में तो परिवार वालों की ही होती हैं। शोभित अपने दूसरे क्लासफेलो के साथ घूमने चला गया। शाम को सीताबर्डी मार्केट क्या, जैसे सभी का मीटिंग प्लेस हो। गाड़ियाँ, स्कूटर ले जाने की आज्ञा नहीं। चलने में भी लोग अपने बायीं ओर का पूरा ध्यान रखते। खूब चौड़ी मार्केट—पूरी सीमेंटेड, ज़्यादा लम्बी नहीं; परन्तु खचाखच भरी। वह नागपुर साड़ी केन्द्र के आगे से गुज़र रहा था कि अचानक पीछे से जैसे कोयलिया ने कुहक किया।

"मि. शोभित... मिस्टर..."

उसने पीछे मुड़कर देखा...। एक स्वर्गिक सुखद एहसास...। जो भूला ही न हो...। जिसे याद करने की ज़रूरत ही न हो...। जो पल-पल कन्धे में स्पन्दन उत्पन्न कर रहा हो...। वो हो जाये सामने प्रकट...। जैसे कोई वरदान ही फलीभूत हो गया हो...।

"ग्रेट... सच में... आप मिलीं... कितना संयोग...।"

"क्यों, उखड़े से क्यों हो...? ठीक तो हो...!"

"ठीक हूँ, अब और ठीक हो जाऊँगा।"

"क्यों... अब क्यों...?"

"बस... आप जो मिल गयीं।"

सौम्या के साथ उसकी कुलीग या मित्र, सब देख रही थी।

"अरे... मैंने आपको मिलवाया नहीं... ये हैं मिस्टर शोभित... ट्रेन में मिले थे... बहुत अन्तर्मुखी हैं... और संकोची भी...। और ये है संगीता... मेघालय से हैं..." सौम्या जैसे चहक रही हो।

और अगले ही दिन 'सेण्ट जोसेफ़' कॉलेज के गेस्टरूम में, शाम पाँच बजे... सौम्या... के सामने।

"तो आप यहाँ कैसे...?"

"सोचा, आप से पत्राचार के लिए पता तो ले लूँ... कल तो लौटना ही है।"

"ठीक है... पर आप तो पहले दें...।" और शोभित ने होटल एवरेस्ट के लैटर हैड पर अपना डी.ए.वी. कॉलेज अमृतसर का पता दे दिया।

कौन कितना विस्मित हुआ, हतप्रभ हुआ... अनुमान लगाना मुश्किल...। दोनों एक ही शहर के... दो अलग-अलग कॉलेजों में... सौम्या खालसा कॉलेज में... और मुलाकात हुई भी तो नागपुर में...।

शोभित ने टिकट पोस्टपोन (स्थगित) करवा... नयी टिकट तीन दिन बाद की ले ली। कैसे कटे तीन दिन... कभी अचानक सदर में मिलन—साथ में कॉफ़ी... थोड़ा चक्कर कम्पनी बाग का... और सौम्या तो उतर आती हर फूल में, हर लता में, हर महिला में; हर बाला में... कभी क्रीम लहरिया के साथ नीली सिल्क सलवार तो कभी काले ब्लाउज़ के साथ... बादामी चिनोन पर लाल बेल पट्टी और बीच में हरी पत्तियों सहित टँके गुलाब के फूल... अनिर्वचनीय सौन्दर्य...!!

सारी कायनात बर्फ़ के दूधिया आवरण से ढँकी हुई—जैसे कोई दैवी अनुकम्पा प्रकृति के हर अंग-प्रत्यंग पर, रोम-रोम पर छा गयी हो। पता नहीं क्यों उसे हर मंजुलता, हर मन मोहकता में, स्त्री की ही कोई न कोई भाव-भंगिमा, उसी का प्रतिरूप उजागर होता दिखाई देता। यह नॉस्टेल्जिया विरह का ही एक रूप रहा होगा जो उसने बरसों, तकिए के सहारे जिया। कोई भी मनःस्थिति हो, कैसी भी गहन सोच हो, अनुभूत्यात्मक एहसास हो—या हर स्थिति, हर सोच, हर अनुभूति, हर संवेदना, हर संस्पर्श, हर कुंठा, हर चुभन को कोई न कोई तो संज्ञा, कोई न कोई

नाम तो दे ही दिया जाता है और अपनी सुविधानुसार उस क्रिया को लेबल कर दिया जाता है। यथार्थवाद, भावुक, प्रकृति प्रधान, रोमाण्टिक, प्रेमासक्त, आधुनिक, अति-आधुनिक उत्तर-आधुनिक, छन्द, लय, अलय और कटुता की कलुषता, कुछ भी नाम दें। अर्थ केवल यही निकलता है कि जो भी वस्तुस्थिति है—कितनी भी सुन्दर क्यों न हो—मोना लिसा मुस्कान ही क्यों न हो—उसे किसी विकृति से परोसें और एक वर्ग तैयार करें जो उसका अनुमोदन करे। समाज को परोसें। दुनिया इतनी बड़ी है—आप विक्रय करें, ख़रीददार मिलेगा ही। बेशक, वह सत्यम्, शिवम्, सुन्दरम् से योजनों दूर हो। वह तो बस सोच ही रहा था—एक भोगा हुआ यथार्थ—जिसमें होगी भावुकता, भावप्रवणता, हृदय से निकले हुए, महसूस किये हुए एहसास। उसे वह कैसे अनुभूत कर सकता है। प्रातः के एक कप चाय का मूल्य जिसे पत्नी या प्रेमिका द्वारा प्रस्तुत किया हुआ, उसका भावनात्मक पहलू मालूम ही न हो। जिस भी अभाव की परिणति में आप जीते हो—वह आपको उत्तरोत्तर कचोटता है—और नारी का या नर का अलगाव उस सबमें सर्वोपरि है।

कॉफ़ी का कप सामने। टेबलों पर टिके दम्पति। होटल-वेली-व्यू और सामने फैली सफेद-स्तब्धता। उसके भीतर टीस भरा दुराव—उसे याद आया वर्डस्वर्थ जिसने 'द वर्ल्ड' में लिखा—

"...यदि ये सभी दृश्य—
हमें नहीं करते उद्वेलित—!
हे, महान ईश्वर—!
मैं होना चाहूँगा,
किसी जर्जर पन्थ का—एक शोषित विधर्मी,
ताकि मैं—इस चरागाह में खड़े होकर
ले सकूँ उस नज़ारे की एक झलक
जो मेरे एकाकीपन को कर दे कम—!"

उसने बेटर से दूसरा कप मँगवाया—ब्लैक कॉफ़ी। चाहिए था एक ऐसा पल जो स्मृति-वितान को और भी तीव्रता से मुखर कर दे। एक तो गर्मागर्म कॉफ़ी और उसमें से उठते मॉनसून के बादल और सौम्या का दुराव; वह तो उलझा है पूरी फिज़ा की रूमानियत में, परन्तु वो फ़ाईलों से घिरी, सेक्रेट्रीज़, डायरेक्टर्स से वार्ता, चर्चा में उलझी, मिनिस्टर के पास उपस्थिति—सभी क़दम, सभी चरण, सभी अवरोध, उसे अवरुद्ध करते परन्तु आत्मबल, निष्ठा और आत्मविश्वास उसका सम्बल था। सारी व्यस्तता, पूरी उलझनें और समस्याओं को अकेले निपटाना, एक महिला के लिए कितना कठिन हो सकता है—वह तो बस उसकी कल्पना ही कर सकता था। उसे अब स्वयं पर भी आक्रोश आया और अपनी निरर्थकता का एहसास हुआ। फिलहाल,

उसने इस स्व-निर्मित जंजाल को दरकिनार किया और एक बड़ा-सा कॉफ़ी का घूँट पिया। मुँह, जिह्वा और समस्त स्नायुतन्त्र को थोड़ी सज़ा तो मिली।

सर्दियों की दोपहरी और बर्फ़बारी। रास्ते भर बर्फ़, परन्तु अभी जमी नहीं। उसे तो ऐसी स्थितियों का सामान्य सा अनुभव तो था ही। कुछ तो बर्लिन और पेरिस का और कुछ शिमला, नैनीताल का। पता ही था सड़क के किनारे चलते रहेंगे तो पाँव के धँसने का जोख़िम कम होगा। बादलों का डेरा वैसे ही कायम; जैसे बारात का स्वागत यदि पूरे मनोयोग से किया हुआ हो और बारात फूलों, कलियों से सुगन्धित हो, तो किसका मन होता है कि शादी का मण्डप छोड़ कर चल दे। तभी तो टिके रहते हैं मनचले भ्रमर, किसी नयी वाटिका की फिराक में। मेघों को मिली थी सुरम्य हिमालय की घाटी, तो नहीं फटकने दिया पास हवा को। हर किलोमीटर पर हिमपात के गोले, शरीर के वस्त्रों पर भी स्फटिक दूधिया आवरण जैसे हो कोई पोलर बिअर। कोई इक्का-दुक्का पहाड़ी, किसी न किसी गाँव के आसपास, मिल ही जाता। सियार और लकड़बग्घे छोटी-बड़ी झाड़ियों में छुपे हुए और यदा-कदा मार्ग को पार करते हुए परन्तु जब जानवरों को अपनी सुरक्षा करनी होती है तो प्रायः आक्रमण नहीं करते। उसे अपने गन्तव्य पर पहुँचने में छः घण्टे लगे।

"साब, मैम साब का फ़ोन दो बार आ चुका, आप से बात करने को कह रही थीं।"

उसे पता था सौम्या का फ़ोन आया ही होगा—रविवार को तो अवश्य ही। वैसे तो सामान्य दिनों में भी प्रायः रात्रि में कुक्कू की कुहुक सुनाई दे जाती थी परन्तु जब कभी न मिलो तो नाराज़। 'दिनभर कहाँ रहते हो? एक फ़ोन है वह भी नहीं मिला सकते? और करो तो मिलोगे नहीं'—कितनी चिन्ता हो जाती है। और फिर उपालम्भों की लम्बी सूची।

"और भी किसी का आया था?"

"नईं साब..." सरजू ने हाथ जोड़कर कहा।

"साब हमलोग तो दोपहर में आपकी राह देखत रहन्... शाम होत सात चिन्ता बढ़त रही... भगवान का सुकर... आपको अबी हॉल देखा तब..."

"कब आया था मैम साब का फ़ोन...?"

"साब आपके जात सात हयी... पीछे दो घण्टा बाअद..."

"ठीक है... अभी कॉफ़ी लाओ, ठीक है अँगीठी जला रखी है... देखो थोड़े प्याज़, गोभी के पकौड़े भी निकाल लो..."

"और देखो हॉट वाटर बॉटल भी ला देना... जब तक मैं चेंज करता हूँ...।"

टेलीफ़ोन उठाया... ...! शोभित को अपने पर ही झुँझलाहट हुई। उसे समझ ही जाना चाहिए था कि ऐसे मौसम में और अब हिमपात के बाद... दो-तीन दिन तो टेलीफ़ोन गया। पता नहीं ये लोग पेरिस, जर्मनी में क्या करते हैं... कभी न टेलीफ़ोन, न ही बिजली बन्द होती है। और यहाँ पहला काम जन-सुविधाएँ

ठप्प... ज़रा तेज़ बरसात, आँधी या अब हिमपात! कभी तो कोई मसीहा बदलेगा इस सूरते-हाल को। सरकार के बस का तो है नहीं!

और साथ ही ध्यान आया सौम्या भी तो सरकार का एक अहम भाग है। कितना काम करती है। लगता है यह लगनशीलता अधिकारियों तक ही सीमित रहती है और ज्यों-ज्यों नीचे उसका परिस्रवण होता है उसमें मन्दन और अवकुशलन होता जाता है। डायल्यूशन ऑफ़ डेडीकेशन हमारे प्राध्यापकों में भी कौन-सा कम है। स्वाधीनता के प्रारम्भिक वर्षों में एक स्फूर्ति, एक समर्पणभाव था और समय के साथ स्वतन्त्रता स्वच्छन्दता में बदलती जा रही है।

आज शोभित को सेंटर फॉर एडवान्स रिसर्च में निदेशक पद पर आसीन हुए एक वर्ष हो चुका है। देश भर से प्रोफ़ेसर, अध्यापिकाएँ, प्राचार्य रिसर्च के लिए प्रार्थना-पत्र भेजते हैं और उन्हें साक्षात्कार के पश्चात् सेंटर की फेलोशिप दी जाती है। निदेशक से प्रायः सभी फेलोज की मुलाकात होती ही रहती है। और अपने प्रॉजेक्ट की प्रगति तथा नयी पुस्तकें इत्यादि के क्रय के लिए निदेशक से भेंट होती ही रहती है। कई महिला प्राध्यापिकाएँ या प्रोफेसर्स उन्हें घर भी मिलते ही रहते हैं। शोभित इस कार्य पद्धति से पूर्णतया सन्तुष्ट था क्योंकि उसकी रसिक मानसिकता के अनुकूल था समस्त वातावरण। बेशक, वह अब बासठ वर्ष का था परन्तु फिर भी उसका आचरण, लहजा या तालमेल चालीस-पचास के प्रोफ़ेसर का ही था।

"सर, मे आय कम इन"... एक सुरीली-सी आवाज़ ने जैसे कानों को झंकृत सा कर दिया।

नज़र सामने पड़ी फ़ाइल से, यन्त्रवत् ही उठ गयी। उफ़! कहाँ से उतर आयी यह कामरूप प्रदेश की काम्या! स्वयं को संयत् किया और "आइए... कम इन।"

"सर, मैं हूँ मनीषा—शिलांग से..."

"वाह! असम से... कामरूप प्रदेश ही है ना—"

"जी, सर...!"

"तभी इतनी सुन्दर और आकर्षक हो। कहाँ पर हो शिलांग में।"

"मैं सेंट मेरीज़ कॉन्वेण्ट कॉलेज में अंग्रेज़ी की लेक्चरर थी, अब मैत्रेयी कन्या महाविद्यालय देहली में हूँ। यहाँ रिसर्च करने आयी हूँ..."

"कोई राइटअप या अपने विषय पर संक्षिप्त विवरण लिखा है।"

"यस, सर...।" और उसने पोर्टफोलियो में से चार पन्ने का राइटअप अपने बायोडाटा के साथ आगे बढ़ाया। क्या सुन्दर हाथ, उसकी उँगलियाँ, लम्बे हल्के-हल्के गुलाबी जैसे कपोलों का बिम्ब उनमें झलक रहा हो।

एक विहंगम दृष्टि से देखा। मनीषा मनस्वी-उम्र पैंतीस, तलाकशुदा—एक बच्चा, उम्र दस साल, नैनीताल में... शेरवुड कान्वेण्ट में...। पन्ना पलटा—टॉपिक— "इम्पेक्ट

ऑफ वेस्टर्न थॉट ऑन इण्डियन लिट्रेचर...।" (पाश्चात्य विचारधारा का भारतीय साहित्य पर प्रभाव)

शोभित ने काग़ज़ों को पलटते हुए बैल बनाई और सब-स्टाफ को चाय के लिए कहा। और मानसी मुकर्जी को भी भेजने के लिए कहा। पाँच मिनट में मानसी सामने खड़ी थी।

मनीषा ने देखा, एक आकर्षक महिला जिसके केशों में चाँदी की झलक, आँखें सागर-सी नीली और नयनों में कजरारेपन का एहसास। छरहरा तन, जो कटि जैसे किसी शिल्पी की कृति, हल्का गोरापन जो भीतर का ही था, अक्स-क़द भी पाँच फुट छः इंच से ऊपर...। थी पैंतालीस की पर पैंतीस से अधिक नहीं। चेहरे पर सहज मुस्कान, भाव प्रवणता, और शालीनता... व्यक्तित्व–कि मन करे कि उसी के सान्निध्य में रहो।

मानसी का मनीषा ने खड़े होकर, हाथ जोड़कर अभिनन्दन किया। मानसी तो जैसे आँखें झपकती ही रह गयी। ऐसा रूप, ऐसा यौवन, ऐसा अनुपम आकर्षण, ऐसा शरीर के हर अंग में अनुपात... केश काले में सुनहरीपन, कान्ति में स्वर्णिम आभा के साथ यह टपकती लालिमा, क़द उसी के बराबर, इंच भर अधिक, परन्तु लगा कटि उससे भी अधिक छँटी, वक्ष उससे भी अधिक उभार और नितम्ब ठीक वक्ष के अनुरूप... देखती ही रह गयी। साड़ी का नीलाम्बर ढलानों पर लापरवाही से ठहरा हुआ और उसका लाल वितान देह और तन पर लिपटा हुआ... लाल बार्डर का नीला सिल्क का ब्लाउज़... जैसे श्वेत सिल्क पर क्रीमी सिल्क सजा दी हो।

"क्यों क्या हुआ मानसी...?"

"सर, कहाँ से लाये हैं इसे... इतनी सुन्दर... अवर्णनीय...।"

मानसी ने छूटते ही कहा।

"अरे...! आप तो खड़ी हैं... कब तक खड़ी रहेंगी, बैठिये...।"

और उन दोनों ने कुशन वाली कुर्सियाँ खींचीं और शोभित के सामने बैठ गयीं।

"मानसी–ये है मनीषा... कामरूप प्रदेश से उसी के अनुरूप...। और मनीषा आप हैं मानसी मुकर्जी... करीबन आप ही के प्रदेश से हैं... आप दोनों को मिलाना आवश्यक था।"

इतने में सब-स्टाफ चाय के मग ले आया। टी कोस्टर रखकर उसने चाय रख दी। और डेवीकोज़ की कुकीज़ की प्लेट, शोभित के सामने रखकर चला गया।

बाहर डॉ. कोटली और डॉ. चौहान प्रतीक्षा में खड़े थे। परन्तु शोभित ने लाल बत्ती जला रखी थी। जब भी विशिष्ट अतिथि आते या कोई विशेष परिचर्चा करनी होती, तो वह लाल लाइट ऑन कर देता।

"सो, डॉ. चौहान... कैसे हैं? नज़र ही नहीं आते... क्यों कोई ख़ास बात...?"

"नहीं यार... पिछले तीन दिन से मिलने की कोशिश कर रहा हूँ पर मिल ही

नहीं पाते...। कोई न कोई बैठा ही होता है...। ज़्यादातर लेडीज़ ही... और कोई न हो, तो यह डॉ. मुकर्जी... साला मज़े मारता है–। ठरकी है पूरा... आशिक मिज़ाज। तुम नहीं मानते चौहान? कुछ लोगों की किस्मत तो भगवान, पता नहीं कौन-सी कलम से लिखता है कि जहाँ भी जाते हैं मज़े ही करते हैं।"

"सो तो है ही! अब यह जनाब डॉ. शोभित, पहले तो यूनिवर्सिटी में हैड के तौर पर दस साल मौज की। तितलियों के साथ उड़ते रहे और यहाँ अब देखो– सा...ला साठ पार भी कर चुका है पर वह हवस, वह ठरक, वह आसक्ति, वह कामोत्तेजना कहाँ जाये! और सरकार भी तो ऐसे ही लोगों को ऐश करवाती है। सर्विस में भी, सर्विस के बाद भी। जैसे इन जैसों के अलावा और कोई डायरेक्टर के क़ाबिल है ही नहीं। सालों की हम जैसों से कैसे पटे, जब ये अभिसारिकाएँ ही इर्द-गिर्द मँडराती रहती हैं। एक बार मैं डायरेक्टर बन जाऊँ तो इन सालियों को रगड़ के रख दूँ।"

"तभी तो तुम बन नहीं सकते...। सरकार भी सब जानती है। टिके रहो, जहाँ हो कोटली साहब...।"

इतने में चपरासी भीतर से चाय की ट्रे उठा लाया। "अब तो दो बज चुके हैं। साब अब तो चार बजे बाद ही मिलेंगे। मैं उन्हें बता दूँगा, वे आपको बुलवा लेंगे।"

लाल बत्ती जली हुई थी। डॉ. शोभित का भी कहाँ मन था कि ये लेडीज़ उठ कर जायें। उसने कोठी से खाना मँगवा लिया।

"मैंने खाना मँगवा लिया है। प्लीज़ ज्वाइन मी फॉर लंच...।"

"पर सर, मैं तो प्योर वेज़ हूँ... मैं चलती हूँ।" मनीषा थोड़ा संकोच का अनुभव कर रही थी।

"अरे... कहाँ जाती हो मनीषा, हम सब वेज़ ही हैं... तुम्हारे कारण हमें भी मिल जायेगा...।" मानसी ने चुटकी ली।

शोभित की ओर मानसी ने शरारत भरी निगाहों से देखा और उसे पूर्णतया अपदस्थ कर दिया।

"हाँ, भई मानसी किसी का साथ देती ही कहाँ है।" और उसने सोफ़े पर साथ बैठी मानसी के कन्धे पर हाथ रख, ज़ोर से दबाया। किसको कितना सुखद एहसास हुआ... वह तो वे ही जानें। परन्तु चाँद पर एक बदली-सी आकर टिक गयी जब मनीषा की एक मनचली लट उसके कपोल पर आ टिकी!

सवा चार बजे डॉ. शोभित ने डॉ. कोटली को बुलाया। "आप भी डॉ. कोटली, संकोच करते हो। अरे सीधे अन्दर आ जाया करो। मैं कौन-सी पर्सनल बात करता हूँ और आप तो वैसे भी इतने वरिष्ठ हैं–डोण्ट बी फॉर्मल..." शोभित ने सहजता से कहा।

"साला ड्रामा करता है...। किसी को अन्दर आने नहीं देगा और ऊपर से नाटक...।" कोटली के मन में कटुता भरी हुई थी।

वैसे भी डॉ. शोभित ने किसी के बैठे होने पर, अन्दर आने या भेजने की मनाही की हुई थी।

"सर, रेड लाइट में कैसे आ जाता..."

"अरे... वो तो मैं भूल ही गया... तभी सोचूँ कोई और भीतर आ क्यों नहीं रहा।"

और यही तो दिनचर्या रहती थी। दिन भर इसी नाटकीयता, रसिकता और मुखौटों में जीता था शोभित!

3

बेशक, शोभित का दाम्पत्य जीवन काफ़ी सुखमय, परस्पर समर्पण भाव, एक आकर्षण की तीव्रता से ओत-प्रोत है, तो भी इस प्रेम में भी कहीं तो दुराव, कहीं तो दरार है। वह या उनका सम्बन्ध ग्रेनाइट की भाँति अभेद्य तो नहीं है। पता नहीं, या तो साहित्यिक अभिरुचि और रूमानी मानसिकता के कारण या फिर प्रेम और सेक्स का अभाव या शारीरिक दुराव के कारण, डॉ. शोभित मुझ पर आसक्त तो हैं ही। मुझे याद है जब मैं उन्हें शाम को बँगले पर मिलने गयी थी तो घर पर कोई नहीं था। मुझे सोफ़े पर बिठा दिया और स्वयं दो गिलासों में कोक ले आये...। सिप करते-करते, उन्होंने मेरे नितम्ब पर हाथ रख दिया। मैंने भी प्रतिरोध नहीं किया। क्यों? शायद मेरे भीतर भी कहीं वितृष्णा थी, कहीं आकर्षण था और कहीं सूखी धरा की पिपासा थी...। वे धीमे से सरके, हाथ मेरी गर्दन पर फेरते, मेरी वक्रों पर पहुँच गया...। मैंने हाथ बाहर किया और अधर उनके अधरों पर मौन मधु का रसपान करने लगे... और पीछे ब्रा का हुक टूट गया। प्रेम के पुंज, स्वच्छन्द... तो कैसे रोक पाती मैं उन्हें और कैसे निर्बाध जलधारा समा गयी प्यासी धरा की अतल गहराइयों में...! कोल्ड ड्रिंक अब तक उबल चुकी थी और बुलबुले शान्त, धीर... समा चुके थे उसी में!

ऐसा सोचती रही, रात को मानसी। न तन्द्रा, न नींद, न चैन, न शिथिलता, जी चाहता कोई—कोई तो क्या शोभित ही... कर डाले उसका मर्दन—उसका रोम रोम समा जाये उसके आलिंगन में... उसके कण कण में... और मनीषा हो निहारती... प्यासी, विमुग्ध और अतृप्त... बदली-सी विचरती स्वर्णिम बदली...!

धीमे-धीमे... दरवाज़े पर दस्तक... एक, दो... रुक कर दो बार और...। मानसी ने दरवाज़ा खोला—सिल्क गाउन में मनीषा...! उसने मनीषा को कसकर आलिंगनबद्ध कर चूम लिया। "आ, ...ठण्ड है—पगली... भीतर आ...।" और ले गयी उसे अपने लिहाफ़ में! मनीषा ने स्लैक्स, टॉप और उसके ऊपर असमिया कढ़ाई किया हुआ गर्म हाउस गाउन पहना हुआ था। कैपतान ही कह सकते हैं। कुछ झेंपिल सी खड़ी रही। तब मानसी ने कन्धों के गिर्द अपना बाजू लपेट—"अरे... घबरा क्यों रही है। डबल बेड है और रज़ाई भी डबल ही है। दाँत किट्-किट् कर रहे हैं—और होंठ देखे

हैं... कैसे नीले हो रहे हैं।" और उसे आत्मीय शालीनता से, अपने लिहाफ़ में लिटा दिया। हॉट वॉटर बॉटल से बैड तो जैसे प्रेम की स्निग्धता से सराबोर था। मानसी एक और गर्म पानी की बॉटल ले आयी, और बैड में मनीषा के साथ लेट गयी।

दो कमरे का अपार्टमेण्ट। सामने के दरवाज़े से घुसते ही, एक रूम—जिसे ड्राइंग रूम कहा जा सकता था क्योंकि उसमें थीं चार कुशन वाली चेयर्ज, दो डाइनिंग चेयर्ज, बीच में डबल टॉप का लकड़ी का सेंटर टेबल और उनके पीछे दोनों कोनों में अखरोट की लकड़ी के कार्नर्ज; चार सतहों पर सजी, कुछ फ़ोटोग्राफ़्स, कुछ पीतल की सांस्कृतिक अर्धनग्न अप्सराएँ; जिन्हें आलम्बन दे रहे थे नग्न नर और सामने दीवार पर दुर्गा की हस्त-शिल्प से तराशी प्रतिमा—अलौकिक, जैसे अभी उस मूर्ति से बाहर आकर—आपकी रक्षा करेंगी। रात थी, इसलिए मानसी, मनीषा को बिना लाइट ऑन किए—भीतर ले गयी थी। फायर प्लेस में लकड़ी जल रही थी—और उसका मन्द मन्द प्रकाश दोनों महिलाओं के रूप विन्यास को उत्तरोत्तर आलोकित किये जा रहा था।

मानसी जाकर मनीषा से जुड़ गयी—जैसे कि सालों के बिछुड़े नदी के किनारे मिल गये हों।

"अयं... यह क्या... तुम तो अभी भी काँप रही हो? तुम तो डरी हुई लगती हो...। शान्त हो जाओ—मैं हूँ न तुम्हारे साथ...।"

और मानसी ने धीमे-धीमे उसके केश सहलाए—उसके माथे, मुख, आँखों, गालों, ग्रीवा, नाक और अधरों को चूमा। अब धीरे-धीरे मनीषा अपने संयत स्वरूप में लौट रही थी। कँपकँपी बन्द हो गयी और वह मानसी के आलिंगन में सुरक्षित महसूस कर रही थी। उसे स्वयं नहीं पता लग रहा था कि क्या यह ममत्त्व है, वात्सल्य है, अनुराग या आसक्ति, कामना या चाह, प्रणय या प्रीत है। जो भी हो वह स्पर्श, छुअन की मखमली, मरमरी स्निग्ध अनुभूति उसके भीतर उतर रही थी।

"दीदी—! सच्ची में मैं बहुत डर गयी थी। एक तो नया स्थान, फिर पूर्णतया चारों ओर वीरान... तेज़ शीतल, अतिशीतल वायु का प्रकोप और उस पर देवदार, चीड़ की नुकीली पत्तियों में साँय-साँय का भयावह नाद...। कोई भी आसपास नहीं...। लगा कि कोई आ जाये तो चीख़ तक भी सुनाई न दे। और यह ख़याल आते ही मेरा तो शरीर ही काँपने लगा। उठने की हिम्मत ही नहीं हो रही थी। वह दीवार में अँगीठी भी, न ही किसी ने जलाई... न ही मैंने। मुझे तो लगातार लग रहा था कि दूसरे कमरे में कोई है।"

"पर अब तो तू मेरे बाहुपाश में है... अभी भी डर रही है... सच में तू तो, कितनी सुन्दर पगली परी है कि जी करता है तुझे अपने में ही समेट लूँ।" और मानसी ने उसके मुख पर चुम्बनों की झड़ी ही लगा दी। "फिर..." "फिर क्या दीदी...! साहस बटोरा, लाइट जलाई... सब तरफ़ घूमी और मन ने कहा मानसी ही तेरा

सहारा है। और मैं आपके सिवा किसी को जानती भी नहीं... सो टॉर्च बिना जलाए ही चली आयी।"

"डिनर के समय तुम कहाँ थीं? मैं तो आठ से नौ बजे तक डाइनिंग हॉल में ही थी। ये सभी लोग डॉ. कोटली, डॉ. चौहान और बाक़ी करीबन दस से पन्द्रह फैलोज़ भी थे। सर भी टहलते हुए आ गये और वहीं पर गपशप चलती रही। वह तो बहुत ही सोशल हैं... पर मुझे लगा, शायद वह तुम्हें तलाश रहे थे। थोड़ी-थोड़ी देर बाद मुड़ कर, डोर को देखते जैसे किसी के इन्तज़ार में हों। उनकी मैडम तो आ नहीं सकतीं, और चलो मैं तो सामने ही थी—फिर तुम्हारे सिवा हो ही कौन सकता था।" "दीदी... आप भी ना... कहाँ वो... कहाँ मैं...! उनकी बेटी समान हूँ...। आप सोच ही कैसे सकती हैं। वह तो हमारे श्रद्धेय, आदरणीय हैं...।" "तुम वास्तव में ही, बहुत भोली हो...। एक तो वैसे ही तुम सद्य-स्नात् जुही की कली हो और फिर यह अकलुषता...। भगवान्... तुम्हें जीवन की झंझाओं से बचाए। पुरुष तो हर उम्र में मर्द ही होता है और वह तो मर्दन का ही पर्याय है। आज के परिदृश्य में मर्द केवल सेक्स जानता है। उसका प्रेम, उसकी निष्ठा, उसका समर्पण, उसका पारस्परिक विश्वास; सेक्स की परिणति पर जाकर होम हो जाता है। और जब भी हार्मोन्स ज़ोर मारते हैं तब उन सभी स्थितियों, परिकल्पनाओं की पुनरावृत्ति होती है।"

"तब तो दीदी... सर... से भी संरक्षण की आशा नहीं की जा सकती।"

"नहीं... तुम अभी भी सीधी हो...। कई बार परिस्थितियाँ ही ऐसी हो जाती हैं कि नर या नारी किसी के भी बस में नहीं रहता और वे उस सागर की हिलोरों में खो जाते हैं। आग और सूखी लकड़ी का रिश्ता है। लकड़ी को ही आग से बचना होता है।"

सामने लगी दीवार घड़ी ने ग्यारह बार टन-टन की। परन्तु नींद अपने स्थान पर दोनों कोमलांगियों को पाकर, लौट चुकी थी।

"पर तुमने खाना भी खाया या नहीं। तुम्हारा पेट तो जैसे खाली है।" मानसी उसके उदर, वक्ष और गुदाज़ीपन को सहला रही थी।

"दीदी, दरअसल मैं करीबन सात, सवा सात बजे डाइनिंग में गयी थी। एक दो युवा से, अनजबी लोग खाना खा रहे थे। सोचा खाना खाते-खाते कुछ और आ जायेंगे, परन्तु कोई नहीं आया। और मैं आठ बजे से पहले ही लौट गयी थी। और करती भी क्या? वॉक कर नहीं सकती थी क्योंकि एक तो ठण्ड हाथ-पाँव सिकोड़ रही थी और ट्यूबलाइट्स केवल स्वयं को ही प्रकाश दे रही थीं।"

वैसे भी, वास्तविकता तो यही थी। शाम के छः बजते-बजते सारे वातावरण में स्तब्धता-सी छा जाती थी। हर पेड़, पौधा, भवन, मकान, रास्ते, सड़कें गहरे क़ोहरे की चादर में लिपट जाते। दो गज तक चेहरा नहीं दिखाई देता था। हो भी क्यों ना, दिसम्बर का आरम्भ हो चुका था और शीत भी तो अपने यौवन पर होनी ही

थी। लाइब्रेरी में ही कुछ स्कॉलर्स किताबों और मैगज़ीनों से उलझ रहे थे। परन्तु अपने-अपने कक्षों या अपार्टमेण्ट्स में ही कुछ राहत मिलती थी। मनीषा का मन तो पहले से ही अनमना-सा था। पहला दिन, और उसका भी प्रथम भाग मि. शोभित और मानसी के सान्निध्य में बीता था। सर ने तो जैसे कोई कमनीय युवती देखी ही न हो। शायद कामरूप गये नहीं। मेरे जैसी गाँव की ललना, हर दूसरी युवती वैसी ही तो है। कैसे अचम्भित से हो गये थे, सर! कहीं असम के किसी ग्रामीण अँचल में चले जायें तो क्या हो? अब तो मुझे भी उत्सुकता है मिसेज़ शोभित को देखने की। मानसी ने ही कुछ संकेत-सा दिया था—उन्होंने तो कोई ज़िक्र भी नहीं किया। और मानसी, ये तो बँगला हैं। परन्तु लगती नॉर्थ की ही हैं। स्वयं भी तो हर तरह से सुन्दर हैं... जैसे वय को थाम रखा हो।

"अरी; कहाँ खो गईं... बात करती-करती।" मानसी ने उसके दृगों पर उँगली से स्पर्श किया। कैसी लोमहर्षक छुअन है—दोनों के लिए...। सौन्दर्य, वास्तव में अपने आप में ही मादक होता है। और यह सुरूर पूरी कायनात पर तारी रहता है; उससे वे अछूती कैसे रहतीं?

"नहीं, दीदी—आपके बारे में ही सोच रही थी। आप से कोई परिचय नहीं, परन्तु फिर भी कितनी आत्मीयता, कितना अपनत्व, कितना स्नेह, प्यार... जैसे कोई पूर्वजन्म का ही सम्बन्ध हो। हो सकता है मैं ही भावुक हूँ...। चलो... मुझे अपने विषय में वह सब बताओ कि आपकी जीवन यात्रा कहाँ से प्रारम्भ हुई... और अब यहाँ कैसे...?"

"तुम्हें तो जैसे उतावलेपन ने घेर लिया है। अरे, मैं या तुम कौन-सी भागी जा रही हैं... आहिस्ता-आहिस्ता सब जान लेंगे एक दूसरे के बारे में। अभी तो तू सो जा। सुबह फिर अपने विषय और उस पर शोध के बारे में सर से मिलकर तय करना है। देख लेना वे तुम्हें दस बजे ही बुला भेजेंगे। रात कैसे निकालेंगे—मैं जानती हूँ उनके आशिकाना मिज़ाज को!"

"नींद भी तो नहीं आ रही दीदी! आपसे बातें करना, आपकी मधुर आवाज़ भर ही रोमांचित कर रही है—।" मनीषा, सच में ही मन की गहराई से बोल रही थी।

कैसी अजीब महिला है। कुछ ही तो घण्टे हुए हैं मिले हुए।—मेरे विषय में कुछ जानती नहीं, फिर भी कितनी स्निग्धता, कितनी गर्मजोशी, कितना करीबीपन। जो भी हो, जरूरत से ज़्यादा ही भोली है और आकर्षक... बाप रे... माय गॉड! मैं तो चाहती हूँ कि इसे संसार का कोई कष्ट छू भी न सके। भगवान मुझे ही इसकी ढाल बनाकर खड़ा रखे। शेष प्रभु इच्छा!

"अब... दीदी... आप... चुप क्यों हो गईं? कुछ तो बोलिए...।" मनीषा ने बाल हठ से कहा। "मैं सोच रही थी... क्या कहूँ...? कहने को है भी और नहीं भी... ऐसी

सपाट ज़िन्दगी में है ही क्या?" मानसी ने बताना शुरू किया और मनीषा तन्मयता से सुनने में तल्लीन!

"जन्म तो कलकत्ता के पास वर्धमान में हुआ। पुश्तैनी घर था, दादा-दादी, चाचा-चाची (काका-काकी) और भी सभी परिवार में थे। संयुक्त परिवार की ही खेती थी। बचपन से ही 'अमार सोनार बँगला' देखने को मिला। घर के चारों ओर दूर-दूर तक फैली हरियाली—धान की लहलहाती रंग बदलती फसल—कभी हरी, तो कभी सुनहली, कभी मटमैली और फिर कभी सूखी वीरान धरती... बदलते मौसम—और तुम्हें क्या बताउँ, तुम तो स्वयं ही इतने सुन्दर प्रदेश से हो, तभी तो इतनी सलोनी हो। पापा केन्द्र सरकार में उच्चाधिकारी थे और मम्मी देहली में ही भारतीय विद्या भवन में स्कूल टीचर। प्राइमरी और शायद पाँचवीं तक की शिक्षा वहीं वर्धमान में और बाद की सारी पढ़ाई में। स्कूल तक मम्मी के ही पास और एम.ए. (इंगलिश) लेडी श्रीराम से।" उसी कॉलेज में ही अध्यापन शुरू कर दिया। फिर दो एक बार पीएच.डी. के सिलसिले में चण्डीगढ़ आयी, जहाँ प्रो. शोभित से भेंट हुई। उस समय भी ये डिपार्टमेण्ट में हैड ही थे। परन्तु मेरी तो गाइड देहली विश्वविद्यालय की प्रो. संगीता थीं—संगीता बाजवा—अपने विषय में पूरी दक्षता। मनीषा सो गयीं क्या?" और उसने देखा, वह सच में ही सो गयी थी। उसने फायर प्लेस की मन्द-मन्द आँच के प्रकाश में मनीषा को देखा लगा जैसे इस लोक की हो ही ना—अलौकिक—चेहरे के दमकते सुनहलेपन पर टपकती लाली, नाक मध्यम तीखी, मीनाक्षी से नयन, और सुनहले काले लम्बे केश... चेहरे के गिर्द फैले हुए जैसे चाँद पर आच्छादित मेघ। उसने मनीषा के कपोल पर हल्के से चूमा—और कुछ ही देर में मानसी भी, पता नहीं, किसकी बाँहों में लीन हो गयी।

वह तो प्रातः छः बजे उठ ही जाती थी। प्रायः सुबह सैर को निकल जाती। परन्तु उस दिन तो बादल, धुन्ध, कोहरा सभी ने पूरे वातावरण को लपेट रखा था। धीमे से उठी—दूसरे रूम में जाकर टेबल लैम्प जलाया—और बैठ गयी लिखने...

कैसे उतर आती है कुदरत,
अपना पूरा यौवन लेकर
और आप अचम्भित...!
कैसे खिल गयी जुही...
वीरान, शीतल, बिस्तर पर...
जैसे सावन-मल्हार की पूनम—
और निर्झर जाये ठहर।
किसी अधूरी प्यास का अक्स
घेर ले पूरा तन-मन...!

कब शुरू होगा सफ़र...
कहाँ तक... कौन जाने...
जीवन भर... या पल-दो पल...!!

मनीषा सुबह उठी तो–"हैं! मैं कहाँ–मैं कैसे आ गयी यहाँ–दीदी यह आप ही का अपार्टमेण्ट है? फिर मैं यहाँ–कौन लाया मुझे?"

"उठ पगली–जा ब्रश कर और फ्रेश हो जा। चाय तेरा इन्तज़ार कर रही है, मैंने भी नहीं पी। तब तुझे सब याद आ जायेगा–जब फ्रेश होकर बैठेगी।"

बाहर एक-आध पक्षी, शायद नीलकण्ठ, तोता कबूतर, जंगली मुर्गी, कोयल, गौरैया किसी की भी आवाज़ हो सकती थी। क्योंकि एक गुटर-गूँ दूसरी कवाँ कवाँ चा तुअ तुअ... कैसा कन्फ़्यूजन था पक्षियों के कलरव का। मनीषा ने पर्दे से बाहर झाँका–कोहरे की गहन परतें... वातावरण किसी भी विरही के लिए अवसाद पूर्ण, तन्हा-तन्हा और आशिकमिजाज़-रोमान्टिक के लिए यादों के तारतम्य में संलिप्त; जिसमें प्रेमिका आगोश में जैसे पूरी क़ायनात कोहरे के आवरण में लिपटी हुई। उसने चाय का घूँट भरा–"दीदी, अब मुझे सारा याद आ गया। आप दीदी नहीं, मेरे लिए वो माँ दुर्गा शक्ति हैं।"

"अच्छा, छोड़ इसे–वैसे तो हर नारी ही शक्ति है, उसी का प्रतिरूप। और तुम्हारी यही सुकुमारता, यही असम्पृक्तता कितनी लुभावनी है जो तुम्हारी हर बात से झलक जाती है। अब तैयार हो जाओ डॉ. शोभित तुम्हें बुलाने ही वाले होंगे।"

इतने में डॉ. शोभित के खानसामा ने आकर दरवाज़े पर धीमी-सी दस्तक दी। मानसी ने दरवाज़ा खोला–"नमस्ते, मैम...!"

"क्यों क्या बात है?"

"डॉ. साहब ने आपको और दूसरी मैम... को नाश्ते पर बुलवाया है... कब आयेंगी...। वो दूसरी मैम तो कमरे में ही नहीं हैं... सुबह-सुबह पता नहीं कहाँ चली गयी हैं।"

"ठीक है, तुम डॉ. साहब को कह दो आज नहीं। हम उन्हें इंस्टीट्यूट में ही मिल लेंगे–दस बजे। कल के लिए बात कर लेंगे...। वो दूसरी मैम मेरे पास ही चाय पी रही हैं... कह देना कोई चिन्ता की बात नहीं।" और खानसामा को रवाना किया। "देखा! ठीक वैसा ही हुआ जिसकी मुझे आशंका थी। मैं तो कल ही समझ गयी थी, कि अब शोभित इस काम्या पर मर मिटे हैं। फिर जब वार्तालाप करो तो कहेंगे कि हम तो साहित्य और कला के पारखी और पुजारी हैं। सौन्दर्य पूर्णतया अभिभूत करता है और वही तो प्रेरणास्रोत होता है। पता नहीं ये मर्द लोग कौन-सी मिट्टी के बने होते हैं। यदि सौन्दर्य प्रेरणादायक होता है तो इसमें सेक्स, शारीरिक सम्बन्ध, शरीर का अवगुण्ठन, उसके अंग-अंग का स्पर्श, मसलन, ये सब कौन-सी प्रेरणा की परिभाषा हैं। कहने को कलाविद् हैं, साहित्यकार हैं, तो फिर कल्पना का स्थान कहाँ

है। कल्पना को तो विकसित करते नहीं अपितु पुष्पों, कलियों को क्रीड़ा-वस्तु बनाकर अपनी कलात्मकता को उजागर करते हैं। मुझे तो यह सब आत्म-प्रवंचना लगती है जिसमें इन्सान समझने लगता है कि दूसरे सभी विवेकहीन हैं, अगढ़, अनपढ़ हैं जो स्थितियों का विश्लेषण करने में असमर्थ हैं। यदि कोई अपने सामाजिक, बौद्धिक, व्यावसायिक या अधिकारी तन्त्र के क्रम में उच्च स्तर पर आसीन है और सौन्दर्य को उसके बल पर प्रभावित या क्रय भी कर सकता है—तो वह शोषणकर्ता की परिधि में आता है। और बहुत-सी महिलाएँ पैसे से अधिक प्रभावित होती हैं और परस्पर सहमति से सम्बन्ध बनाती हैं—इसे हम समानता और नारी स्वतन्त्रता के दायरे में ले सकते हैं परन्तु शोषण नहीं।

"दीदी—आप तो वहीं पर रह गईं। कौन है? आपकी चाय भी ठण्डी हो रही है।" मनीषा ने मानसी के चिन्तन क्रम को तोड़ दिया।

मानसी ने चाय माइक्रोवेव में गर्म की और उसके पास आकर बैठ गयी। लिहाफ़ तो दोनों की पारस्परिकता की भाँति गर्म था।

"मैं कह रही थी ना—डॉ. साहब को रात को नींद ही नहीं आयेगी। उन्होंने ही खानसामा को भेजकर हम दोनों को नाश्ते पर बुलाया था।"

"और आपने क्या कहा?" मनीषा ने बीच में ही पूछा।

"कहना क्या था—मना कर दिया। तुम्हारे बहाने मुझे भी घसीट रहे हैं। फिर कभी सही। ऐसा कौन-सा ज्वालामुखी फटने वाला है कि उसके पहले हम मिल लें और उनकी आसक्ति-पूर्ति कर दें।"

"बहुत ठीक किया। मैं तो जब भी जाऊँगी आपके साथ ही जाऊँगी। जैसे पहले कभी किसी रूपसी को देखा न हो। हमारे आसाम, बंगाल में हर दूसरी नारी ऐसी ही है। वहाँ चले जायें—तो—फिर इन्हें भगवान भी नहीं बचा पायेगा।" मनीषा उत्तेजित हो उठी।

"अरी... वो छोड़... इनकी हिमाचली और उत्तरांचल की युवतियाँ देख लो तो... और चम्बा के ऊपर गद्दी युवतियाँ या फिर पौड़ी... गढ़वाल, मुंशियारी... की ललनाएँ...। यह सब मानसिकता की बातें हैं नहीं तो आकार में तो सभी एक-सी ही होती हैं।" "ठीक है दीदी! मज़ा आ गया... मैं तो आपके पास ही आ जाया करूँगी—अभी तो मुझे नये वातावरण में डर लगता है। अब चलती हूँ...।"

और मनीषा अपने बर्फ़ानी रूम में चली गयी। जाकर गीज़र चलाया... परन्तु लिहाफ़ तो जैसे इग्लू... बर्फ़ का घर!!

दस बजकर दस मिनट हो चुके थे। मनीषा लाइब्रेरी में स्टैण्ड पर लगे एच. टी. के पन्ने पलट रही थी। समय का ध्यान ही नहीं रहा। अचानक सामने लगी वॉल क्लॉक की ओर देखा और फिर अपनी कलाई पर लगी सुनहरी वॉच पर। झट से डॉ. शोभित के चेम्बर की ओर लपकी। धीरे से भीतर झाँका—

"मे आय कम इन, सर!"

डॉ. शोभित, जो सामने पड़ी फ़ाइल पर अनमनी-सी निगाह दौड़ा रहे थे और भी दत्तचित्त हो गये। संलग्नता ऐसी जैसे कुछ सुना ही न हो। डॉ. कोटली, सामने बैठे, इस प्रतीक्षा में, कि ये फ़ाइल से ध्यान हटायें तो अपनी बात शुरू की जाये। डॉ. शोभित ने एक बार तो बीच में ही कहा–

"कोटली जी आप अपनी बात कहिए, मैं सुन रहा हूँ।" परन्तु डॉ. कोटली को पता था कि जब इनका ध्यान फ़ाइल से हटेगा, तो कहेंगे..."हाँ, तो तुम क्या कह रहे थे। डोण्ट मांइण्ड, ज़रा दोबारा रिपीट कर देंगे। जैसे सामने वाले की कोई मान मर्यादा है ही नहीं। वैसे भी, अभी भी इनका ध्यान, कौन-सा फ़ाइल में है। ध्यान तो कहीं और है परन्तु कौन कहे–जनाब, इस नाटकीयता से बाहर आयें। समय तो सभी का ही अमूल्य है, तो फिर यह अहं का पहाड़ क्यों? वह कहने ही वाला था... ओ.के. सर... मैं फिर आ जाऊँगा–जब आप फ्री हो जायें। तभी अचानक यह संगीतमय स्वर लहरी–उसने पीछे मुड़कर देखा–अरे! मनीषा। मैं सुबह इसी के बारे में तो सोच रहा था। अब समझा, ये शोभित जी महाराज, क्यों नहीं सुन रहे हैं–पूरा ड्रामेबाज़ है... ख़ैर... "सर! डॉ. मनीषा, बाहर इन्तज़ार कर रही हैं।" उसने बेतकल्लुफ़ी से कहा।

"अरे... मैंने ध्यान ही नहीं दिया। डॉ. मनीषा भीतर आइए ना–बाहर क्यों खड़ी हैं।" डॉ. शोभित ने सहजता लाने के अन्दाज़ में कहा।

"गुड मॉर्निंग–सर...।" मनीषा ने हल्का सा सर हिलाया जैसे गुलाब टहनी समेत किंचित् झुक गया हो। और डॉ. कोटली की ओर अभिवादन के लिए धीमे से नतमस्तक हुई।

"मॉर्निंग... कैसी हैं आप...? कोई कष्ट तो नहीं हुआ... होप, यू आर कम्फर्टेबल... आराम से हो ना...? खड़ी क्यों हैं बैठिए...।" डॉ. शोभित अब तक उसे और स्वयं को पूर्णतया सहज और स्थिर चित्त कर चुके थे। "सर, मानसी दीदी से आपने मिलवा ही दिया था–वे बहुत अच्छी हैं–उन्होंने मुझे लेशमात्र भी कष्ट नहीं होने दिया। अच्छा! मैं तो आपसे अपने प्रोजेक्ट के बारे में बात करना चाहती थी। आप डॉ. साहब से बात कर लें–मैं फिर आ जाऊँगी।" और मनीषा उठने को हुई ही थी, कि डॉ. कोटली ने कहा..."सर–आप बात कीजिए, मैं फिर आ जाऊँगा।"

"ओ.के. ... जैसे आपको सुविधा हो" और शोभित की मनोवांछित इच्छा पूर्ण हुई।

"पहले तो यह बताओ, कि आप लोग ब्रेकफास्ट पर क्यों नहीं आये। आपको शायद मानसी ने बता ही दिया होगा। मैं कुछ विशेष लोगों को ही आमन्त्रित करता हूँ...। और आप हैं कि... अब मैं क्या कहूँ... आप की सोच पर..." और वह कहते कहते रुक गया। कहीं कोई कठोर शब्द निकल गया... कि चैडविक फॉल की टप टप यहीं शुरू हो जायेगी।

"नहीं, सर, यह तो हमारा सौभाग्य था कि आपने बुला भेजा। वरना इस सुदूर प्रदेश में—आप ही तो हमारे परिवार के वरिष्ठ, आदरणीय कुलपिता हैं। वास्तव में मैं बहुत थक गयी थी और आराम करना चाहती थी। "आय एम सॉरी... आपको कष्ट हुआ...।"

"सो तो हुआ ही—सारा खाना वैसे ही पड़ा है... मैं इसे... अब क्या कहूँ?"

"सर, मुझे वास्तव में ही बहुत खेद है। मैं और मानसी दीदी डिनर पर आकर सब खत्म कर देंगी। शाम को आप भी रिलेक्स्ड मूड में होंगे। यदि आपकी अनुमति हो तब?" "चलो ऐसा ही सही। महिलाएँ और वह भी इतनी कुशाग्र, मनस्वी, चिन्तनशील, कैसे मना कर सकते हैं। फिर कुलीग भी हैं। यह वरिष्ठता की बात छोड़ो, इससे संवाद कभी भी सफल और अर्थपूर्ण नहीं हो सकता। समानता के स्तर पर संवाद में पारस्परिक आदान-प्रदान और विचार मन्थन बेहतर होता है। इसीलिए मुझे इस वरिष्ठ, माननीय, बुजुर्ग, आदरणीय विशेषणों से उपेक्षा और तिरस्कार की गन्ध आती है। आप तो एक सामान्य व्यक्ति को पाषाण की प्रतिमूर्ति बनाकर, ऊँचे मंच पर प्रतिष्ठित कर देते हैं ताकि संवाद और वार्ता की स्थिति उत्पन्न ही न हो। सभी समान हैं और समानता के सामान्य धरातल पर ही रहें।" डॉ. शोभित ने पास पड़े ग्लास से पानी के तीन घूँट पिए और मनीषा को आँखों में उतार लिया। वास्तव में ही अलौकिक, अतुलनीय, अनिर्वचनीय है। देह का एक-एक अंग, अंगों की एक-एक भंगिमा, उसकी एक-एक मुद्रा, फ़ाइल को पकड़ना, रखना, लट को पीछे सरकाना, दुपट्टे को उठा कर सँवारना, संवाद के लिए अधर खोलना और दन्तपंक्ति से मोतियों का झर जाना, कपोलों पर लालिमा का उभरना, फैल जाना और चाँदनी को केशों की शिराओं में समेट लेना... उफ़... देह भी एक भाषा द्वारा संवाद करती है... नयनों के भँवरों से बाहर आकर... उसने एक ही नज़र से, इतनी सूक्ष्मता का प्रभाव कभी भी अनुभव नहीं किया। हो सकता है, आदमी की स्मृति स्थिति अनुरूप धुँधला जाती है। जो सामने हो, लगता है संसार वहीं से आरम्भ होता है और वहीं पर है उसका अन्त...। अन्यथा सौम्या, मानसी,... आकांक्षा... और न जाने कौन कौन... जहाँ समय हमेशा ही ठहरता रहा है। या तो वह ही सामान्य नहीं या फिर परिस्थितियाँ!

चपरासी चाय लाया और रख गया। मनीषा हैरान—पिछले तीन-चार मिनट से सर बोले ही नहीं।

"सर, चाय लीजिए ना...।"

"अच्छा... यह कब रख गया... बिस्किट नहीं रखे...।"

शोभित ने घण्टी बजाई—"मनीषा... नहीं मानसी को बुलाओ... चाय और बिस्किट रखो।"

"अच्छा, तो आप अपना टॉपिक बता रहीं थीं ना...? ज़रा विस्तार से बताओ..."

"सर मैं चाहती हूँ कि 'इम्पेक्ट ऑफ़ इण्डियन क्लासिक्स ऑन इंगलिश लिट्रेचर...' पर शोध करूँ।"

"रियली फेन्टास्टिक...! अच्छा 'इंगलिश' की जगह 'वेस्टर्न' कैसे रहेगा...।"

"सर, सच में ही बहुत ओरिजनल और एब्ज़ार्बिंग है; थैंक्स सर...।"

इतने में मानसी आ गयी। वह चाय में डूब ही रही थी—"मानसी... ग्रेट... अब आप बहुत ऊँचाई पर पहुँच गयी हैं अब हमारा आमन्त्रण कैसे स्वीकार करेंगी...?"

"नहीं सर, ऐसी बात नहीं है"... मानसी ने नीचे से मनीषा के नितम्ब पर चिकोटी काटी... "वो तो मनीषा ही थकी-थकी सी थी। तभी मना कर दिया... वरना यह तो हमारा सौभाग्य कि आप आमन्त्रित करें...।"

"दीदी... अब रात को डिनर पर सर के घर जाना है... तभी... नाराज़गी दूर होगी...।"

और रात को डिनर...। ड्राइंग, डाइनिंग दोनों में बड़े-बड़े शेंडेलियर...। दीवारों पर लैम्प शेड्स से झाँकते बल्ब; जिनका मद्धम प्रकाश, एक रूमानी-सी छटा बिखेर रहा था। खिड़कियों पर टँगे रेशमी झलक के गहरे नीले रंग के कर्टेन्ज़, जिन पर नारंगी लाइनें, रोशनी पड़ने पर उसका भगवा रंग और भी उभार रही थी। दो सोफ़े—एक हल्के बादामी रंग का जिसमें गहरी नीली धारियाँ उभर रहीं थीं और दूसरे में लाल रंग की धारियाँ उसे और भी सुन्दर दिखा रही थीं। काली टीक का सेंटर टेबल और उसके शीशे के टॉप से झाँकती निचली सतह पर पड़ी मैग्ज़ीन्स—एक फ़िल्मफेयर, इलस्ट्रेटिड वीकली, धर्मयुग और शी—जो सभी पत्रिकाओं से साज सज्जा, साइज़ और स्प्रेड में दोगुना था। उसके बाहरी पृष्ठ पर मर्लिन मुनरो का अर्धनग्न चित्र, मैग्ज़ीन के विषयों को परिलक्षित कर रहा था।

बाहर, जैसे किसी वीरानी पर छाया सन्नाटा! कोई आवाज़ नहीं, कोई प्रकाश नहीं। दूर-दूर टिमटिमाते पोल पर लगे बल्ब, जैसे उन्हें ही राह दिखाने को लगाये गये हों। बारिश भी पूरी ज़ोरों पर—लगा जैसे किसी ने उसे कहा हो—कि ए बारिश, तू इतना जम के बरस, कि वो आ न सकें। और डॉक्टर शोभित ड्राइंग रूम में, गर्म गाऊन और गर्म ही स्लीपर पहने, जैसे चहलकदमी में पगों की गिनती कर रहे हों। एक बार जाते—आठ-नौ पग भरते, डाइनिंग टेबल से स्कॉच के पैग का एक घूँट भरते, फिर, एन्ट्री डोर पर आकर रुकते, जाली से बाहर देखते और रुक जाते। विला के मेन गेट पर कोई हलचल नहीं। यह पर्यायक्रम करीबन आठ बजे से शुरू हुआ जब से डॉ. शोभित की उत्सुकता उनकी ड्रिंक के साथ बढ़ रही थी। दो पैग पूरे हो चुके थे—। ड्रिंक्स का सरूर धीमे-धीमे हावी होने लगा था। सौम्या, मानसी आपस में विलय हो रही थीं। दामिनी की लम्बी लहर के प्रकाश में वातावरण पल भर को

देदीप्यमान हो जाता और पूरे जोश से मेघ गर्जन जैसे एकाकी महिला को किसी के पहलू में लिपटने को बाधित कर रहा हो। उसे लग रहा था कि अब उसका संयत रहना कठिन होता जा रहा था। मनीषा, दोनों महिलाओं के विलय में से बार-बार प्रकट हो रही थी जैसे चपला उसी की चपलता को उभार रही हो। और वो आकर उसी में विलीन हो रही हो।

अब उससे स्वयं पर नियन्त्रण रखना असम्भव-सा हो गया। उसने दो छाते खानसामा को दिये और उन्हें लिवा लाने को कहा।

मनीषा भी अपने कमरे में कैद। इधर से उधर चार क़दम कि रास्ता खत्म। अच्छा भला मना कर रखा था दीदी ने—मैंने ही पंगा लिया। शायद इसीलिए, कि उस समय मन में एक विचार कौंध गया था कि सम्भवतया यह मानसी डॉ. शोभित से अपनी घनिष्ठता, नज़दीकी, सम्बन्धों की गहनता किसी और से ना बाँटना चाहती हो। स्वयं की अस्थिरता, शायद मानसिक; उसे किसी पुरुष के सम्बल के लिए प्रेरित कर रही हो। हो सकता है बाधित ही कर रही हो। वैसे भी ये देहली की महिलाएँ, इन मामलों में काफी चंट होती हैं। एक-एक समय पर पाँच-पाँच प्रेमी पाले रखती हैं। कितनी ऐश करती हैं और सीमा तो उनके लिए बेमतलब...। पर मैं भी तो देहली से ही हूँ—पर पूरी तरह नहीं—तो ऐसे ही मानसी भी तो कहाँ पूरी तरह देहली से है? जो भी हो, मुझे सभी को समझने में थोड़ा समय तो लगेगा ही। और साढ़े आठ हो गये। मानसी के रूम तक तो जा नहीं सकती। घर से छाता रखना भी भूल गयी।

और डॉ. शोभित बातचीत में कितने शालीन। मर्यादा की सीमा नहीं लाँघते। परन्तु आदरणीय, वरिष्ठ इत्यादि उद्बोधन पता नहीं क्यों बुरे लगते हैं उन्हें। अग्रज, वरिष्ठ, पितातुल्य, वय में कितने बड़े... दोगुना से भी कहीं ज़्यादा...। हो सकता है आदमी की फितरत ही ऐसी हो। वह कभी भी अपने को बुड्ढा सुनने को ही तैयार नहीं होता, मानना तो दूर की बात...। सेवानिवृत्त हो चुके हैं। आराम से घर बैठें...। बीबी के साथ एंज्वाय करें, आखिरी सन्ध्याएँ साथ बितायें... फिर कब मिलेगा साथ...। हो सकता है यह उनकी हवस, उनका अधूरापन, उनकी विलगता को दर्शाता हो। और उसका दूसरा पहलू कि वे, जो संवाद के लिए कह रहे, सही ही हो। कह नहीं सकती कि डॉ. शोभित का यथार्थ रूप क्या है। वैसे मैं भी स्वयं के कपोलकल्पित निष्कर्ष क्यों निकालूँ जब तक यह सोच तथ्यों पर आधारित न हो। वैसे तो प्रोफ़ेसर, स्कॉलर्स, स्टाफ प्रायः हर अध्यक्ष की कमियाँ, त्रुटियाँ या न्यूनताएँ ही गिनते हैं; परन्तु कोई विरल ही ऐसा विलक्षण मिलता है जिसकी सभी प्रशंसा करें। हमारे ही कॉलेज की प्रिंसिपल अति सर्वप्रिय थीं। कितनी मृदुभाषी, प्रज्ञ, विदूषी और अति सुन्दर। सभी का, बेशक वो विद्यार्थी ही क्यों न हो, अभिवादन स्वयं आगे बढ़ कर करती थीं और जब कॉलेज असेम्बली को सम्बोधित करती थीं तो स्टूडेंट्स व्यग्र होते थे, उन्हें सुनने के लिए। कॉलेज के परिणाम भी यूनिवर्सिटी में शीर्ष पर ही

होते थे। परन्तु कल ही तो यहाँ लाइब्रेरी में दो लोग आपस में कुछ बात कर रहे थे; कि 'साली, मिनिस्टर की सिफ़ारशी है नहीं तो हमारी यूनिवर्सिटी में एक से एक डी. लिट् पड़े हैं। वैसे है आशिक अन्दाज़ ही, चलने, उठने, बैठने, देखने, कहने, सभी में। और ड्रेस—क्या चटकीले रंग, क्या युवा पहनेंगे—अभी भी जवानी का भूत उतरा नहीं लगता।' पता नहीं लोग कितने भी स्तरीय हो जायें, कितने भी शीर्षस्थ हो जायें, परन्तु इनकी घ्राण-शक्ति, विशेषतया किसी के भी निजी जीवन के लिए, तो उत्तरोतर बढ़ती ही जाती है।

छोड़ो भी, मैं भी अपनी सोच को निर्मूल ही विकृत किये जा रही हूँ। वैसे भी जब भी कुछ अशुभ या अहितकर सुनो तो मन में थोड़ी भ्रामकता तो आ ही जाती है। अचानक, कहीं दूर से, वादी में नौ घण्टे बजे। मनीषा तनिक विचलित हो गयी। इतने में ही, किसी ने बाहर की बेल बजायी...। दरवाज़ा खोला—। सामने, सर का खानसामा।

"मैम चलिए। यह छाता ले लें।"

और उसने शोभित के घर के आगमन द्वार पर छाता बन्द कर रख दिया। धीमे से द्वार खोला। भीनी-भीनी रोशनी में... जैसे दो साए, दो प्रतिमाएँ... आलिंगनबद्ध।

"लीव मी। यू आर अ रो'ग—।"

"बट, यू आर वण्डरफुल...।" मानसी के कान में शोभित ने कहा। मानसी छुड़वाने के लिए प्रयासरत थी। मनीषा तो हतप्रभ! आश्चर्यचकित—! हैरान...! ऐसी तो उसे कल्पना तक न थी। उसने यन्त्रवत् दरवाज़े पर खट्-खट् की...। शोभित ने झट से मानसी को पीछे किया, लगभग धकेला ही और झट से डाइनिंग एरिया से ड्राइंग रूम की ओर आ गया। मानसी टॉयलेट में चली गयी।

"वेलकम—यंग लेडी...। आज तो बारिश रुकने का नाम ही नहीं ले रही थी। इसीलिए खानसामा को भेजा। बैठिए, मानसी ज़रा टॉयलेट में है अभी आती ही होगी।"

"जी, बारिश तो अन्दर भी थी।" उसने बैठते-बैठते कहा—।

"हाँ—पर मैं समझा नहीं...। आप आराम से बैठें...।"

शोभित ने बात पलटने का प्रयत्न किया।

परन्तु मनीषा तो शोभित के होंठों के किनारों पर लगे लिपस्टिक के निशाँ देख रही थी। कितने भ्रामक होते हैं लोग, दोहरी मानसिकता के मुखौटों से आवरणित! "मानसी को देर है, तो मैं ठहर कर आ जाती हूँ। लेट हर टेक हर टाइम...!"

"नहीं, नहीं, बी एट ईज़!"

"आप आराम से बैठें।" शोभित विषयान्तर चाहता था। साथ में सोच भी रहा था कि जो भी इसने देखा होगा, उसका इस पर क्या प्रभाव पड़ेगा। इतने में मानसी आ गयी। वॉश रूम में शीशे के सामने गयी तो होंठ और कपोल एकदम लाल थे। जैसे अभी-अभी मधुमक्खी ने काट लिया हो जबकि काटना उसे चाहिए

था। झट से पर्स में से लक्मे फाउन्डेशन क्रीम मसली और ऊपर से कॉम्पेक्ट पोत लिया। अभी भी, हादसा या संयोग या फिर प्रेम-प्रलाप का साक्ष्य चेहरे पर अंकित था, लेकिन काफ़ी फीका।

"हैलो, मनीषा, तुमने इतनी देर कैसे कर दी?"

"मुझे तो लगा जैसे मैं जल्दी आ गयी।" मनीषा ने जैसे उस घटनाक्रम की ओर इंगित कर दिया।

"नहीं, नहीं, वह तो खानसामा ही तुम्हारे टेस्ट के बारे में पूछ रहा था कि बीच में ही डॉक्टर साहब आ गये। ख़ैर छोड़ो... अब तुम सीधे सूप लोगी या फिर..."

अभी वह बात पूरी भी नहीं कर पायी थी कि शोभित ने बीच में से ही बात काटते हुए पूछा—"आप दोनों ही बतायें—मार्टिनी, वोडका, स्कॉच, आर. सी. या फिर इंगलिश वाईन—सभी हैं।"

"मैं तो कुछ नहीं लेती—केवल नींबू पानी। वह भी है तो ठीक; नहीं तो कोई अनावश्यक औपचारिकता की आवश्यकता नहीं।" मनीषा ने कहा। वह अभी तक भी सामान्य नहीं हो पा रही थी। बेशक, वह उन दोनों की निजी ज़िन्दगी हो परन्तु इतने मैच्योर होते हुए भी बेमतलब का आवरण, प्रवंचना और झूठ। जी तो करता है, उठकर चली जाऊँ। पर अभी तो यह सहन करना ही होगा। या तो यह सब शोध प्रक्रिया छोड़कर ही चली जाऊँ या फिर इनके बीच रहकर इस नारकीयता को परिष्कृत करूँ।

"अधिक सोच मत—चाहे तो जिन विद लाईम कार्डियल ही ले लो—तभी तो यह रात सेलीब्रेट होगी।" मानसी ने मनीषा को प्रेरित करते हुए कहा।

"कहा न दीदी—मैं एकदम टीटोटलर हूँ यानी मदिरा सेवन नहीं करती और पक्की शाकाहारी हूँ। यदि भोजन में भी कुछ शाकाहारी है तो ठीक, अन्यथा मुझे क्षमा कर दें। मैं इस डिनर में सम्भाग नहीं कर सकती।"

"अरी... तू तो नाराज़ हो गयी। ठीक है डॉक्टर साहब खानसामा को सूप के लिए ही कहें। रीकिंग हॉट—एकदम गर्म सूप और वेज...।"

"खानसामा... अरे जानकी राम—!" शोभित ने वहीं से आवाज़ दी।

"जी, सर!"

"खाने में क्या है—वेज या नॉन वेज..."

"सभी कुछ वेज है सर—जब आप नॉनवेज लेते ही नहीं।"

"ठीक है, एकदम गर्म सूप से शुरू करो—लाइम आल्मन्ड सूप..." शोभित ने अपना आदेश सुना दिया।

रात के साढ़े बारह बज चुके थे। सभी कमरों की लाइटें बन्द थी। डिनर तो हुआ परन्तु मनीषा जैसे चिराग में लौ तो हो पर रोशनी नहीं। जब मन ही बुझ चुका हो तो फिर लज़ीज़ से लज़ीज़ व्यंजन भी जैसे भीतर गरल की तरह उतरते हैं। यही

मनोदशा मनीषा की थी। चाहे अनुरोध स्वरूप उसने भूपेन हज़ारिका का लिखा और स्वरबद्ध किया गीत भी सुनाकर—सम्पूर्ण वातावरण को मादक बना दिया। मानसी ने तो 'मधुमति' का 'आजा रे... परदेसी...' सुना कर उसकी अनुगूँज से फ़िज़ा को तरंगित कर दिया। शोभित भी कहाँ पीछे रहने वाला था। उसने भी मज़ाज की 'रात की खामोशी और मैं...' ग़ज़ल गुनगुना दी।

मनीषा सीधी अपने रूम में चली गयी। बारिश थमी हुई थी—परन्तु मेघों का डेरा वैसा ही था—बाहर और भीतर। वह किवाड़ बन्द करने को हुई... कि देखा—मानसी सामने थी।

"दीदी... भीतर आओ...। नहीं तो सुबह मिलते हैं।"

"सुबह क्यों... अभी बहुत-सी बातें करनी हैं।"

और मानसी ने मनीषा का ही नाइट सूट पहना और दोनों अलग-अलग पाटों पर... पर बीच में थी बहती व्यास—अपने पूरे उफ़ान पर, पत्थरों, कन्दराओं, तीव्र मोडों, घुमावदार घाटियों से गुज़रती हुई; जैसे तोड़ देगी सब बाँध—सभी कूल... और बदल लेगी अपना मार्ग। मनीषा को मानसी का पता नहीं था परन्तु उसकी तो मनःस्थिति, ऐसी ही थी। मनीषा को नहीं पता था कि मानसी का किनारा बचेगा या नहीं—परन्तु वह तो बदलाव के लिए तत्पर थी, संकल्पित थी, क्रियाबद्ध थी।

"अरे मनीषा तू पूरे डिनर में घुटी-घुटी सी क्यों थी? बात भी बहुत ही मुश्किल से कर रही थी। बता ना..." मानसी ने लिहाफ में उसके पास सरकते हुए कहा।

"नहीं, ऐसा कुछ ख़ास नहीं—बस यूँ ही..."

"पर अभी भी तुम खुल नहीं रही हो... साफ़-साफ़ कहो जो भी कहना या पूछना है।"

"देखो दीदी—मैं आपका सम्मान करती हूँ इसलिए आपके निजी जीवन पर किसी प्रकार की टिप्पणी का मुझे कोई अधिकार नहीं है। छोड़ो न आप... कुछ और बात करें।"

"एक ओर तो दीदी कहती हो और दूसरी ओर मन में संशय, भ्रान्ति... मन में गाँठे बाँधकर निजता के सम्बन्ध नहीं चलते—तुम कहो तो!"

"कहना क्या है दीदी! यदि आपके सम्बन्ध डॉ. साहब से हैं, तो वह आपका निजी मामला है—बस यही द्वन्द्व था कि आप दोनों ही विवाहित हो—तो फिर..." मनीषा के मन का विक्षोभ धीरे-धीरे बाहर आ रहा था। "मैं जानती थी—तुमने ज़रूर देख लिया होगा। देखा, तो कुछ ग़लत भी नहीं था। परन्तु देखने, सुनने से आंशिक सत्य ही सामने आता है जबकि यथार्थ उससे कोसों दूर होता है। मैं इस विषय पर कोई स्पष्टीकरण नहीं दे रही हूँ परन्तु वस्तुस्थिति से तो तुम्हें अवगत होना ही चाहिए। हम अभी तक एक दूसरे के जीवन के विषय में कुछ भी नहीं जानते तो किसी भी निष्कर्ष पर पहुँचना जल्दबाज़ी ही होगी।"

"यह तो आप शतशः सही कह रही हैं—मैं तो स्वयं ही उत्सुक थी, कि हम जितने आत्मीय हैं, उसमें हमारे जीवन की पृष्ठभूमि भी तो उजागर होनी चाहिए।"

"ठीक है तो फिर सुन! मैं एम.ए. कर वहीं लेडी श्रीराम कॉलेज में प्राध्यापिका थी। शायद पिछली रात को मैं बता ही रही थी कि तुम सो गयी थीं। पीएच.डी. के लिए मेरी गाइड डॉ. संगीता थीं जो अपने विषय में खूब प्रवण थीं। मेरी गाइड डॉ. संगीता बाजवा तो देहली विश्वविद्यालय में ही रीडर थीं परन्तु कुछ नोट्स और बुक्स के लिए मुझे चण्डीगढ़ आना पड़ता था जहाँ मेरी मुलाक़ात डॉ. शोभित से हुई। उस समय भी ये हैड ही थे। वहाँ पर प्रो. सुमित सौंध भी मेरे विषय से मिलते-जुलते विषय पर ही शोध कर रहे थे। सम्पर्क बढ़ा, आना-जाना, मिलना, देहली यूनिवर्सिटी के परिसर में, लेडी श्रीराम के गेस्ट हाउस में, और वर्किंग वीमेन हॉस्टल में; जहाँ-जहाँ भी प्रेमी युगल मिल सकते, एकान्त में प्रेमासक्त हो सकते, बुद्धा जयंती पार्क, पुराना किला, शाहजहाँ रोड, कनॉट प्लेस या फिर चण्डीगढ़ की सुखना लेक। आखिर हम दोनों ने ही पीएच.डी. का थीसिस अपने-अपने विभागों में प्रस्तुत कर दिया। डॉ. सुमित वहीं पर अंग्रेज़ी विभाग में सहायक प्रोफ़ेसर नियुक्त हो गये।

"मानसी, मैं नहीं जानता, तुम मुझे कितना प्रेम करती हो परन्तु अब तक तुम जान ही चुकी हो कि मेरे प्रेम का अथ और इति तुम्हीं हो। अब बहुत सह लिया। शारीरिक और मानसिक यातना दोनों ही। तुम एक पल भी मुझसे दूर नहीं रहीं—चाहे तुम्हारे पास रहूँ, या तुमसे दूर..."

"अच्छा! तो फिर..." मानसी ने विस्फ़ारित नेत्रों से निहारा ही नहीं, उसे अपने भीतर डुबो लिया। "आय लव यू टू द लास्ट ब्रेथ ऑफ़ माय लाइफ़... (मैं तुम्हें अपनी आखिरी साँस तक प्यार करता हूँ।) आय वान्ट टू मैरी यू, विल यू बी माय लव!"

"यस, डियर... विद् ऑल माय लव, डिवोशन एण्ड सिन्सेरिटी... आय विल बी फॉर्च्यूनेट टू बी योर वाइफ...।

डॉ. सुमित के परिवारवालों ने शादी में शरीक होने से साफ़ इनकार कर दिया। बहुत कोशिश की, परन्तु पंजाबी ज़मींदार और पिता रिटायर्ड कर्नल—मिलिट्री डिसिप्लिन—। ससुराल से नाता टूट गया। मेरे परिवारवालों को कोई आपत्ति नहीं थी। हमारे परिवार के सदस्य चण्डीगढ़ के अंग्रेज़ी विभाग के प्रोफ़ेसर, मेरे कॉलेज की कुलीग्ज़, कुछ मित्र, और लक्ष्मीनारायण मन्दिर में हमारी शादी हो गयी—नारायण की छत्रछाया में। सभी खुश...। सुमित तो जैसे सातवें आसमान पर... जो चाहा पा लिया। मैं भी स्वयं को भाग्यशाली समझती थी कि रास्ते चलते-चलते ही किसी ने ऐसा हाथ पकड़ा, कि पलभर को छोड़ा ही नहीं। अच्छा, तुम यह बताओ कि तुम प्रेम के विषय में क्या सोचती हो? सोच लो, जब तक मैं ब्लैक टी लाती हूँ।"

चाय की चुस्की में थोड़ा कसैलापन था। जब, न चीनी डालोगे, न दूध ही तो फिर इसके लिए तो टेस्ट विकसित ही करना होगा—ठीक शराब की तरह—जहाँ

मदहोशी है, सरूर है परन्तु चाय में है चुस्ती... चैतन्य, चिन्ता मुक्ति। नशा तो दोनों में ही है। केवल स्तर और डिग्री का ही अन्तर होता है। मनीषा सोच रही थी। वह तो भूल ही गयी कि उसे प्रेम पर अपना दृष्टिकोण व्यक्त करना है।

"अच्छा–अब बता... तू तो न मनीषा, भगवान जाने कहाँ खो जाती है–।"

"सच में, मैं तो भूल ही गयी। प्रेम... हाँ... प्रेम... दीदी–मैं तो प्रेम को भाग्य का विधान ही मानती हूँ। आप मुझे भाग्यवादी कह सकती हैं परन्तु मैं कर्मठ कर्मयुक्त भाग्यवादी हूँ... शायद गीता की कर्म की परिभाषा में ही विश्वास करती हूँ। सभी कुछ अपने चाहने भर से नहीं होता। कुछ भाग्यशाली होते हैं जिन्हें आशाओं भरा पूनम का आकाश मिल जाता है और बहुतों को अवसाद भरा अमावस का वितान... हो सकता है वे भाग्यहीन हों, अभागे हों या फिर रास्ते के पत्थर, उठा लिया, पूजा स्थल में प्रतिष्ठित कर दिया तो भगवान अन्यथा... चोट, ठोकर, कंकड या सड़क पर प्रताड़ित!"

"जो तुम कह रही हो न मनीषा, वह प्रेम का एक पक्ष है–बहुत ही छोटा, जिसका कोई वैज्ञानिक तर्क तो दिया नहीं जा सकता। और हम दे भी कैसे सकते हैं–जो घटित होता है, वह तो महज़ अन्धकार के गर्त से ही उजागर होता है, एकदम अप्रत्याशित, जिसका अनुमान भी लगाया जाये तो भी कोई उसे विश्वास से नहीं कह सकता कि उसका अनुमान, शत प्रतिशत सही ही होगा। यही, परोक्ष में छुपा हुआ, भविष्य की परतों में आवरणित, ही तो भाग्य है। जिसे हम यदि अपनी कर्मठता, अपनी लग्नशीलता एवं परिश्रम के बल पर अपने अनुरूप ढाल लेते हैं तो हम अपनी ही पीठ थपथपाते हैं कि हम अपने भाग्य के स्वयं निर्माता हैं–जो होता तो है यथार्थ या सत्य से कोसों दूर! कर्म ही अन्ततः सत्य है। अकर्मण्यता उसी का गर्त। अब इसे जो भी आप चाहें, संज्ञा दे दें।"

"तो फिर आप ही बतायें कि प्रेम का पूर्ण पहलू क्या है जो वैज्ञानिक कसौटी पर भी सत्यापित किया जा सके।" मनीषा ने तार्किक लहजे में कहा।

"मैं यह तो नहीं कहती, कि जो भी मैं कहूँगी, वह प्रेम को पूर्णतया परिभाषित कर देगा क्योंकि वास्तव में तो प्रेम है ही अपरिभाषित। अच्छा, तुमने विज्ञान की क्लास में पढ़ा ही होगा कि मैटर (पदार्थ) न तो पैदा किया जा सकता है, न ही इसे क्षय या नष्ट कर सकते हैं। यह केवल स्वरूप ही बदलता है। दूसरे शब्दों में कहें तो विज्ञान ने भी यह परिभाषा गीता से ही ली है जिसमें स्पष्टतया वर्णित किया गया है कि आत्मा न तो पैदा की जा सकती है और न ही इसकी मृत्यु होती है। यह तो केवल स्वरूप ही बदलती है। यही परिभाषा प्रेम पर भी अक्षरशः सत्य है। क्योंकि प्रेम है तो सभी कुछ है पूरा संसार, पूरा ब्रह्माण्ड, नहीं है तो बिलकुल नहीं... शून्य है। प्रेम का दूसरा कोई भी रूप हो सकता है–सहानुभूति, आसक्ति, आकर्षण, लगाव, चाहत इत्यादि परन्तु प्रेम नहीं। क्योंकि प्रेम पैदा नहीं किया जा सकता... वह तो

आकस्मिक, अलौकिक फूटता प्रकाश है जिसमें आप का रोम-रोम, शतांश पल में ही नहा जाता है। आप जान ही नहीं सकते कि आखिर यह हुआ क्या? एक क्षण पहले आप अस्तित्वहीन और दूसरे ही पल आप पूरा ब्रह्माण्ड... यह अनुभूति जिसे होती है, वही उसे महसूस कर सकता है, परन्तु उसे शब्द नहीं दे सकता। यह प्रेम अपरिमित है जो क्षय नहीं होता—वह तो अमर होता है।"

"यह तो ठीक है दीदी—परन्तु इस समस्त परिवेश में आप कहाँ समायोजित होती हैं—फिट होती हैं।" मनीषा को लगा कि इस किताबी काल्पनिकता पर व्याख्यान कितना सजीला, कितना मधुकर लगता है; परन्तु वास्तविक धरातल पर एकदम सपाट, नीरस, चौपट।

"शादी हो चुकी थी। आपसी वैचारिक और रोज़मर्रा के विषयों पर हमारा सामंजस्य, मेरे हिसाब से, सम्पूर्ण, श्रेष्ठ, परफेक्ट था। तीन वर्ष बीत गये आने-जाने में। हर छुट्टी, हर रविवार, और प्रत्येक अवसर पर साथ। तीन साल तो जैसे हनीमून ही रहा। इसी बीच सोनाली का जन्म हुआ। घर-परिवार में जैसे कोई परी उतर आयी हो। माँ पास रहने लगीं। खूब लाड़-दुलार से परवरिश हो रही थी। उस दिन रविवार था। उस रविवार सुमित आये नहीं थे। उनका शिमला में एक सेमिनार था। तीन दिन का तो सेमीनार ही था। रविवार शाम को तीन बजे फ़ोन आया कि सुमित का एक्सीडेण्ट हो गया है—आप तुरन्त चले आयें। रात आठ बजे पी.जी.आई. पहुँची। सुमित का हाथ मेरे हाथ में—आँख मिली, हाथ में हलका-सा कम्पन और सारा संसार हो गया शून्य—उन आँखों में बन्द...। जीवन वीरान पहाड़, खाली आकाश को ताकते, दिन-रात पहाड़... शायद अब रहे हों पछता—सुमित को निगल कर...।" और उसी के साथ मानसी के मीन से नयन, नीर भरे लबालब... गालों पर टपटप...। मनीषा ने उसका चेहरा अपने वक्ष से सटा लिया और सम्पूर्ण वात्सल्य से उसे सहेजा, चूमा, जैसे किसी माँ ने शिशु को आत्मसात कर लिया हो।

सुबह साढ़े नौ बजे होंगे; क्योंकि घड़ी पीठ के पीछे दीवार पर घड़ियाँ गिन रही थी। मनीषा को डाइनिंग रूम से ब्रेकफास्ट लेकर तैयार होकर इंस्टीट्यूट जाना था। यू.एस. की ब्रेडफोर्ड यूनिवर्सिटी से आये हुए डेलीगेशन के हेड प्रो. जेनही स्मिथ का साढ़े दस बजे इण्डियन लिटरेचर पर लेक्चर था। इतने में प्रो. शोभित का चपरासी आया और कहा—"मैम आपका ऑफ़िस में फ़ोन है। जल्दी बुलाया है।"

"क्यों क्या हुआ...?" मानसी ने पूछा।

"पता नहीं—आकर बताती हूँ।" और मनीषा दस मिनट बाद हाँफती हुई लौटी।

"बेटे का फ़ोन था—आने को कह रहा था।"

"अरे—तुमने बताया ही नहीं, तुम्हारा बेटा भी है—कहाँ है?...

मैं तो सोच रही थी कि तुम अभी अनमैरिड ही हो।

लगता ही नहीं—तुम मेरीड हो और एक बेटा भी है।"

दीदी... बेटा है शुभांकर—दस साल का है। नैनीताल के शेरवुड में पाँचवीं में है। सोमवार को उनका प्राइज़ डिस्ट्रीब्यूशन फंक्शन है। उसको छः प्राइज़ेज़ मिलनेवाले हैं। आने के लिए ज़िद कर रहा था—पता नहीं क्या करूँ अब?"

"करना क्या है... कल सुबह की ट्रेन से कालका चली जा, वहाँ से देहली और फिर बस से नैनीताल; नहीं तो ट्रेन से बरेली और वहाँ से बस। मेरे हसबैण्ड के मित्र मि. चौबे नयी दिल्ली स्टेशन पर ही स्टेशन सुपरिन्टेन्डेण्ट हैं। मैं फ़ोन कर दूँगी—उनसे मिल लेना। आराम से नाश्ता कर, फिर लेक्चर के बाद डॉ. शोभित से मिल लेना। थोड़े तो नखरे दिखायेंगे, एहसान जतायेंगे पर मना नहीं करेंगे—अरे तुम इतनी सुन्दर हो, कौन मना कर सकता है।"

दिसम्बर का पहला सप्ताह था। शीत अपने यौवन की ओर बढ़ रही थी। सुबह आठ बजे तक तो नैनी झील और माल रोड, होटल, पहाड़ों पर टँगे मकान, सभी घने कोहरे की चादर में लिपटे जैसे परीक्षा से पहले, सभी ख़यालों पर प्रश्नों का आवरण छा जाता है और उत्तर लिखने के साथ ही छँटने लग जाता है। शैशवावस्था में शिशु के लिए संसार माँ के आँचल में सिमट जाता है। शुभांकर को तो जैसे सारे जहान की खुशियाँ मिल गयी। एकदम गोरा; गोलमटोल, सेब से लाल गाल, क़द भी पाँच फुट से ऊपर, सभी तरह से माँ की तरह ही सुन्दर। देख लो तो जी करे कि एक बार तो पकड़ कर, मीच के, प्यार कर लें। हर बार पूछता है कि माँ, पापा क्यों नहीं आते मिलने और हर बार ही मनीषा को दिल पर पत्थर रख टरकाना पड़ता। इस बेहद नाज़ुक, उम्र की दहलीज़ पर, बच्चों को माता-पिता, दोनों का ही संरक्षण आवश्यक होता है। अन्यथा बच्चों में हीन-ग्रन्थियाँ, आत्मविश्वास की न्यूनता और असुरक्षा की भावना घर कर लेती है। उससे फिर जीवन भर बच्चों को संघर्ष करना पड़ता है या फिर उनमें यौवन में प्रवेश से पहले ही जुझारूपन प्रायः लुप्त हो जाता है और पराजयवाद भीतर तक पैठ जाता है।

मनोविज्ञान में मनीषा की विशेष अभिरुचि थी इसलिए प्रत्येक परिस्थिति का निपुणता से आकलन कर सकती थी। उसके मन में था कि वह मैट्रिक तक शुभांकर को शेरवुड में पढ़ायेगी और फिर देहली विश्वविद्यालय में उसे प्रविष्ट करवा देगी। दो दिन बेटा माँ के साथ नैनीताल क्लब में रहा। दिन, रात, पूरे छः महीने का पल-पल का ब्योरा दिया। शॉपिंग में उसे कोई अभिरुचि नहीं थी। परन्तु एक बात तो उसे भी कहीं कचोटती थी कि माँ उसे अपने पास क्यों नहीं रखती। प्रायः शुभांकर और उसके दोस्त, उसके सहपाठी—रात को अपने हॉस्टल में बात करते थे कि वे ही माता-पिता बच्चों को अपने से दूर स्कूलों में भेज देते हैं जिनके पास उनके लिए टाइम नहीं होता। मम्मी की पार्टियाँ, क्लब, सोशल कॉल्स और पापा का बिज़नेस, ऑफ़िस, टूर... तो उनके लिए वक़्त ही कहाँ है। वे कहते कि आखिर उनका भी मन होता है कि मम्मा या पापा और दोनों उनके साथ खायें पीयें, सोयें, दुलारें और

कहानियाँ, होमवर्क करवायें। शाम को स्कूल से लौटते हैं तो लावारिस से कमरों में पड़ जाते हैं। खेलने जाओ न जाओ, लाइब्रेरी जाओ तो हर जगह, हर पन्ने पर कभी मम्मी, कभी डैडी, कभी दीदी की तसवीर उभर कर आ जाती। पहले तो वह अकेला कमरे में सुबकता रहता था परन्तु उसके रूममेट और उसने एक दूसरे को सँभाला। फिर भी उनकी सीमित सोच वहीं तक पहुँच कर उलझ जाती कि उनके मम्मी-डैडी उन्हें प्यार नहीं करते—और ऐसा सोचते ही कोई न कोई ज़ोर-ज़ोर से रोने लगता। शुरू में तो मैम्स भी दुलारतीं, पुचकारती परन्तु बाद में, एक तो घर की याद और ऊपर से मैम की डाँट। समझ ही नहीं आता था कि क्या करे और रोज़ ही सुबकते-सुबकते सो जाता। रात मम्मा परी-सी बन दुलारती, चूमती, प्यार करती और सुबह सपनों की सतरंगी दुनिया में खोये-खोये नींद ही नहीं खुलती। उसे कभी समझ नहीं आया कि मम्मा उसे साथ क्यों नहीं रखती और पापा आते ही नहीं कभी... आखिर क्यों? उसे लगने लगता कि वह दुनिया में अकेला ही है...। पहेलियाँ बच्चों के जीवन में पैठ जाती हैं। छायाएँ, बिम्ब, परियाँ, भूत ये सभी तो उनकी दुनिया हो जाते हैं—और वे यथार्थ से दूर भागने लगते हैं क्योंकि वह उनकी सोच की परिधि में कभी रहे ही नहीं।

सुबह, ट्रेन टकसाल स्टेशन पर ऐसी खड़ी हुई कि चलने का नाम ही नहीं। किसी को भी न तो कुछ पता और न ही गार्ड कुछ बताये। स्टेशन भी ऐसा कि चाय का खोखा तक नहीं। करीबन पौना घण्टा बीत गया। मनीषा चार दिन बाद सेंटर जा रही थी इसलिए चाहती थी कि दस से पहले पहुँच जाये। बेशक, संस्थान में समय का कोई बन्धन नहीं था; तो भी उसके मन में यह सोच और धारणा घर किये हुए थी कि इतने सीनियर स्तर पर इन्सान को समय का पाबन्द तो होना ही चाहिए। और विशेषतया जब अध्यक्ष डॉ. शोभित कहीं भी, किसी भी समारोह या आयोजन में एक मिनट भी लेट नहीं होते थे।

मनीषा ग्यारह बजे, जैसे ही इंस्टीट्यूट में दाख़िल हुई, सामने से डॉ. शोभित आते हुए दिखाई दिये। रास्ता भी नहीं बदल सकती थी। इस मुसीबत को अभी ही मिलना था। कुछ भी तो कभी ऐसा नहीं होता जो मेरी इच्छानुसार हो। जब किस्मत ही ऐसी है तो दोष भी किसे दूँ। अच्छा भला समय पर पहुँच रही थी कि यह मुसीबत, ट्रेन लेट और वह भी इसलिए कि ट्रेन के ड्राइवर महोदय का खाने का टिफ़िन लेकर, उसका बेटा देर से आया। उसने स्वयं ही तो देखा था कि वह स्टेशन के पीछे से आती सड़क की ढलान से नीचे उतरा और जाकर टिफ़िन चालक को दिया। तब लम्बी सीटी के बाद ट्रेन चली। कौन पूछे—कोई जवाबदेही नहीं। यही सिखा रहे हैं आने वाली पीढ़ियों को। वह इसी द्वन्द्व में उलझी हुई थी कि डॉ. शोभित एकदम सामने। उसने झट से अटैची ज़मीन पर रखी और सतर्क नैसर्गिकता

से अपनी क़ातिलाना मुस्कान बिखेर कर... "गुड मॉर्निंग, सर" कह कर अभिवादन किया। क्षण-भर के लिए तो डॉ. शोभित पूर्णतया निरस्त्र हो गये।

"कैसी हैं आप? कैसा है आपका बेटा? नैनीताल में तो अब काफ़ी ठण्ड होगी?" डॉ. शोभित ने जैसे प्रश्नों की झड़ी-सी लगा दी। इसने कभी अपने बारे में बताया ही नहीं। लगता तो नहीं कि मम्मी है; हाँ, गर्व तो है, होना भी चाहिए; अन्तर्मुखी और रहस्यमयी महिला है, इतनी सुन्दर—कैसे कोई इससे अलग रह सकता है। बुलाऊँगा इसे—अभी मीटिंग से लौट आऊँ। यह सब उसने प्रकाश की गति से सोच डाला।

"आपकी कृपा है सर! बेटा भी ठीक है आप का आशीष बना रहे। नैनीताल में मौसम तो यहाँ जैसा ही है। मैम कैसी हैं—कब आ रही हैं। मैं तो उनसे मिलने को बहुत उत्सुक हूँ।" मनीषा अब तक सहज हो चुकी थी।

"अभी तो मैं राज्यपाल जी से मिलने जा रहा हूँ। आने पर विस्तार से बात करेंगे।" उसने मनीषा को एक नज़र में भीतर उतार लिया और गाड़ी की ओर बढ़े। ड्राइवर ने दरवाज़ा खोला और कार दो-चार मिनट में ही देवदार के जंगल में खो गयी।

शुक्र है, जान छूटी। नहीं तो, न जाने कब तक, अनर्गल ही बतियाते रहते। समय व्यतीत करने का कोई साधन भी तो नहीं। इन्हें तो बात करने का कोई मुद्दा चाहिए। अब शाम को देखेंगे... अभी से ही क्यों चिन्ता पालूँ—उस वक्त की तब देखेंगे। मनीषा सोचती-सोचती अपने रूम तक पहुँची—कपड़े चेंज किये और लाइब्रेरी में जा टिकी।

दिन भर व्यस्तता में गुज़रा। डॉ. शोभित भी शाम के छः बजे तक नहीं आये थे। मानसी से केवल 'हैलो' ही हुई। रात नौ बजे मानसी उसे डाइनिंग टेबल से सीधे अपने रूम में ले गयी। बादल गहरा रहे थे। स्वेटर, कोट, भीतर भी गर्म स्वेटर, तो भी ठिठुरन... थोड़ा परिसर में ही दोनों टहलीं और फिर झट से रज़ाई में।

"मनीषा, हम बहुत कुछ प्रकृति से सीख लेते हैं—जाने, अनजाने। अब, यह तो हर एक की अपनी ग्राह्यशक्ति, प्रेक्षण, अवलोकन और उन सब पर चिन्तन, विश्लेषण पर निर्भर करता है। आप क्या सोचती हैं—इस विषय में?" मानसी ने बात शुरू की।

"दीदी, वैसे तो मैं आपसे सहमत हूँ परन्तु कुछ समझी नहीं कि सन्दर्भ क्या है।" मनीषा को उत्सुकता हुई। "देखो, मनीषा, बरसात होती है तो पहले उमस, भारीपन, तपिश, फिर घुमड़न, अनियन्त्रित दबाव और फिर टप-टप, फुहार या बड़े-बड़े जलकण। यह भी तो होता है कि यह घुमड़ना, मँडराना, उमड़ना इस प्रकार से सघन और घनीभूत हो जाता है कि वह पूर्णतया असंयमित हो जाता है। तत्पश्चात् हो जाता है निर्झर-सा प्रस्फुटन। प्रकृति में इसे हम मेघ-विस्फोट या बादल फटना ही कहेंगे। प्रकृति में यह प्रक्रिया नैसर्गिक है। परन्तु मनुष्य जाति में यह अचानक स्फोट तभी होता है जब उसका कोई इतना अभिन्न, इतना करीबी हो जिससे वह अपने अन्तर्निहित रहस्यमय गर्तों की परतें एक-एक कर खोल दे। यह प्रायः अन्तर्मुखी

व्यक्तियों में होता है जिनके भीतर या तो मेघ-पुंज घनीभूत होता रहता है या फिर ज्वालामुखी भीतर ही भीतर सुलगता रहता है।

इसलिए, मैडम, यदि आपका साथी, सहचर, जीवनसंगी साथ न हो तो किसी को अपना इतना नज़दीकी बना लो जिससे आप अपने जीवन का हर पहलू साझा कर सकें। इसलिए मनीषा ज़रा अपने से बाहर आओ और किसी को अपना बनाओ, बेशक अस्थायी रूप से ही सही।" मानसी को लगा कि यह भी अजीब लड़की है, बात-बात में दीदी-दीदी कहती रहेगी परन्तु अपने बारे में कुछ भी तो बताती नहीं। भोली तो लगती है पर फिर इतनी संकोची क्यों, इतना अलगाव क्यों? कुछ तो है, जो यह त्रस्त, भयमुक्त, असुरक्षित महसूस करती है। वैसे कुछ भी हो, बहुत प्यारी लगती है।

"दीदी—आपको वैसे ही लगता है कहने को कुछ विशेष हो तब ना...!" मनीषा अभी भी टाल रही थी।

"चलो, ख़ास नहीं तो आम ही सही। बचपन से अब तक सभी बताओ—पढ़ाई, शादी और गृहस्थ!"

मानसी ने जैसे ठान ही लिया था कि पूछ कर ही रहेगी... वैसे भी बाहर घटाटोप अँधेरा था। लाइट गयी हुई थी इसलिए मानसी ने एमरजेन्सी लाइट जला रखी थी। कभी-कभी लाइट का जाना भी कितना अच्छा लगता है। वही समय तो होता है जब आपका सामना स्वयं से होता है। और तब होती है आपकी अपनी दुनिया... जो कल्पना की उड़ान से परे स्वप्नों के संसार में विचरती है। "अरी... कुछ बोलेगी भी... कैसे मौनी बाबा-सी बैठी है।" मानसी से फिर उसे चेताया।

"आपसे बताया था न दीदी—कि आप ही की तरह बचपन तो शिलांग में ही बीता। मम्मी दो साल तो साथ रहीं, फिर दादा-दादी के पास छोड़कर पापा के साथ देहली चली गयीं क्योंकि वहाँ पर पापा के पास मेरे बड़े भाई रहते थे जो उस समय डी.पी.एस. में पाँचवीं क्लास में थे। मम्मी भी डी.पी.एस. में ही अध्यापिका थीं। मेरे डैड आसाम सरकार की ओर से भारत सरकार में डेप्यूटेशन पर थे। देहली ऐसे गये कि फिर वहीं के होकर रह गये।

और एक बात जैसा कि आप जानती ही होंगी कि हमारा समाज मातृ-सत्तात्मक; (जिसे हम मेट्रिऑक्ल कहते हैं) पद्धति का पालन करता था। परन्तु स्वतन्त्रता के पश्चात् जैसे-जैसे समाज के लोगों का मेलजोल दूसरे राज्यों के निवासियों से हुआ वैसे-वैसे सामाजिक रिवाजों, रीतियों में भी बदलाव आया और हम भी इस बदलाव के अपवाद नहीं रहे। शादी से पहले हम लोग पुरकायस्थ थे। मैंने भी हायर सेकेंडरी डी.पी.एस. से ही की। हमारी क्लास में यूँ तो बहुत लड़के थे, करीबन आधी संख्या तो थी ही—परन्तु उनमें एक लड़का हमारे पंडारा रोड के सी-ब्लॉक में रहता था जबकि हमारा बी-ब्लॉक था। छटी क्लास से ही, एक ही बस, एक बस स्टॉप,

आना-जाना, बस का इन्तज़ार, किताबों, कॉपियों का लेन-देन... और यह प्यार का अंकुर कब फूट पड़ा, पता तब लगा जब हम लोग नौवीं कक्षा में पहुँचे। अब हमारे सेक्शन अलग थे। चैन ही नहीं पड़ता था बिना मिले, बिना देखे, दिन में तीन-चार बार बिना टेलीफ़ोन किये। अरे दीदी, यह तो लग रहा है, जैसे किसी का दूध जल रहा है। कहीं आपने तो नहीं रखा।"

"अरी मनीषा—मैं तो बातों में भूल ही गयी। हीटर पर रखा था, नीचे लग गया...।" और वह झट से उठी और पतीला हीटर से उतारा और उसे बन्द कर दिया।

"तुम जानती हो मनीषा, इस प्रेम को क्या कहते हैं—चल छोड़... फिर बताऊँगी, अभी तो तू आगे बता... फिर...।"

"फिर क्या था दीदी, मलय...यही नाम था उसका—हंसराज डी.ए.वी. कॉलेज में और मैं मिराण्डा कॉलेज में। मिलना-जुलना, कॉफ़ी हाउस, आई.आई.सी. में मुलाक़ातें पर कभी मलय मनस्वी नहीं भी आता, मैं अकेली बैठी, खचाखच भरे इण्डिया इन्टरनेशनल सेंटर के रेस्त्रां में, आगमन द्वार से आते प्रेमियों, दम्पतियों और विदेशियों को देखती रहती। करती भी क्या... दिल के हाथों मजबूर थी, असहाय थी। मिले बिना रहती भी कैसे? अब तक हम दोनों का एक-दूसरे के घर आना-जाना शुरू हो गया। वे लोग कानपुर के पास उन्नाव से थे। एक बार मैं उनके घर गयी। शाम के सात बजे होंगे। मलय ने मुझे साढ़े छः बजे घर पर कुछ विषयों पर विचार-विमर्श के लिए बुलाया था। उसकी मम्मी घर पर अकेली थीं। वह पास आकर बैठ गयीं। कॉफ़ी का सिप लेते हुए बोलीं—"देखो मनीषा—मैं मलय की माँ हूँ। मैं उसके भले-बुरे को अच्छी तरह जानती हूँ। मैं जानती हूँ वो क्या है, कैसा है? शायद, तू नहीं जानती। देख मैं अगर माँ हूँ, तो एक पत्नी भी हूँ और सबसे ऊपर एक नारी हूँ। मैं नारी के जीवन का मूल्य जानती हूँ, उसकी पीड़ा समझती हूँ।"

मैंने कहा—"माँ जी, आप कहना क्या चाहती हैं?" वे बोलीं—"वही तो मैं बता रही हूँ। इसे दिन-रात अलग-अलग लड़कियों के फ़ोन आते हैं। दो-चार तो घर पर आकर भी बार-बार पूछती हैं। पता नहीं कहाँ रहता है... कभी-कभी रातों को आता भी नहीं। मैंने और इसके डैड ने इसे कई बार समझाया पर सब बेअसर। देख, हमने तो तुम्हें आगाह कर दिया है। अगर तुम्हें, फिर भी इसी के साथ रहना है तो तुम्हारी खुशी। पर न तो हमारी ज़िम्मेदारी होगी और न ही हम आप दोनों को साथ रखेंगे। मैंने अपना फ़र्ज़ पूरा कर दिया—कल को हमें दोष मत देना।"

परन्तु जब अगले दिन मैंने उसे कंफ़र्म किया—उसका कच्चा चिठ्ठा उसके सामने खोला, तो वो साफ़ ही मुकर गया। उसने घर में सबकी शपथ ली, भगवान की कसमें खायीं। और मुझे अपने प्रेम की प्रगाढ़ता, सम्बद्धता और निष्ठा पर पूरा विश्वास था। इसलिए लगा कि उसके माता-पिता इस सम्बन्ध के विरोधी हैं इसीलिए ऐसी कहानियाँ गढ़ रहे हैं।

"तो फिर शादी कैसे हो गयी?" मानसी अब कुतूहल ग्रस्त थी।

"मेरे माता-पिता को तो शादी से कोई आपत्ति नहीं थी। उनका मानना था कि मेरी खुशी ही सर्वोपरि है और उसी में वे भी खुश हैं। परन्तु मलय के माता-पिता ने अनमने मन से ही शादी की रस्में निभायीं। अब मलय स्टेट बैंक में प्रशासनिक अधिकारी था और मैं मैत्रेयी कन्या महाविद्यालय में इंगलिश की प्राध्यापिका।"

दो साल प्रेमाग्नि, प्रेमासक्ति, प्रेमातिरेक तथा प्रेमाभिसार में संलिप्त रहे। बहुत बार लगा कि मलय तो प्रेम के आवरण में देह का ही आसक्त है, भोगवादी है। परन्तु ऐसी सोच को मैंने अधिक महत्त्व नहीं दिया। दो वर्ष बाद ही शुभांकर आशाओं का सूर्य बन कर आया। प्रसूति-अवकाश के बाद, समस्या थी कि शुभांकर किसके पास रहे। मलय के माता-पिता तो पहले ही निर्लिप्त से थे। उन्होंने रखने से साफ़ ही मना कर दिया।

क्या करती—माँ ही बेटे का दर्द समझ सकती है। वही बीच-बीच में लम्बी छुट्टी लेती रही। और शुभांकर को तीन साल होने पर नर्सरी में डाल दिया। पूरे दिन के लिये आया भी रख ली। परन्तु इस सारी यन्त्रणा में मलय का कोई योगदान नहीं। उसका तो प्रेमिकाओं से अभिसार बदस्तूर चालू ही था और मैं थी व्यस्त शुभांकर तथा कॉलेज के बीच। एक-एक मिनट में सूली पर टँगना, फिर उतरना... तनाव युक्त जीवन... यही था शायद प्रेम के दाह से होता हुआ अन्तर्दाह। परन्तु सोचा, चलो, सम्बल है, सहारा है, माथे पर सिन्दूर है, भाल पर शृंगार है—यही है शायद स्त्री की नियति। तभी स्वयं को समर्पित कर दिया भाग्य के द्वार पर!!

"तो आजकल कहाँ हैं मिस्टर मलय।" मानसी कुछ समझ ही नहीं पा रही थी कि मनीषा जो भी बता रही थी, यह तो प्रायः हर कामकाजी महिला के जीवन की त्रासदी है। फिर यथार्थ है क्या, जिसके कारण मनीषा इतनी अवसादमय स्थिति में है और इतनी डगमग नैया-सी बीच मँझधार में डोलती महसूस होती है।

"शुभांकर अभी छः सात महीने का ही था कि मलय का तबादला पहले गुवाहाटी और केवल सात महीने बाद ही शिलांग हो गया। मैं खुश थी कि मेरा जन्म स्थान है और हमारी पैतृक स्टेट है। मैं हर छुट्टियों में चली जाती थी, बेशक, आने जाने में मेरी पूरी बचत समाप्त हो जाती। घर पर मलय के कुलीग्ज़, कर्मचारियों और अन्य सखियों का आना-जाना चलता ही रहता। मैं भी सन्तुष्ट थी कि जो भी हो इनका मन तो टिका हुआ है।

लगभग एक-डेढ़ साल के बाद एक महिला कर्मचारी का पत्र आया कि—"मलय करीबन सभी महिलाओं से नज़दीकियाँ बढ़ाता है और उनसे सेक्स में संलिप्त हो जाता है। एक महिला, जिसकी बेटी उसके घर काम करती थी, से उसने लगता है शादी कर ली है। क्योंकि वह अब, चौबीसों घण्टे उसके घर में ही रहती है। क्योंकि बँगला बड़ा है, इसलिए पड़ोसी भी खास नहीं हैं। मैंने तो आपको इसलिए लिखा

है कि मुझे लगा आप हमारी ही जाति की हैं और आपका घर बच जाये—मैं यही चाहती हूँ। कृपया यह पत्र और विवरण गोपनीय रखना।"

मुझे पहले से ही भनक तो थी, सम्भावना भी लगती थी पर मैंने इस ओर विशेष ध्यान नहीं दिया था। मेरे ऊपर तो जैसे आकाश आ गिरा। उसकी माँ कितनी सही थीं। काश! मैंने उनका परामर्श मान लिया होता।

"हाय—मनीषा, इतना कुछ हो गया और तुमने कुछ किया क्यों नहीं।" मानसी ने आहत भरी झुँझलाहट से कहा। क्यों होता है यह सब, सुन्दर, सलोनी नारियों के साथ ही। भगवान् सौन्दर्य, रूप-लावण्य तो दे देता है परन्तु साथ ही बाँध देता है पोटली पीड़ाओं की, त्रासदियों की।"

"जो मेरे बस में था; मैंने किया। माँ-बाबा तो बड़े भाई के पास यू.एस. में थे। मैंने शुभांकर को अपनी सहेली के पास छोड़ा और अगले दिन दोपहर ही शिलांग पहुँच गयी।"

डोर बेल बजायी तो एक तीस-पैंतीस की असमिया महिला भीतर से आयी। रंग गोरा-चिट्टा, चेहरे पर लाली, माथे और माँग में लम्बा-सा सिन्दूरी तिलक, जैसे सिन्दूर माँग से बिखर कर माथे पर आ गया हो। यही हमारा वहाँ का सलीका है। मैंने पूछा—

"मलय जी की वाइफ से मिलना है।"

"मैं ही हूँ... आप काम बतायें...।"

"अच्छा, तो आप का नाम...।"

"मैं हूँ राधा पाठक...।"

"और साहब..."

"मलय मनस्वी... अभी ऑफ़िस में हैं।"

"आप अन्दर आयें... कुछ लेंगी आप...।"

और भीतर जाकर मैंने देखीं, ड्राइंग रूम में उन दोनों की शादी की, वरमाला की, मंगलसूत्र पहनाते, माँग में सिन्दूर भरते सभी तसवीरें। पूरे घर में मेरी कोई भी फ़ोटो नहीं थी।

राधा, भीतर रसोई में, कोल्ड ड्रिंक लेने गयी। मैंने वरमाला, मंगलसूत्र, माँग में सिन्दूर भरने की तीनों फ़ोटो, फ्रेम सहित पर्स में रख लीं। मैंने पूछा—"पहले से उनकी कोई और वाइफ थी?"

"हाँ, उसे तो उन्होंने तलाक दे दिया।"

"और तुमने...।"

"मैंने भी अपने पति को छोड़ दिया। वह भी किसी और के साथ रहता है। मैंने चार महीने पहले साब से शादी कर ली।"

"और तुम्हारे बच्चे...?"

"दो हैं–एक लड़की बारह बरस की और लड़का दस का। हमारे साथ ही हैं। अभी स्कूल गये हैं।"

"उन्होंने पहली पत्नी को क्यों छोड़ा?"

"कहते हैं बहुत झगड़ालू है और काली कलूटी-सी है।"

मैंने उसके पास खाना खाया, उसके परिवार के बारे में जानकारी ली, रात गुवाहाटी लौट आयी और सुबह फ़्लाइट लेकर देहली।

"फिर क्या किया...?" अब मानसी को लगा कि मनीषा दिखने में भोली हो सकती है परन्तु भीतर से तो सशक्त है, दृढ़ है।

"आते ही मैंने अपनी सहेली से विचार-विमर्श किया। कॉलेज के ही वकील की मदद से तलाक का नोटिस दिया और एक हफ़्ते बाद नोटिस पर हस्ताक्षर और दो लाख का चैक आ गया। शुभांकर का संरक्षण भी मुझे ही मिला। इस तरह समाप्त हुई प्यार की दास्तान।"

"सभी कुछ ठीक किया। खूब हिम्मतवाली है हमारी मनीषा। परन्तु उसे पाठ ठीक से नहीं पढ़ाया। सस्ते में ही छूट गये तेरे मियाँ जी" मानसी ने आक्रोशपूर्ण लहजें में कहा।

"दीदी! पाठ पढ़ाने वाली मैं कौन होती हूँ? मैं तो निमित्त मात्र हूँ, अब पाठ तो भगवान ही पढ़ायेंगे या फिर कामाख्या देवी। अब इसका पटाक्षेप ही करें। अब तो इस बात को भी सात साल हो गये और ब्रह्मपुत्र में भी सात बार बाढ़ आ चुकी है उसके बाद। नदियाँ सभी एक-सी होती हैं दीदी–'नारी या नीर भरी नदी–!'

मानसी सोचती रही कि ऐसा क्यों होता है हम जैसों के साथ...!

4

यूनिवर्सिटी में खूब चहल-पहल थी। पेड़ों और पक्षियों के संगीत की जुगलबन्दी में, अब युवाओं और युवतियों की सुरमई, मधुर वाणी की लय का मृदु विलय, पूरे परिवेश में एक विशेष प्रकार का स्वप्निल संसार बसा रहा था। सम्भवतः एक प्रतिशत से भी कम विद्यार्थी और वे भी निम्नतर वर्ग के; अपने पाठ्यक्रम की रूपरेखा और उसके मार्ग पर केन्द्रित थे। अन्यथा अन्य सभी युवा और बालाएँ तो इस समय अपनी छटा, अपना रूप-लावण्य, अपना चटकीलापन बिखेरने में संलिप्त थे। कहीं नयनों की पुतलियों में भविष्य के सपने तैर रहे थे, तो कहीं प्रेम-प्रलाप की पींगें क्षितिज को छू रही थीं। फिर भी स्थितियाँ या परिस्थितियाँ, सबके लिए एक-सी कहाँ होती हैं। शोभित ने क्रीम रंग का सूट, टमाटरी लाल पर बसन्ती पोलका की टाई, बिखरी केश-राशि जो माथे पर से उड़-उड़ कर गॉगल्स को ढँक रही थी और कोट के खुले बटनों में से टाई भी हवा में लहरा रही थी। वह जवाहर स्मारक के गहरे नीले जल ताल के साथ बने पथ पर जा रहा था। जो उसे जानते थे, वे हल्का-सा नॉड कर 'गुड मॉर्निंग, सर' कहकर गुज़र जाते। परन्तु बाक़ी छात्र-छात्राओं के लिए तो यह रहस्य ही था कि यह एकदम स्मार्ट, आकर्षक व्यक्ति, आखिर है कौन? कई तो भयाक्रान्त भी थे। ऐसी मनःस्थिति प्रायः छोटे शहरों या कस्बों से आये छात्रों की होती है। परन्तु शोभित तो अपनी ही धुन में खोया हुआ था और अंग्रेज़ी विभाग के सामने वाली सड़क पर आ गया।

दूर से ही देखा, एक अतीव सुन्दर लड़की, खूब लम्बे सुनहले बाल, बेपरवाही से बरामदे के गमले में लहराते, पीछे गुलाब झूम-झूम अपनी प्रतिद्वन्द्वी से स्पर्धात्मक मुद्रा में, और पास ही खड़ी एक और बाला, उतनी ही मंजुल, मनमोहक, मनोहारी, रूप लावण्य की पराकाष्ठा... हलकी नारंगी सलवार, गहरा बादामी सिल्क का कुर्ता, और नारंगी दुकूल पर हरी पुष्पित लतिका...। दोनों के चेहरे पर हताशा साफ़ अंकित। जब सारा प्रांगण खिली कलियों से उन्मुक्त हो—तो वहाँ भला इतनी संजीदगी, इतनी उदासी का क्या काम...? जीवन के संघर्ष और अनुभव ने उसे परिस्थितियों और मानसिक झँझाओं का आकलन करना बखूबी सिखा दिया था। और वैसे भी इंगलिश

संज्ञानी होते हुए भी उसकी सौन्दर्यशास्त्र में गहन अभिरुचि थी। सुन्दर महिलाएँ, बालाएँ, छात्राएँ और वे भी जब असामान्य परिस्थितियों में हों, तो उसका ध्यान अनायास ही खींच लेती थीं।

वह पास जाकर रुका... "एनी प्रॉब्लम...?"

"सर, एडमिशन... पता नहीं क्या करें...?"

"ओ. के. कम टू माय रूम—प्रो. शोभित...।"

"ओह सर, आप... हाउ लक्की, थैंक्स...।"

और उनके चेहरे के हावभाव ही बदल गये।

मुरझाई कलियों को जैसे जल मिल गया।

शोभित के पीछे-पीछे... परन्तु कुछ दूरी से चलते हुए... वे दोनों कक्ष के बाहर रुकीं। बाहर नेम प्लेट—"डॉ. शोभित वरिष्ठ—अध्यक्ष"। भीतर गये। एक पुरुष टाइपराइटर के सामने, एक टेलीफ़ोन पर, टाइपराइटर के साइड में फ़ाइलें और तीसरा फ़ाइलें शेल्फ़ में लगा रहा था। पी.ए. पूछने वाला ही था कि भीतर से बेल बजी। उसने दरवाज़ा खोलकर भीतर जाना चाहा, परन्तु शोभित ने वहीं से कह दिया—

"प्लीज़, सेन्ड दोज़ टू स्टूडेण्ट्स..." और उसने आते ही कहा—"आप दोनों अन्दर जाइए।"

"गुड मॉर्निंग, सर...।"

"मॉर्निंग..." और उसने नज़र उठा कर बारी-बारी दोनों को देखा।

"पहले अपना नाम तो बताओ।" शोभित अब अनौपचारिकता के स्तर पर आ गया। देखा दोनों कितनी सुन्दर हैं—उफ़ यह लावण्यमयता... क्या होगी वह विमान परिचारिका भी इनके सामने—वास्तव में ही गज़ब की रमणियाँ हैं।

"सर, मेरा नाम है... आकांक्षा..."

"और मेरा... आस्था।"

"जैसी सुन्दर हो, वैसे ही सुन्दर नाम हैं... कहाँ से हैं आप...?"

"सर मैं तो हूँ हिसार से और यह है हाँसी से...।" आकांक्षा ने सहजता से कहा।

"पर आप हरियाणा की लगती तो नहीं..."

"अब तो हरियाणा के ही हैं। बँटवारे के बाद सरगोधा पाकिस्तान से आकर, यहीं बस गये...।"

"ओ. के. ... दैट्स फाइन... मैं ठीक ही सोच रहा था।"

"अच्छा अब अपनी प्रॉब्लम बताइए।" उसने घण्टी बजायी। चपरासी चाय और बिस्किट ले आया।

"सर, हमने बी. एस. सी. किया है। एम.ए. इंगलिश करना चाहती हैं—परन्तु अभी तक की लिस्ट में तो नाम ही नहीं है।" आस्था ने संकोचवश कहा।

"तो एम.एस.सी. कर लो..." बेशक शोभित उन्हें, इतनी सुन्दर छात्राओं को छोड़ना भी नहीं चाहता था। सौन्दर्य तो उसकी स्फूर्ति थी, उसकी जीवनदायिनी शक्ति—उसकी यही उपलब्धि थी।

"सर साइंस में तो नम्बर बहुत कम हैं।"

"तो इंगलिश में कैसे हैं..."

"सर, फिफ्टी सेवन प्रतिशत मेरे और फिफ्टी सिक्स प्रतिशत इसके..." आकांक्षा ने कहा।

"यदि आप दोनों इंगलिश ही चाहती हैं, तो मुझे अपनी ही ज़िम्मेदारी पर देनी होगी। आप दोनों को मुझे आश्वस्त करना होगा कि जी-जान से मेहनत करेंगी।" शोभित ने उन पर कृतज्ञता का बोझ लाद दिया।

"सर, हमारे पास तो आपके धन्यवाद के लिए शब्द भी नहीं हैं।" और दोनों को तो जैसे कोई वरदान ही मिल गया हो।

"अभी मैं पीऊन को भेज देता हूँ। वह तुम्हारी फीस जमा करवा देगा। तुम दोनों सामने सोफ़े पर बैठो, नहीं तो बाहर प्रतीक्षा कर लो।" शोभित ने आदेशात्मक अन्दाज़ में कहा।

"ठीक है सर, हम बाहर इन्तज़ार कर लेती हैं। सर, थैंक यू वेरी मच।" वे दोनों एक साथ उठीं जैसे डॉल्स में चाबी भर रखी हो, और बाहर जाने को मुड़ीं।

"देखो आकांक्षा, जाने से पहले मिलकर जाना।" शोभित तो जैसे सुनामी के पश्चात उखड़ा हुआ पेड़।

"यस, सर..." उन्होंने एक नज़र चेम्बर देखा। टेबल पर शोभित के पत्र, फ़ाइलें, टेलीफ़ोन, पेन-स्टैंड, राइटिंग ग्लास स्टैण्ड और एक ओर एक भारी-सी किताब; वह टेबल वास्तव में हाइपरबोला के दोनों आवृत्तों को जैसे जोड़ दिया गया हो, ऐसी लग रही थी। उसके एक ओर ऊँची पीठिका की कुर्सी, जिस पर शोभित जैसे घूम-सा रहा था और सामने टेबल के साथ सटी छः कुशन चेयर्स...। कक्ष में हल्के हरे रंग की कार्पेट जिसका बार्डर काश्मीरी कढ़ाई का। शोभित के ठीक पीछे की दीवार पर गाँधी जी का चित्र और उसके साथ ही राष्ट्रपति का चित्र, एक दीवार घड़ी। टेबल के साथ सटा हुआ साइड रैक जिस पर पानी के दो ढँके हुए ग्लास, स्टैण्ड पर सजी एल.ई.डी.। सामने आठ लोगों के लिए सोफ़ा, सेंटर टेबल और साइड टेबल्स... भव्यता के साथ सादगी कक्ष को और भी उभार रही थी।

वे बाहर तो चली गयीं परन्तु उनका मन तो भीतर ही था। क्यों? वे स्वयं भी नहीं जान पायीं।

और शोभित, वह था तो भीतर, परन्तु मन तो था बाहर—उन दोनों के साथ! उसने आँखें बन्द कीं और बह गया कविता का स्रोत, अजस्र—जो नहीं उँड़ेला जा

सका, काग़ज़ पर! वह सोच रहा था और उकेर रहा था मानचित्र पर... कुछ ऐसे....... कि........

कैसे जाता है अटक,
बहुत रास्तों पर मुसाफ़िर...!
जब मन जाता है भटक...
सुरम्य घाटी के मध्य–
और फैले हों चारों ओर
प्रकृति के चमत्कार...।
सूरज की पहली किरण...
चाँद का रुपहला सम्मोहन–
बारिश की मन पर फुहार
लतिकाओं का नैसर्गिक शृंगार–
तब; कण-कण का चंचल हो जाना–
अंग-अंग रूमानी हो जाना–
मेघों का अलकों में लिपटना–
हवाओं का वाणी में खनकना–
घटाओं का नयनों में अटकना–
फिर, कैसे रुके पथिक–
अशक्त, असंयत, असामान्य–
कमनीयता की अपारता से अभिभूत–
एक से अनेक में समाविष्ट–अनाहूत!!

अचानक प्रो. त्रिवेदी ने दरवाज़े पर दस्तक दी। पी.ए. ने टेलीफ़ोन की बेल तो दी थी–परन्तु शोभित तो अपनी ही दुनिया में खोया था उन्मुक्त–!

"कहाँ खोये हो भाईजान। लगता है वही आशिकी का जुनून–वही तितलियों की रंगीनियाँ, कुछ भाभी का भी सोचो" डॉ. त्रिवेदी, हिन्दी विभाग के अध्यक्ष, ने भीतर घुसते-घुसते ही कहा।

शोभित तो जैसे किसी वायुयान से उतरा, आसमान के मध्य से। विण्डो सीट पर आकांक्षा, साइड में आस्था और बीच में वह, हाथ दोनों पर, और उस मखमली मादकता से ओत-प्रोत; वह हड़बड़ाया-सा उठा।

"तुम कब आये? पी.ए. ने भी नहीं बताया–।"

"उसने इन्टरकॉम पर रिंग तो दी, पर जनाब को फुर्सत हो तब ना! और वे बाहर दो अभिसारिकाएँ–लगता है तुम्हें मिलकर ही गयी होंगी। वरना तुम दिवास्वप्न में तल्लीन...। तुम्हारे यहाँ सीट न हो तो हमारे यहाँ भेज दो। अपने संरक्षण में रखेंगे।" त्रिवेदी समझ तो गये कि यह श्रीमान अब कुछ दिन इन्हीं की देह-भाषा; वक्ष, कटि,

नितम्बों का अनुपात, उनका गुरुत्वाकर्षण केन्द्र; मुखमंजुल की भंगिमाएँ, केश-राशि के नागपाश, नयनों में विशाल नीला मानसरोवर, चाल में गज की मन्थर-गति, जो वक्ष के बोझ से कटि में कमनीय लचक से झुकी जाये—में उलझे रहेंगे।

"हो सकता है, मैं ध्यानाग्रस्त होऊँ। पर वैसा नहीं जैसा तुम सोचते हो। विभाग की भी कितनी ही ज़िम्मेदारियाँ होती हैं और हमारे वी.सी. साहब तो साफ़ ही पल्ला झाड़ देते हैं कि आप लोगों को विभाग चलाने के लिए पूरी छूट दे रखी है और क्या चाहिए? समस्याएँ तो आप ही सुलझानी पड़ेंगी—और जब भी जाओ, अच्छा-खासा भाषण सुनकर लौटो। और प्राध्यापकों को अपनी राजनीति और अहं घर्षण से फुर्सत हो तो पढ़ाने पर ध्यान दें।"

शोभित ने विषय को बड़ी दक्षता से मोड़ दिया। जानता था कि ये मुद्दे सभी अध्यक्षों की दुखती रग होते हैं।

"हाँ, यह तो तुम ठीक ही कहते हो। अच्छा छोड़ो, पहले चाय पिलाओ फिर बाक़ी बात।" डॉ. त्रिवेदी ने सोफे पर बैठते हुए कहा।

चाय पीते हुए शोभित ने पूछ ही लिया—"कोई विशेष काम? साफ़ कहो न बन्धु...!" उसके मन में तो था कि कैसे भी इससे पीछा छूटे क्योंकि आस्था और वह कभी भी आ जायेंगी और फिर ये जनाब हिलेंगे भी नहीं।

"क्यों पीछा छुड़ा रहे हो? इतने दिन बाद तो मिले हैं, फिर भी तुम्हें जल्दी है। मुझे तो थोड़ा रिलैक्स करना है। डिपार्टमेण्ट के झमेलों से निजात तो मिलेगी—चाहे थोड़ी देर को ही सही।" त्रिवेदी को समझ आ रहा था कि हो-ना-हो यह मुझे टाल रहा है। किसी आखेट की फ़िराक़ में लगता है।

"अरे ऐसा कुछ ख़ास नहीं। वी.सी. ने बारह बजे बुलाया है, कोई बात नहीं, कल सही।" शोभित भी कुछ कम नहीं था।

"अच्छा, देख यार, एक लड़की है, मिनिस्टर की रिश्तेदार है। मेरे पास भेज दिया है। कहते हैं अंग्रेज़ी में एडमिट करवा दो। हिन्दी होती तो मैं अपने यहाँ ही कर लेता।" त्रिवेदी ने कहा।

"मार्क्स कैसे हैं?" शोभित ने पूछा।

"अरे नम्बर अच्छे होते, तो मैं आता ही क्यों? मार्जन पर सेकेण्ड क्लास है। अपनी प्रतिष्ठा का सवाल है।"

"लड़की कहाँ है?"

"बाहर है, बुला लो।"

शोभित ने बेल बजायी और लड़की को भीतर बुलाया। पाँच फुट की, मोटापा दस्तक दे रहा था। वक्ष, कटि, नितम्ब सभी एक ही रेखा में, पेट हल्का-सा बढ़ा हुआ, चेहरा साँवला, चपटा, लुथलुथा-सा। सुबह देख लो तो नाश्ता नदारद। ख़ैर शोभित ने सोचा, पढ़ना ही है। कौन-सा सौन्दर्य प्रतियोगिता के लिए आयी है।

"अच्छा... बेटे यह बताओ तुम अंग्रेज़ी ही क्यों पढ़ना चाहती हो...। दिखाओ ज़रा मार्क्सशीट। अरे... तुम्हारे हिन्दी में तो अच्छे नम्बर हैं, हिन्दी क्यों नहीं पढ़ लेतीं...।"

"सर, कॉम्पटीशन के लिए तो इंगलिश चाहिए ना... मैं तो आई.ए.एस. करना चाहती हूँ।"

"ठीक है, पर हिन्दी की फर्स्ट क्लास से, इंगलिश की रॉयल क्लास कैसी रहेगी...।"

"सर, मुझे तो हिन्दी ही ठीक लगती है, पर, सर कह रहे थे कि तुम्हारे लिए इंगलिश ठीक रहेगी।"

"अरे मुझे तो तुम्हारे पापा का फ़ोन आया था—अब तुम जानो... हिन्दी चाहती थीं तो पहले ही बता देतीं।" त्रिवेदी जैसे सकपका से गये।

"सर, मुझे तो आप हिन्दी में ही ले लें।"

"ठीक है, तुम डिपार्टमेण्ट चलो और मेरे पी.ए. से मिलो।" त्रिवेदी अब करीबन बौखला से गये थे।

"भाईसाहब... आप आये... हमारा अहोभाग्य! अब यह तोहफ़ा अपने पास ही रखिए..." शोभित ने चुटकी ली।

"मुझे पता था, तुम इसे कभी नहीं लेते..."

"अरे... आप तो बुरा मान गये। आप आये और हम आपकी बात न मानें—यह आप सोच भी कैसे सकते हो। अब बालिका ही न माने तो।" और त्रिवेदी बाय करके चले गये।

डॉ. त्रिवेदी चले तो गये, परन्तु पूरे रास्ते आहत-सा महसूस करते रहे। सोचा, यह शोभित तो वास्तव में ही बहुत शातिर है। कभी किसी का काम करेगा भी नहीं और एहसान अलग जतायेगा। हाँ, कोई सुन्दर बालिका हो या फिर शुभ्र शोभना हो तो नियमों को भी ताक पर रख, उसे अपने यहाँ समायोजित कर लेगा। सौन्दर्य और विशेषतया सुन्दर नारी हर पुरुष को आकर्षित करती है; केवल अनुपात में अन्तर हो सकता है। परन्तु नारी का रूप-लावण्य, उसकी समस्त योग्यता और मेधाविता का मापदण्ड हो जाये कदापि समीचीन नहीं हो सकता। और यह जनाब, इनका समस्त सरोकार नारी देह, उसकी सुन्दर काया अरविन्द नयन, तीखे नाक-नक्श, उन्नत ललाट, आकारवान सुशरीर, चन्द्रमुखी, चित्ताकर्षक रम्या से है, वही है उसकी मैरिट। इसी के छात्र और प्रोफ़ेसर क्या-क्या बातें करते हैं, उन्हें जानने का या तो इसके पास कोई साधन नहीं, या जानना ही नहीं चाहता और इन विषयों के बारे में बेपरवाह ही रहता है। वैसे देखा जाये तो यह नज़रिया ठीक ही है। आदमी किस-किस की बात सुने। ऐसी बातों पर ध्यान न देना ही ठीक रहता है। तभी तो मानसिक सन्तुलन कायम रहता है। परन्तु इन्सान की कोई प्रतिष्ठा भी होती है, कोई यश भी होता है जो उसे नौकरी या जीवन का तात्पर्य, मकसद प्रदान करता है। तभी तो एक अध्यापक, एक प्रोफ़ेसर कह सकता है कि वह भावी पीढ़ी का पथ-प्रदर्शक है,

निर्माता है। हो सकता है यह मात्र थोथा आदर्शवाद ही हो, परन्तु भारतीय परिवेश में तो यही सही है जो सदियों से, ऋषियों, मुनियों, सन्तों ने प्रतिपादित किया। यह दोहरी मानसिकता भी हो सकती है परन्तु फिर भी जिस मार्ग पर चलने के लिए आप युवाओं को प्रेरित करते हो, उसे कहीं आप स्वयं भीतर अनुभव करेंगे, तभी तो लोग आपका अनुसरण करेंगे। परन्तु यह शोभित तो बेखटके, बेधड़क कन्याओं को अपने कक्ष में रहता है और घर पर भी ताँता लगा रहता है। अब या तो यह स्फटिक-सा स्वच्छ, पारदर्शी है या फिर निर्लज्ज! परन्तु आचरण से वैसा लगता नहीं।

इसी उहा पोह में वह अपने कक्ष के बाहर था और छात्र-छात्राओं की भीड़ मिलने को आतुर थी। उसे शोभित का भूत सर से उतार फेंकने में कुछ समय लगा। कक्ष में जाकर कुर्सी पर बैठ, झुँझलाहट में पानी पिया। डॉ. प्रिया को बुलाया और स्थित-प्रज्ञ भाव से चाय का कप लिया, तब जाकर वह कुछ स्थिर हुआ। इधर शोभित ने सोचा, अजीब प्रोफ़ेसर है। पता नहीं कैसे, ऐसे लोगों को विभागाध्यक्ष बना देते हैं। किसी भी विषय की गहनता से विवेचना ही कर नहीं पाते। अब वह ज़रा-सा एडमिशन को तो हैण्डल कर नहीं पाया, बड़ी-बड़ी समस्याओं का समाधान कैसे करता होगा। तभी तो मैं सोचता हूँ कि साहित्य और भाषाओं के विभागों में सभी विषयों का संक्षिप्त अध्ययन होना चाहिए जो सोच, स्तर, दर्शन और तर्क को विकसित करे। जैसे गणित वाले ही लो, उन्हें, समाजशास्त्र अर्थशास्त्र, भूगर्भ, भाषा, व्यवस्था संचालन; इत्यादि के विषय में क्या पता? सभी विषयों के बारे में कुछ स्तरीय ज्ञान तो होना ही चाहिए। अन्यथा अर्थशास्त्र वालों के लिए एक सरल से सरल समीकरण आफ़त का विषय बन जाता है। मैं तो इंगलिश फैकल्टी में यह विकसित करवाऊँगा ही। बारह बज चुके थे। दो बार आकांक्षा और आस्था ने भीतर जाने का प्रयत्न किया, परन्तु विफल रहीं। दोनों ही पी.ए. के पास बैठी थीं। उन्होंने पी.ए. से कैंटीन के विषय में पूछा तो पता लगा कि नेहरू भवन के सामने चाय के एक-दो खोखे हैं और खाने के लिए एडमिनिस्ट्रेटिव ब्लॉक के सामने मार्केट में जाना होगा। सुबह से कुछ खाया भी नहीं था इसलिए मार्केट चली गयीं।

उन्होंने देखा; बारह बजे एक के बाद एक, शायद प्रोफ़ेसर, रीडर या प्राध्यापक ही होंगे; कुछ स्मार्ट, सूट-टाई में, एक-दो अनौपचारिक वेशभूषा में और महिलाएँ, सभी सुन्दर, कमनीय, सद्यःस्नात और साड़ियों में अभिसारिकाओं-सी, जैसे रंगमहल में अवतरित हो रही हों, कक्ष में प्रवेश कर रही थीं।

"गुड मॉर्निंग सर..." एक अधेड़ उम्र के परन्तु किसी अभिनेता से कम नहीं, भीतर दाख़िल हुए। फिर उसी के पीछे... "सर, वेरी गुड मॉर्निंग... लुकिंग स्मार्ट एज यूज़ुअल..."

और फिर तो धीरे-धीरे कक्ष भरता गया।

"माय डियर फ्रेन्डस... व्हाटस् मैटर..."

"सर, मीटिंग एट ट्वैल्व...", एक ने कहा...।

"ओह! आय फॉरगॉट... सॉरी, फ्रेन्डस...

"प्लीज़ पुल अ चेअर... बी कम्फर्टेबल...। यू नो, सुबह से इतना बिज़ी रहा कि मीटिंग तो भूल ही गया। पी.ए. ने भी याद नहीं कराया। नॉट ए रिस्पॉन्सिबल गाय...।"

"सर, कल हो जायेगी..." एक ने चुटकी ली।

"अब आ ही गये हो तो, कुछ तो बात कर ही लेते हैं।" शोभित धीरे-धीरे व्यवस्थित हो रहा था।

साला, आधा घण्टा तो पहले इधर-उधर की हाँकेगा। कुछ चुटकुले, कुछ अभिनेत्रियों, मधुबाला, मीना कुमारी की पिक्चरों पर चर्चा करेगा। एक ने अपनी डायरी में लिखकर दूसरे को दिखाया। वह मुस्कराया..., शोभित ने इसका नोटिस लिया...

"एनीथिंग स्पेशल... शेयर विद अस..."

प्रोफ़ेसर या यों कहो अभी नया ही लेक्चरर था...

घबराया, सकपकाया और मुस्कान का कृत्रिम आवरण ओढ़ कर "कुछ नहीं, सर...।"

"ओ.के. ...." शोभित ने कहकर एक काग़ज़ के टुकड़े पर कुछ आदेश लिखकर पी.ए. को भेज दिये।

नये साल की सभा को प्रिंसिपल सम्बोधित करने वाला था। परन्तु वह 'स' के स्थान पर 'श' ही बोलता था...। जैसे ही वह दाख़िल हुआ... सभी स्टाफ मेम्बर्स ने कहा–

"सर, हैप्पी न्यू ईअर..."

"शेम, टू यू..." और हँसी के ठहाके फूट पड़े और सभी ने उसी प्राध्यापक की ओर देखा, जो अकारण ही मुस्कराया था।

मीटिंग में अनुशासन, समय की प्रतिबद्धता, छुट्टी की पहले से सूचना, पूरे वर्ष का पाठ्यक्रम दो-दो महीने में बाँट कर–एक नियमित कार्य योजना या टास्क प्लान बनाकर परसों दस बजे उसकी मेज़ पर होना चाहिए। इतने में पी.ए. ने कोल्ड ड्रिंक्स, समोसा और बर्फी का पीस प्लेटों में सजाकर भीतर भेज दिया।

सभी में खुसर-पुसर...। एक ने पूछ ही लिया–सर कोई विशेष अवसर...।

आप सब का नये सैशन में सान्निध्य... सबके खिले चेहरे, सबकी हँसी... ऐसे ही कायम रहे... बस...! केवल शुभकामनाएँ...

"मे वी कम् इन, सर", सभी के जाने के बाद पी.ए. ने उन दोनों छात्राओं को इशारा किया कि वे भीतर जा सकती हैं। शोभित उस समय प्रवेश द्वार की ओर पीठ कर, एक घनी, पहाड़ों की पृष्ठभूमि में बर्फ़ से आच्छादित शृंखलाओं और देवदार के पेड़ों के आँचल में फैली वादी में लीन था। पता नहीं, वह कई बार मनाली, सोलांग

वैली, मुंश्यारी, काला मुनि, कौसानी, चौकोड़ी पालमपुर, कांगड़ा सभी जगह जा चुका था। परन्तु यह वादी उसे बार-बार, कई बार हॉन्ट करती, कई बार कल्पना को रोमांचित करती। पता नहीं सौम्या या उसी का प्रतिरूप उसे मौन निमन्त्रण देता, परन्तु वह किसी से यह स्वप्न बाँट भी नहीं सकता था। क्योंकि बहुत से क्षण, बहुत से कोने हृदय में ऐसे होते हैं जो झाँक भर लेने से आपको पुलकित कर देते हैं। परन्तु दूसरों के लिए—यह महज़ उन्मत्तता ही है, केवल पागलपन। यह यथार्थ के धरातल पर टिक ही नहीं सकता; ये तो मन के तरल तरंगित भाव हैं जो जब सदेह सामने आते हैं तो आप भी अचम्भित हो जाते हैं—आँखें मलते रह जाते हैं।

उसे पता ही कि कोई अनुमति की प्रतीक्षा में है। बालिकाओं या यों कहो युवतियों ने पुनः द्वार पर दो बार हल्के से दस्तक दी। उसने पलट कर देखा। हैं! ये उषा की किरणों के पुँज, उस अलौकिक परिदृश्य में कहाँ से फूट पड़े। क्षणभर मन्त्र-मुग्ध, ठगा-सा रह गया।

चश्मा उतारा, पोंछा—फिर पहना।

"यस, कम इन..." बोलिए...।

"सर, मैं आकांक्षा और यह आस्था... आप से सुबह मिली थीं—एडमिशन के लिए—।"

"ओह! यस... फिर क्या हुआ?"

"सर, हम तो आपका थैंक्स करने आयी थीं। एडमिशन तो बाहर अंकल जी ने करवा दी थी।"

"हाँ, मैंने ही तो कहा था मिल कर जाने के लिए। अरे... कितनी देर हो गयी। चार तो बज चुके हैं। तुम वापस जाओगी या रात रुकोगी।"

"सर, आखिरी बस तो निकल गयी, अब देखते हैं कहाँ स्टे करते हैं—कोई धर्मशाला वग़ैरह!"

"पागल हो क्या? यह नया पत्थरों का शहर है। धर्मशाला नाम की चीज़ यहाँ नहीं है जाओगी भी तो रिक्शावाला तुम्हें भटकाता हुआ कहाँ पहुँचा दे... कौन जाने...। अभी यूनिवर्सिटी ठीक से खुली भी नहीं, नहीं तो हॉस्टल में रुकवा देता।"

"कोई बात नहीं, सर, हम कहीं तलाश लेंगी। आपने इतनी कृपा की, हमारे पास तो शब्द ही नहीं है।"

"वह बात तो अपनी जगह है। यदि तुम चाहो तो मेरे घर में रुक सकती हो। मैडम और बेटियाँ तो देहली में हैं... घर है, बनाओ, खाओ, खिलाओ।"

"सर, आपको कष्ट होगा... आपने पहले ही हमारे लिए इतना किया है।"

"अच्छा, तुम्हें मेरा पीऊन छोड़ आयेगा, तुम भीतर जाकर चाय वग़ैरह पिओ। मैं आधे घण्टे में वी. सी. से मिलकर आता हूँ।" शोभित ने घर की चाबी उन्हें थमा दी।

"पता नहीं क्या कहें... सर तो जैसे देवता हैं। कौन करता है किसी के लिए इतना और वह भी अनजान, हम जैसों के लिए।" आकांक्षा ने आस्था से कहा।

"वैसे तू ठीक ही कहती है। सर, तो जैसे भगवान ने हमारे लिए ही भेजे हों। अपने बच्चों की तरह ही प्यार करते हैं, कितना अपनापन है। पूरे घर की चाबी ही पकड़ा दी..." आस्था चलते-चलते कह रही थी।

"हमारे तो रिश्तेदार भी ऐसे नहीं जो घर की चाबी दे दें। हम ही कौन-सी देने को तैयार होते हैं।" शोभित एक घण्टे बाद लौटा। देखा, दोनों ही बाहर की विज़िटर लॉबी में बैठी हैं। उसे क्या पता अभी बालाएँ हैं। युवतियाँ हों भी, पर जब तक स्वतन्त्र रूप से रह न चुकी हों, मेल-मिलाप न किया हो तो उनकी झेंप, उनका छोटे शहर का लज्जा का झीना पर्दा कैसे हटे।

"तुम भी न आकांक्षा—तुम्हें कहा था ना, किचन में जाकर चाय या दूध जो भी चाहे बना लेना और पी लेना। सभी कुछ तो है।"

"उसने दोनों का एक-एक हाथ पकड़ा, सोफ़े से उठाया, कटि में बाजू से साथ सटाया और उन्हें किचन में ले गया।"

"अब गेस्ट की तरह बीहेव करना बन्द करो—तुम बैठो मैं चाय बनाता हूँ।"

"नहीं सर, आप जाकर कपड़े चेंज कर लीजिए हम चाय बनाकर लाती हैं।" आस्था ने आगे बढ़कर सॉसपैन को पकड़ा।

शोभित ने बारी-बारी दोनों के गाल थपथपाये... चुटकी काटी और बेडरूम में चला गया।

चाय के पश्चात शोभित ने दोनों को उनका बेडरूम दिखा दिया। उसका बँगला बहुत बड़े लॉन के बीचों-बीच—प्राइवेसी पूरी, किसी का कोई हस्तक्षेप नहीं, कोई दखलअन्दाज़ी नहीं। वैयक्तिक स्वतन्त्रता पूरी, इसीलिए सौम्या को यह बहुत पसन्द था।

डाइनिंग टेबल पर शोभित भी कई रोज़ के बाद ही बैठा था। प्रायः मेड बेड पर ही प्लेट में डालकर खाना दे देती थी। वह किचन में कभी-कभार ही घुसता था।

आकांक्षा और आस्था ने मिलकर खाना खूब ज़ायकेदार बनाया। वे स्वयं भी शाकाहारी थीं इसलिए सभी कुछ उसी अन्दाज़ में बनाया। उन्हें पता था कि पंजाबी मीठे चावल का ज़र्दा बड़े चाव से खाते हैं इसलिए मीठे में वही था। शाम को छः बजे मेड आकर बर्तन साफ़ कर गयी और सब्जियाँ काट गयी। आस्था और आकांक्षा ने उसे बताया कि वे उनकी भतीजियाँ हैं।

शोभित ने खाने की खुले दिल से तारीफ़ की। सुन्दर महिला के हाथ से भी सुन्दरता ही परोसी जाती है, वही हर चीज़ में घुल जाती है। वह वास्तव में ही अभिभूत था—खाने से या उनसे वह स्वयं ही निर्णय नहीं कर पा रहा था। परन्तु

एक वीरान शाम का एकाकीपन सलोनेपन की एकरसता में विलीन हो गया। सामीप्य के पल वह खोना नहीं चाहता था।

शोभित के बेडरूम में वे दोनों कुर्सी पर बहुत सन्तोष से बैठीं अपने परिवार के विषय में विस्तार से बता रहीं थीं। विस्थापित परिवार जिसे मिट्टी भी तलाशनी पड़े और फिर परिवार अंकुरित हो, वही जान सकता है जिसने भोगा हो या फिर जिसका हृदय संवेदनशील हो। संवेदनशीलता इस व्यवसायी दुनिया और व्यवहार-कुशलता में किताबी ही रह गयी थी। उस पर फिर आप मानवता तलाशें तो शायद भगवान के दरबार में भी न मिले। निजता, संकीर्णता, संकुचिता सभी ने गहरे पैठ बना ली थी–इस बँटवारे के बाद। क्यों... शायद इसलिए कि विपुलता के सागर को छोड़, अभाव और न्यूनता के कण खोजते थे ये सब विस्थापित–अपना मुल्क छोड़कर। मृत्यु से भी बदतर था जीवन...!

बातचीत से शोभित को पता चल गया कि दोनों ही निम्न मध्यम वर्ग से हैं। आकांक्षा के पिता तो वहीं हिसार के एस. डी. स्कूल में सीनियर टीचर थे और आस्था के पिता की हाँसी में कपड़े के कटपीस की दुकान है। दोनों के ही उनसे छोटे एक-एक भाई और एक-एक बहन है। वे सभी माता-पिता के पास रहकर स्कूल में पढ़ते हैं।

"अच्छा, यह तो तुमने बताया नहीं, रहोगी कहाँ?" शोभित ने आश्चर्य से पूछा।

"सर, कोई रूम ले लेंगी। हॉस्टल में तो जगह मिलेगी नहीं।"

"अगर मिल जाये तो, कल फीस जमा करवा दोगी।" शोभित ने पूछा।

"नहीं सर, कल तो घर जाकर पैसे लेकर आयेंगे।"

"ठीक है, सुबह बात करेंगे।" और शोभित ने बारी-बारी से दोनों को आलिंगनबद्ध किया, गालों को चूमा और कहा–

"अब, अपने बेडरूम में जाओ। कुछ चाहिए हो तो बेझिझक माँग लेना, शरमाना नहीं। डर लगता हो तो भीतर से दरवाज़ा बन्द कर लेना। ओ.के. गुड नाइट... हैव ए नाइस स्लीप।"

दोनों ही अपने रूम में गयीं। सीधे बैड पर लेट गयीं। बत्ती बुझा दी और धीमे धीमे गुफ़्तगू... दो लड़कियाँ हों और वह भी अकेली–नींद कैसे आयेगी।

"आस्था... सर का कुछ समझ नहीं आता। एक ओर तो इतना ध्यान और दूसरी ओर चूमना... क्या है यह सब?" आकांक्षा ने उसकी ओर मुँह फेर कर कहा।

"पगली, अकेले रहते हैं–बच्चों को प्यार का मन करता ही है। मुझे तो उनका प्यार अच्छा लगा।" आस्था तो सहज थी।

"तू जो मर्ज़ी कह, पर उनके हाव-भाव से साफ़ लगता है जैसे वे बेटी से नहीं, किसी औरत से प्यार कर रहे हों। हमारे घर में तो ज़रा भी माँ को बाऊजी पकड़ें कि वह झट से उन्हें परे धकेल देती हैं।" "अरी–यह छोटे शहरों की बेमतलब की वर्जनाएँ हैं। यह पाकिस्तान नहीं है जहाँ हर चीज़ पर्दे में ही थी। तू यहाँ के लोगों

को देख, वे ऐसी रूढ़ियों से बँधे नहीं हैं क्योंकि उन्होंने उस स्तर की बन्दिशें, उस प्रकार की परतन्त्रता नहीं देखी जहाँ हर घण्टे औरतें, सन्दूकों, दरवाज़ों, बिस्तरों और न जाने कहाँ-कहाँ छिपती फिरती थीं। अब हम लोग स्वतन्त्र देश के स्वतन्त्र बाशिन्दे हैं। कोई गुलाम भेड़-बकरियाँ नहीं हैं, जिन्हें जब चाहा हलाल कर दिया।" "अच्छा, दादी माँ, आज़ादी तो ठीक है, पर कोई मर्यादा भी तो होती है।"

"अरी, फिर वही बात—एक तो सर ने इतनी हैल्प की और भी करेंगे और ऊपर से तेरे लांछन... तेरे तो दिमाग में ही कोई ग़तूर है। देख, अपना मन ठीक हो, सही सोचें तो सभी कुछ ठीक लगता है नहीं तो अपना पिता भी व्यभिचारी ही लगता है।"

"अच्छा, मान गये तुम्हें—पर क्योंकि मुझे ऐसे किसी ने पहली बार मीचा, मेरे भीतर अजीब-सी फीलिंग पैदा हुई। पता नहीं उसे क्या कहूँ, परन्तु एक स्पन्दन-सा तो हुआ—मुझे खुद ही नहीं पता कि वह ठीक था या गलत। ऐसा लगा जैसे पूरी स्पाइन, (रीढ़ की हड्डी) से एक बिजली की लहर-सी कौंध गयी। अब हम छोटी नहीं रहीं—हम भी अब पूरी जवान हैं—सुन्दर हैं और मर्द हर रूप में मर्द ही है तू जो चाहे कह ले।" "शायद, तू ठीक ही कहती हो। पर मैं तो यही मानती हूँ कि यह सब हमारी सोच पर ही निर्भर करता है। मुझे ऐसी अनुभूति क्यों नहीं हुई। मुझे तो लगा कि क्या हुआ यदि किसी आदरणीय, पितातुल्य व्यक्ति और वह भी इतने वरिष्ठ ने प्यार से मीच लिया... हर एक का प्यार जताने का अपना ही अन्दाज़ होता है।" आस्था तो वास्तव में ही संयत थी। "अच्छा—चल जो भी हो, धीरे-धीरे आगे आने वाला वक्त ही बतायेगा। परन्तु फिर भी जिस प्रकार से उन्होंने हमारी सहायता की वह तो कोई अपना भी नहीं करता। देखें, कल हॉस्टल का क्या करते हैं।" "अब तो सुबह उठकर ही घर चलते हैं और हो सकता है शाम तक पैसे लेकर लौटना ही पड़े।"

बाथरूम कमरे से बाहर लाऊंज में था। रात के बारह बजने को थे। आकांक्षा दबे पाँव बाथरूम गयी। उसने देखा, सर के कमरे का दरवाज़ा खुला है और वे हाउस गाउन पहने, अपनी स्टडी टेबल पर बैठे कुछ लिख रहे हैं। जी में आया कि जाकर देखे कि आखिर इतनी रात कर क्या रहे हैं। वैसे भी पता नहीं किस प्रकार के मिश्रित भाव मन में हिलोरें मार रहे थे। आस्था से तो कह कर हटी थी कि उसे सर के बर्ताव में कुछ अजीब-सी हरकत महसूस होती है, परन्तु फिर वह क्यों अपना सन्तुलन खो रही है। क्यों उसका जी करता है कि सर एक बार पुनः उसे पूरी तरह से जकड़ लें और वह उसी स्पन्दन में लहर-सी बह जाये।

"क्यों, कुछ चाहिए क्या आस्था?" शोभित ने टेबल से ही आवाज़ दी। पता नहीं क्यों, उसे लगा कि आकांक्षा है, परन्तु फिर भी उसने आस्था को आवाज़ दी—क्यों? उसका मन उसकी बुद्धि से अधिक जानता था।

"नहीं, सर, कुछ नहीं..." और वह झट से अपने कमरे में घुस गयी और भीतर से चिटखनी लगा दी। उसे लगा, जैसे कोई उसके पीछे है और उसे पकड़ कर भींचनें को आतुर है।

वह बेड पर गयी और भयाक्रान्त-सी आस्था से लिपट गयी।

"अरे, डर गयी क्या...? घर से पहली बार निकली लगती है।" आस्था ने उसका माथा सहलाया, गालों को चूमा, थपथपाया और उसके केशों में उँगलियाँ फेरने लगी।

"कितने सुन्दर हैं तेरे केश...। पता नहीं कैसे है तू इतनी सुडौल, कसी हुई।" और उसने आकांक्षा को अपने आलिंगन में बाँध लिया।

"भगवान जाने, तू इतना सब कुछ कैसे जानती है—एन.सी.सी. में रही होगी। वही लड़कियाँ इतनी तेज़ होती हैं।"

"क्यों तुम्हें कैसे पता?"

"हमारे कॉलेज में भी तो एन.सी.सी. थी। वे अपनी कोड भाषा में बात करती थीं और बात-बात पर हँसती थीं।"

"वह तो तू ठीक ही कहती है। मैं भी तो एन.सी.सी. की नेशनल कैडिट थी। हाँ, हलकी-फुल्की बातें तो करती ही थी। वैसे इसमें आपत्ति भी क्या है? जो प्राकृतिक बदलाव है, जो कुदरती भेद है नर और मादा में, उसकी पूरी प्रक्रिया का ज्ञान तो होना ही चाहिए। मैं हाँसी से हूँ जो हिसार से छोटा है। फिर भी हम परिवेश में पल-पल बदलाव से अधिक भिज्ञ हैं। मैं सोचती हूँ तू बच कैसे गयी...। ख़ैर, मैं तो यही कहूँगी, भगवान तुम्हारी रक्षा करें। ऐसा रंग-रूप, ऐसा सन्तुलित शरीर, कहीं मेरी ही नज़र न लग जाये तुझे।"

सुबह छः बजे उठना चाहती थी, परन्तु घड़ी देखी तो सात बज चुके थे। उठकर दरवाज़ा खोला, सर के बेडरूम, किचन में झाँका, परन्तु वे कहीं भी नहीं थे।

शोभित बाहर लॉन में टहल रहा था। रात को डायरी लिखते-लिखते ही तीन बज गये। करवटें ही साथ दे रही थीं अन्यथा बेचैनी, ऐसी तो कभी न थी। वैसे भी आदमी का चरित्र ही ऐसा है, उसकी फितरत ही ऐसी है कि जो उस पल में घटित होता है, लगता है जैसे पहले कभी हुआ ही नहीं। यदि कुछ भी अनिर्वचनीय, अद्वितीय देख लेते हैं या फिर कर लेते हैं तो लगता है कि यही तो जीवन की सर्वोत्तम उपलब्धि है, सृष्टि का सौन्दर्य, सौष्ठव, सौम्यता की प्रतिमूर्ति है। आस्था सुन्दर थी, सुडौल थी, सुकान्त और सुलक्षणा थी परन्तु, पता नहीं क्यों उसमें उसे अपनी छोटी बेटी की झलक-सी लगती थी। कहीं न कहीं उसका रूप-लावण्य उसकी बेटी की भाव-भंगिमा में विलय हो जाता था। उसने माना कि वह उसे बेटी जैसी लगती थी, परन्तु बेटी तो नहीं। तुलनात्मकता और यथार्थवादिता में कितना गहन अन्तर होता है, यह उसे आज ज्ञात हुआ। क्यों दो बिम्ब आपस में गड्डमड्ड हो जाते हैं और उसकी लिप्सा, अभीप्सा कहीं-न-कहीं प्रेम और स्नेह में संघर्षरत प्रतीत होती

है। क्यों नारी इस सीमा तक सम्मोहित कर देती है कि पूरे शरीर में रह जाता है मन-ही-मन... और कुछ भी तो नहीं।

और आकांक्षा... शब्दातीत... जैसे वसन्त-सी खिली और ठहर ही गयी, जैसे लहर उठी और रुकी रही, जैसे ज्योत्सना भरी निशा रूप-लावण्य पर बिखरी रही, जैसे पल्लव अधर प्रकृति की लालिमा समेटे रहे, जैसे उमड़-घुमड़ कर मेघ, अलकों में अटक गये और मधुस्वप्न नयनों में भटक गये, हिम-तुंग पिघलना ही भूल गये और क्षितिज की लालिमा के कलश कपोलों में बिखर गये। सभी कुछ जैसे अपने चरमोत्कर्ष पर जाकर ठहर-सा गया हो। जो भी हो रम्भा या मेनका का पुनर्जन्म ही होगा। प्रेम, स्नेह, प्यार कुछ भी हो सकता है परन्तु यह ज्वार तो सीमातीत है। कहीं कोई भी द्वन्द्व नहीं, कोई भी उलझन नहीं, है तो केवल प्रेम का अलौकिक स्वरूप...। तभी तो पाश्चात्य संस्कृति, उनका आचरण, उनकी सोच, सभी स्वच्छन्द हैं। कहीं कोई अंकुश नहीं, सामाजिक बन्दीगृह नहीं, अग्नि रेखाएँ नहीं... यदि आपसी सहमति है तो सभी कुछ मान्य है। कोई कुण्ठा नहीं, कोई घुटन नहीं, कोई तिल-तिल गीली लकड़ी की धुखन नहीं। वय कहाँ आती है आड़े... न बलात्कार, न रेप; हो भी तो वह है मानसिक विकृतिृकानून द्वारा दण्डित। यहाँ दिखने में तो सभी वर्ग में लोग स्वस्थ हैं परन्तु प्रत्येक मानसिक यातनाओं, कुण्ठाओं, जंजीरों, लक्ष्मण रेखाओं से घिरा है। ऐसा सामाजिक कारावास, मन में घर किये हुए है कि उसकी सलाखों के पार, आप सदियों में भी नहीं जा सकते। इसी ऊहापोह में वह एक छोर से दूसरे छोर तक, लॉन के चक्कर काट रहा था। चलने के ढंग और पगों की रफ्तार से स्पष्ट था कि वह किसी गहन मानसिक द्वन्द्व से जूझ रहा है।

"गुड मॉर्निंग, सर..." आकांक्षा ने पीछे से कहा। ऐं... यह कोयलिया की कुहुक... आकांक्षा ही होगी। झट से घूमकर देखा—"आकांक्षा! गुड मॉर्निंग... हैड ए नाइस स्लीप..." शोभित ने कृत्रिम मुस्कान से कहा।

"यस, सर... यू हेव बीन सो केयरिंग," आस्था ने वात्सल्यपूर्ण मुद्रा में कहा। कम-से-कम शोभित को तो लगा।

"अन्दर टी पॉट में चाय रखी है। भीतर बाई आ गयी होगी, उसे कहो कुर्सियाँ बाहर लॉन में रख दे और चाय भी बाहर ही ले आये।" उसने आस्था से कहा।

थोड़ी ही देर में लॉन में सब व्यवस्था हो गयी। "आकांक्षा, अब तुम लोग क्या करोगे?" शोभित ने केवल बात जारी रखने के मकसद से पूछा।

"सर, हमारी आपसे रिक्वेस्ट है कि आप किसी को कह देते ताकि हमारी हॉस्टल में भी एडमिशन हो जाता। वैसे भी आपने हमारे लिए पहले ही इतना कुछ किया है।" आकांक्षा ने मुस्कराते हुए कहा। शोभित की मनःस्थिति रात से ही अनियन्त्रित थी। जानता था, कि वह एक भारी दायित्व वाले पद का वहन कर रहा था, परन्तु वह सन्तुलन जो प्रायः होना चाहिए नहीं था; वह पूरी तरह से निरंकुश हो रहा था।

भूल ही गया कि उसका भी परिवार है—शायद होती होगी सौन्दर्य की गहन छाप से ऐसी मनोन्माद की स्थिति, या कि ऐसी मोहिनी आपको ग्रसित कर ले कि आप उस पाश से बाहर ही न निकल पाओ।

"आकांक्षा, तुम बात ही ऐसे करती हो जैसे एकदम किसी अनजान व्यक्ति से बात कर रही हो। आप लोगों से कुछ लगाव, कुछ अपनापन लगा होगा, तभी तो ठहराया अपने पास। तुम चिन्ता क्यों करती हो, जाकर आराम से नहा-धोकर डिपार्टमेन्ट में दस-साढ़े-दस आ जाना; तब तक मैं बात कर देखता हूँ।" शोभित चाहता था कि वह उसकी नज़रों में ही रहे।

"सर, हमें घर भी जाना है। हॉस्टल के लिये पैसे भी तो लाने हैं।" आस्था ने फिर उसी भोलेपन से कहा।

"पगली, जो तुम दोनों को यहाँ तक लाया, वह तुम्हें मँझधार में नहीं छोड़ेगा।"

अब तो आस्था को भी लगा कि वे किसी व्यूह में फँस रही हैं, वरना, इस स्वार्थी वातावरण में कौन किसी के लिए इस सीमा तक जा सकता है। फिर सोचा, मैं ही पागल हूँ, वे तो हमें बेटियों की तरह मानते हैं तो फिर हम ही क्यों ऐसे अनर्गल विचार मन में आने दें।

जब शोभित डिपार्टमेन्ट के लिये निकले, वे दोनों तैयार भी नहीं हुई थीं। करतीं भी क्या—वे तो यह सोच कर भी नहीं आयी थीं कि रात रुकना पड़ेगा। फिर भी नयेपन के अन्दाज़ में उन्होंने वे सूट, जो एक दिन पहले पहनकर आयी थीं, पहन लिए। वैसे गन्दे तो नहीं लग रहे थे, परन्तु फ्रेश भी नहीं। आस्था ने बिना स्लीव्ज़ के गहरे जामुनी रंग का, क्रीम रंग के पोलका का कुर्ता और क्रीम सलवार पहनी और आकांक्षा ने पौने बाजू का कढ़ाई वाला भगवा कुर्ता और हल्के नीले रंग की सलवार पहन ली। दुपट्टे क्रीम कलर के जिनपर रंग-बिरंगे हल्के पीले फूल और हरी पत्तियाँ थीं। कहने की बात नहीं, सौन्दर्य तो किसी भी रूप में प्रभावयुक्त, आकर्षक ही होता है, परिधान तो शरीर ढँकने का साधन मात्र ही होते हैं। पूनो का चाँद, लट या दूधिया स्नात हो तो गहरे उतरता ही है।

वे दोनों जब डिपार्टमेन्ट गयीं तो पी.ए. ने कहा—"बधाई—कॉन्ग्रेट्स—आपकी हॉस्टल नम्बर दो में बुकिंग हो गयी है। जाओ, सर से मिलो। वे दोनों भीतर गयीं। शोभित किसी फ़ाइल में उलझा हुआ था। नज़र ऊपर उठायी तो दोनों ने भीतर जाकर पाँव छुए। शोभित ने, इसके पहले कि वे कुछ कह पातीं, उन्हें ऊपर उठाया, बाँहों में लिया, चूमा।

"गॉड ब्लेस—बेटा... बोथ आर माय वन्डरफुल डाटर्ज़।" दोनों के लिए अप्रत्याशित था, एक नये प्रभात का उदय!!

5

फरवरी का अन्त। सर्दी धीरे-धीरे अपना प्रसार समेट रही थी। आदमी तो क्या, पशु, पक्षी भी अपने नीड़ों से निकल, मुक्त आकाश में स्वच्छन्दता से उड़ान भर रहे थे। पेड़-पौधों में भी जैसे नव-जीवन का संचरण हो रहा था। नयी कोपलें फूट रही थीं। आम, लीची, लोकाट, किन्नो, सन्तरा, नीबू इत्यादि में बौर आ रहे थे और फूलों की मनमोहक सुगन्ध सारे वातावरण में फैली हुई थी। मोतिया, चमेली, मोगरा, गन्धराज, जूही, रात की रानी में भी नयी कोपलें आ रही थीं। पूरे वातावरण पर एक मादकता-सी छाई हुई थी। किसी भी कोने में जलद का लेशमात्र भी नज़र नहीं आ रहा था।

हो सकता है यह मुहावरा सभी भाषाओं में प्रचलित हो। परन्तु फिर भी पंजाबी में आम कहा जाता है कि "घरवाला घर नई, सानूँ किसे दा डर नई" और यह कथन कामकाजी श्रेणी पर तो अक्षरशः लागू होता है। विशेषतया निम्न श्रेणी के कर्मियों पर, जो हमेशा इसी ताक में रहते हैं कि कब काम से छुटकारा मिले।

शोभित अभी जनवरी में ही तो अपने ऑर्चर्ड कुमारहटी में होकर गया था।

"अरे ओ सरजू, तनिक सुनियो तो रे... कहाँ घुसे हो...?" प्यारे लाल ने आवाज़ दी।

"का आफत आये गवा। इत्ता काहे चिल्लावत् रहे..." सरजू झोपड़ी से बाहर आया। देखा, प्यारे धूप में बैठा गाजर-मूली चबा रहा है। ऐसे लग रहा था जैसे बरसों बाद जेल से छूट कर आया हो। वैसे तो सभी को छुट्टी रहती जब साहब न हों, पर, साहेब या मैम साहबा का मेहमान, कोई साहेब की स्टूडेन्ट या मैडम के दफ़्तर का कोई भी कुलीग या कर्मचारी आ धमकता।

डॉ. शोभित की प्रिय छात्राएँ आस्था और आकांक्षा तो उनके रहते भी और उनकी अनुपस्थिति में भी प्रायः आ ही जाती थीं। चाँदीपुर से भी ऊबे, तो चल दिये आर्चर्ड में नयी ऊर्जा और स्फूर्ति के लिए। डॉ. शोभित को भी उनका सामीप्य खूब भाता था। मन भी खूब रमता था। वह अभी भी इस रिश्ते को कोई नाम नहीं दे पाया था। एक बार तो मानसी और मनीषा भी वहाँ आकर दो दिन टिकी थीं। कौन आया, कौन गया, किसका किससे क्या सम्बन्ध है, सिवा प्यारे के, कोई नहीं

जानता था। शोभित का प्यारे पर इतना विश्वास था कि वह उसी की बात को सच मानता था क्योंकि शायद सभी के बारे में साहेब को खोज-ख़बर देना, उसकी ड्यूटी में ही शामिल था। और हो भी क्यों ना—प्यारे, शोभित का सबसे पुराना नौकर था, शायद उसके पिता के समय से।

"यों ही सोचा, तनिक सुस्ता लेवैं। तबै तुमका बुलाया के थोड़ा बतिया लेवैं... का ख़बर कबै कौन आ धमकै... बखत थोड़ा न मिलता है..."

"तो बतावो तो सहे ना—का करना है..." सरजू ने पूछा। "करना का है... देखब भैय्ये... टेलीफून तो खराब पड़त रहा—ससुरा बोलेगा भी नाहीं... कम-त-कम... दो दिन लगागा इंका ठीक होण खातिर... तनिक मौज-मस्ती... भौजी... और तुमका भौजाई, रमिया दीनू, उसै लुगाई... सबै तो रहत रहैं... बहुत बखत बीत गवा—ऐसन कछु कीया नाँहीं।" "तुम ठीक ही कहत रहैत भैय्यन... अबै हाल दीनू को बुलावत हई...।"

और सरजू दीनू को लिवाने के लिए चल दिया। वह बाग के दूसरे कोने में, मील भर पर पौधों की जड़ों से मिट्टी निकाल रहा था।

दूर से ही सरजू ने टेर लगायी—"का करत रहौ भैय्ये—दिन भर कामैह में चिपटे राहौ, तनिक बात-आत बी करै लीयो।"

"काहे भैय्यन... काम न करबे तो, साब जानत नाही रहै, कैसन लताड़त रहै। कभै निकाल बाहिर फेके तबहुँ—तुमरा भौजी, बच्चा का, का खिलावैह... हम तुम-सा बात तो बना नाही सकत...।" दीनू अपने नाम के अनुरूप ही अपने व्यवहार, आचार में दीन-सा ही था। उसे अधिकतर तो अपने काम से ही मतलब था। वो अपनी घरवाली मुनिया को भी समझाता था कि इस सरजू की घरवाली से ज़्यादा बात न किया करे। परन्तु औरतों की जैसी आदत होती है कि तीनों—सरजू की चुनरी, प्यारे की रमिया और मुनिया—सुबह ही बाल-बच्चों को खाना खिला, बाहर चारपाई निकाल गाँव से लेकर, मेमसाब, साब, उनके बच्चे एक-एक के बारे में सौ-सौ बार चर्चा कर लेतीं। दीनू को तो हैरानी होती थी कि ये ससुरी गेहनी, मालूम नहीं, दिन भर क्या गप्प हाँकती हैं।

"अरे वा तो तू छोड़—अबै हाल चलो, प्यारे कछु प्रोगराम भेड़त रहै। या पछि देख लवै।"

और सुबह दस बजे प्यारे, दीनू और सरजू बाग के एक कोने में कूल की कल-कल ध्वनि की तरंगों के बीच, बोतल, नमकीन और प्याज लेकर बैठ गये।

"अरे प्यारे... या बोतल का जुगाड़, कहौं सो कियो..." सरजू ने पूरी बोतल, देखते ही कहा।

"रे भैय्ये... हम का का पता। साब के एक कूने का अलमारी का पीछे छुपा रखा था—जैसे भूल गवा हो।"

"ना भैय्यन ना—हम ता छूअत भी नाहें। राम, राम! ऐसन घोर अपराध अपन न तो कर सकत, न ही तुमका करन दे सकत। इत्ता आग लगा तो मार्कीट से आते।" दीनू सोच भी नहीं सकता था कि ये लोग इतना नीचे गिर जायेंगे कि इत्ते साल की नौकरी के बाद भी चोरी का सोच ही कैसे सकते हैं।

प्यारेलाल को इस लताड़ के बाद होश आया। "तुम ठीक ही कहत रहो भैय्ये... तुमने समय रहते ही चेता दिया—अबै हाल सबै बीस-बीस निकालो—हम इहाँ ते सोलन ज़ावत रहें अउ देसी लावत रहिन...। हे राम... हम तो मरण का काम करन लगै थे...। दीनू भैय्ये—तुमरा हम पर ज़िन्दगी भर का ऐहसान होई गवा।"

इतनर कहकर झट से उठा, बोतल जस-की-तस उसहई कोना में जा कर रखा। तीनों ही सोलन से जाकर गुलाब मार्का ठर्रा ले आये। दुकानदार से पक्का किया कि असली है—उन्हें भी कौन-सी शनाख़्त थी।

शाम के तीन तो बज ही गये थे। तीनों थोड़ा-थोड़ा खाते गये और गिलास में पानी मिला-मिला पीते गये। ऐसा ठर्रा तो एकदम घोड़े पर सवार कर देता है और इन्सान फर्राटे से दौड़ता है वे भी तो अब सातवें आसमान पर थे। सरजू झट से अपनी झोपड़ी से एक थाली और ढोलकी ले आया। प्यारे ढोलक पर थाप दे रहा था, दीनू थाली को चम्मच से बजा संगत दे रहा था। सरजू ने तान निकाली—

"रमिया... रमिया... छमकत छमिया...
रमिया का चोली फटत गवा... हमका मजा आयी गवा...
रातन माँ जैसा सुरज आयी गवा..."

जैसे ही ढोलक की थाप बन्द हुई, सरजू का घूँघट भी उठ गया...

"तुमका ज़रा बे सरम है क न है—हम सबै हैं, बचुआ, छोकरिया भी तो देखत रहिन... और अगर साब अचानक आ गवा, तब तुम देखवा... कैसन तुमका हाल करत रहैं..." सरजू की ही पत्नी, जो सबसे दबंग, गठीली, गदराई और एकदम गोरी थी, ने ही सबको फटकार लगायी। सरजू तो क्या, सभी नशे में धुत्त थे। सरजू भला कहाँ मानने वाला था...

"अरै ससुरी... चल हट्ट... काट का धर देइब... और खड्ड माँ फेंक देइब--चील कौव्वे कछु दिन आराम से खावत रहैं। ससुरी साब के रखैल—हम सबै जानत रहे... कैसन बहाने से उस सा..ले के कमरा माँ जावत रही—का का गुल खिलावत... हम नाहीं जानत का...। और निकाला बड़ा साब... काहे बात का साब, जूठन खावत रहा... हमरा जूठन... थू...। कोई दिन धर दइब... तबै तू कैसन बचिहै भाग... साली... अबै हाल... नजर नाहे आना..."

"हम बै सभै जानत रहै—अबै तुम सबैह... मोटर पर सवार होइत रहै... जबै पानी उतरगवा तबहि नाक रगड़त रही..."

"चल... साली... कु..." और वह चली गयी। "तुम ठीक ही कहत रहिन भैय्ये... साब हमरा लुगाई का बै (भी) ताड़त रहिन... वा तो हमने ही उसै लतियाया... तबै ज़ा सीधन करई...। हमका बै घोर तकलीप रहिन, परन नौकरी—पछि नखरा काहिन का...। और मैम साहब, कछुवै हो जावा, सबैह हँस कर टालत रहिन। मैम साब नै तनिक भनक पड़त गवा तमैहि देखत रहन भैय्ये... साहेब ने घर से निकालत रहिन...।" सरजू तो जैसे भरा हुआ था। एक दिन वह खाली बैठा सुस्ता रहा था तो शोभित ने उसे लताड़ की अच्छी डोज़ दी थी। कहा—"कुछ करते-धरते तो हो नहीं, जब भी देखो निठल्ले बैठे रहते हो। काम तो तुम्हें दीखता ही नहीं। इतनी क्यारियाँ सूख चुकी हैं। उनमें पौध तो तभी चलेगी जब वक्त पर गुड़ाई करो, खाद-पानी दो। उस दीनू को देखो दिन भर लगा रहता है। अब दोबारा खाली पड़ा हुआ, बीड़ी पीते देखा, तो देखना... जाओ अब काम पर लगो।" सरजू को याद था कि उसने कहा, "साहेब—हम तुमका कहा कबहुँ नाहीं मोड़त हैं। बा तो तबीयत बिगड़ गवा रहा जो तनिक सुस्ता रहिन...। हम तो खुदै ही खाली नाहीं बैठ सकत..."

"अच्छा-अच्छा, ज्यादा बात न बनाओ। तबीयत बिगड़ी है तो सरकारी अस्पताल सोलन या कण्डाघाट में दिखा कर आओ। काम तो कुछ करता नहीं, तबीयत ही बिगड़ी रहती है।"

अब मालिक ऐसा होवे है, आप तो दिनभर धूप या घनी छाया में कुर्सी और वह भी आराम कुर्सी निकलवा कर बैठता है चार लाइनें पढ़ता नहीं और सो जाता है। पूछो तो आप क्या करता है। पैसे देगा तो हमारी लुगाइयों को, कभी धेला भी किसी बच्चे के हाथ पर धरा।

और यह दीनू दिन भर साहब के सामने हाथ जोड़ कर खड़ा रहता है। काम कम, जी हजूरी जादा! अब मैं तो ऐसा कर नहीं सकता कि लुगाई को दिन भर उसके कमरे में भेज दूँ। वह सोचता रहा, परन्तु सिर्फ़ नेगेटिव... "देख सरजू—तू बेमतलब बोलत जात है। ऐसन साब का तुहार कहै दीवो जो साब का वास्ता बकत जात है—मालिक है—कह सकत हैं। सबै तरै का आराम दे रखा है—रहिन का घर—। सब्जी, फल सभै इहाँ बाग-सा ही लेवत रहें और पगार बे भी—कोय कमती न है—पूरे तीन सौ रुपया। कौन देवत रहैं इत्ता। ज़रा बाकी मालियों से पता कर लेव... तभै पता चलै। ठीक है, कबै हाल गुस्सा आ जावै, उसन में बी—हमार ही कोइसन गल्ती होत रहै।" प्यारे ने सरजू को समझाने के लहजे से कहा। बेशक उसे भी तो साब से ढेरों शिकायतें है पर वह सिवा अपनी घरवाली के किसी से भी बात नहीं करता था। सरजू तो क्या दीनू से भी नहीं। कभी पानी का ग्लास बिना कोस्टर के रख दिया तो, ज़रा टेबल पर कोई निशान दिखा तो, चद्दर के बिछाने में कोई सल पड़ा तो, शूज़, चप्पल, कपड़े अपने स्थान पर न हुए तो, बस फिर तो प्यारे की ख़ैर नहीं। और खाने में सब्ज़ी-दाल, मीठा किसी में भी उसके स्वाद के अनुसार न

हुआ तो बस आफ़त। "उल्लू कहीं के, इतने साल हो गये, अभी तक भी ठीक से बना नहीं सकते। जाओ जाकर बाई को भेज दो।"

कुछ तो विरोधात्मकता थी ही, शोभित के व्यक्तित्व में। कोई भी महिला हो और वह ज़रा सामान्य से अधिक सुन्दर हो, तो उसका लहजा, उसकी मुद्रा, उसका आचरण एकदम नवनीत सा-कोमल। यह बात तो प्यारे ने भी रेखांकित की थी कि साहब औरतों के लिए ज़रूरत से ज़्यादा कोमल रहते हैं और मर्दों से डाँट के सिवा और उन्हें कुछ सूझता ही नहीं।

"प्यारे तुमने कसम ही खा ली है क्या कि तुमने मेरे हिसाब से काम करना ही नहीं। अब यह बाथ इसे सूखा कौन करेगा? नॉनसेन्स... समझते ही नहीं"

"अभी लो साब... बस, एक मिनट...", प्यारे ने कहा।

और उधर गैस पर रखी चाय उबल कर नीचे गिर गयी और गैस बन्द हो गयी। पूरे घर में गैस की बू फैल गयी।

"जाओ जाकर देखो... गैस खुली छोड़ आये हो क्या?"

गनीमत यह कि शोभित किचन में नहीं गया—वरना एक आध हाथ प्यारे के जड़ देता। परन्तु भगवान का शुक्र है कि कभी ऐसा हुआ नहीं।

प्यारे पोछा बाथ में छोड़ कर भागा। अपनी ग़लती का एहसास हुआ। झट से गैस बन्द कर ओवन के टॉप को साफ़ किया। फिर जाकर बाथ साफ़ किया, एकदम सूखा। सन्तोष इस बात का रहा कि इसी बीच अख़बार आ गया और फिर तो घण्टा भर दीन-दुनिया की ख़बर परन्तु परिवेश से मुक्त... आग लगे या भूचाल आ जाये, शोभित को कोई सरोकार नहीं—बस एकदम, निस्पृह... निराकांक्षी... इच्छाहीन..। मनःस्थिति केवल समाचार-पत्र में संलिप्त रहने तक ही सीमित थी।

प्यारे सोचता, क्या ज़िन्दगी है? पूरी लग्न से काम करते है साब के लिए, पूरी तरह से वफादार भी रहते हैं, हर बात का ध्यान भी रखते हैं तो भी कभी गलती हो जाये तो जैसे पहाड़ ही टूट पड़ा हो। खुद दुनिया भर की ग़लतियाँ करते हैं—कभी बैंक, कभी पैसे, कभी बीज, घर के ख़र्चे—कोई हिसाब नहीं। मैम साहबा न आती तो हम तो कभी का छोड़-छाड़ कर चल दिये होते। वो तो मेडम ही हैं जो कह देती हैं... "मि. लाल तुम ज़्यादा परवाह न किया करो। इनकी तो आदत ही ऐसी है। पहले तो डाँट लेंगे फिर कुछ ही मिनटों के बाद भूल भी जायेंगे। इनका गुस्सा तो आश्विन की बरसात की तरह क्षणिक ही होता है और थोड़ी ही देर बाद एकदम सूखा।"

मैम साहब बोलती हैं तो कैसे सान्त्वना मिल जाती है। कहना भी होगा कुछ तो हमारी घरवालियों से ही कहेंगी। और हर बार कुछ न कुछ इनाम देकर ही जाती हैं। साब तो बस, एकदम, खूसट है। खुश रहते हैं तो केवल औरतों के बीच। पता नहीं कैसी सोच है इसकी... कुछ बोल भी तो नहीं सकते...। और कभी कुछ कह

दो तो बात भी इन तक पहुँच जाती है। लगता है कि यह काम दीनू का ही होगा। तभी तो मैंने साहब के बारे में कुछ भी कहना छोड़ ही दिया है।

"अरे दीनू... तू तो अपने मजे लै, तुझै का... सबै बात जाकर साब के चूतड़ों में घुस कर बता दैयो...। साले... समझ लै... साब का पता चला ना... तबै हमीं तुमका समझेंगे..."

सरजू ने दीनू का हाथ पकड़ा, उसके ऊपर चुनरी ओढ़ाई और वो ही धुन...

"रमिया का घाघर उलझ गवा
तो हमका... मजा आयी गवा–
फिसलन पा जैसेन फिसल गवा..." तो हमका मजा...

और इसी धुन की मौज-मस्ती में शाम के छः बज गये। तीनों की लुगाइयों ने आम का आचार रोटी खिलायी... तब थोड़ा होश में आये।

अचानक गेट पर घर्र-घर्र की आवाज़, गोधूली वेला जिसमें छाये कुहासे में कुछ भी ठीक से दिखाई नहीं पड़ता। उस पर तुर्रा यह कि जब मदिरा का नशा भी धीमा तारी हो, पूरी तरह से उतरा न हो तो सब कुछ एकदम गौण, एकदम बेमतलब-सा लगने लगता है। इन्सान उस वक्त भी बादशाहत की ही हवा में होता है।

"अरर... रे दीनू देखिए भैय्यन, इह बखत कौन मरत रहा।... साला... पता नहीं कौनो बिन बताये भीतर घुसत जात..." सरजू अभी भी चारपाई पर पड़ा चटखारे ले रहा था।

दीनू भागकर गया। देखा साहब कार से उतर कर गेट खोलने ही वाले थे, कि उसने झट से जाकर मेन गेट खोला।

"प्रणाम... मालिक..." और देखा मैम साब भी गाड़ी में बैठी है। "पाये लागूँ मालकिन...!"

"अरे सरजू, प्यारे... भैय्यन... इहाँ देखत ज़रा, सा'हेब, मैम साहबा आवत रहा...।" उसने ज़ोर से आवाज़ दी। खुद गेट बन्द कर, कार के पीछे भागा, परन्तु गाड़ी तो कोठी के पोर्च में पहुँच चुकी थी।

शोभित ने हॉर्न दिया।

"आवत रहिन... तनिक रुकिए तो..." सरजू कोठी के पीछे से बोला। गनीमत है कि किसी अभद्र शब्द का प्रयोग नहीं कर दिया। लगा जैसे प्यारे और सरजू ने दीनू की आवाज़ सुनी ही नहीं।

प्यारे की पत्नी किचन में लाइट जलाने आयी थी। झट से बाहर गयी...

"प्रणाम, मालकिन..." और उसने सौम्या के पाँव छुए।

"ईश्वर कल्याण करे... सुखी रहो... सब ठीक हो ना...?" सौम्या ने दिल से आशीर्वाद दिया।

"मालकिन किस बात की, तुम यह मत कहा करो। मालिक तो सबका भगवान ही है।" सौम्या ने शालीनता से कहा।

इतने में सभी आ गये। एकदम नीरव निस्तब्धता में जैसे चिड़ियों का चम्बा उतर आया हो। प्यारे ने भीतर के दरवाज़े खोले, लाइटें जलायीं... और सोफे पर से चद्दरें हटायीं, सेंटर टेबल और साइड टेबल पर कपड़ा मारा। वैसे तो वह सुबह ही एक-एक चीज़ की डस्टिंग कर चुका था फिर भी शालीनता के तकाज़े से उसने औपचारिकता निभायी। सरजू और दीनू ने डिग्गी में से सामान लाकर बेडरूम में रख दिया। दोनों ने सौम्या और शोभित के पाँव छुए और झट से बाहर निकल गये।

सौम्या को दोनों के पास से एक अजीब-सी दुर्गन्ध आ रही थी। करीबन वैसी ही जैसी कभी शोभित के पास से आती थी, उस वक्त जब वह लिकर पिये हुए होता। उसे बहुत ही घिन आती, उबकाई जैसी फीलिंग होती। तब उसे लगता कि नारी होना कितना जघन्य अपराध है। आखिर दोनों में यह समझौता हुआ कि शोभित सौम्या के सामने, उसके सान्निध्य में नहीं पियेगा। आखिर, सौम्या भी कोई गाय-भैंस तो थी नहीं कि जैसे भी हाँक लो। केन्द्रीय सरकार में अब उच्च पद पर आसीन थी। किसी की जुर्रत नहीं होती थी कि कोई उससे इस विषय पर बात भी कर ले, पेश करना तो दूर की बात।

फिर भी सौम्या ने सोचा, इनके सामने बात करूँगी तो बिना बात में बखेड़ा खड़ा हो जायेगा और तीन दिन गुजरेंगे—तनाव, डाँट-डपट, माफ़ी और न जाने क्या-क्या? मैं ही कल अलग से पता करूँगी...

इतने में प्यारे की पत्नी चाय की ट्रे ले आयी। प्यारे को मैडम का पता था इसलिए किचन में जाकर दो इलायची मुँह में डालकर आया। उसने केटल से चाय उँड़ेल कर, एक कप में एक स्पून चीनी डालकर एक साहब को और एक मैम साहबा को दी। फिर बिस्किट की प्लेट पेश की।

"अरे... प्यारे... बड़ी इलायची की सुगन्ध आ रही है... क्या बात है?"

"सर जी, चाय में इलायची जो ठहरी...।"

"और तुम्हारे मुँह से भी तो..."

"साहेब, आपके आसीर्वाद से, एक हम भी मुँह माँ डाली लियो... कहो तो थूक देवत हैं..."

"नहीं, नहीं... चाय तो वास्तव में ही तुमने जोरदार बनाई है। ऐसन ही बनावत रहा...।" शोभित ने उसी के लहजे में बोलने की कोशिश की। सौम्या को उसका मसखरापन हमेशा ही भाता था। इससे कम-से-कम तनाव तो कम होता ही है—सौम्या सोचती थी।

सौम्या की तो आदत ही थी। वह प्रायः साढ़े पाँच-छः बजे उठ ही जाया करती थी, कॉलेज के दिनों से ही। अब उसे समझ आ रहा था कि माता-पिता जैसी आदतें डाल देते हैं, वही जीवनपर्यन्त साथ चलती हैं। यदि बच्चों को ग़लत आदतें पड़ जायें तो उसमें दोष माता-पिता का ही होता है। उसे तो उसके पिता जी सुबह पाँच बजे उठा ही देते थे। तभी तो वह सुबह उठकर ही सारे बाग का चक्कर काट आयी... और आकर लिहाफ में शोभित के उठने के इन्तज़ार में थी।

शोभित ने आठ बजे उठ कर बेल बजायी... प्यारे दो बार चाय के लिए चक्कर काट चुका था।

"मैम साहबा कहाँ हैं?" शोभित ने जैसे-तैसे आँखें झपकाते हुए कहा।

"मैम तो बाहर लॉन में हैं। सुबह से तीन बार पुछवा लिए हैं।"

"ठीक है, तुम चाय बाहर ही रख दो।"

और वह स्लीपर और काश्मीरी गाउन पहन बाहर जाकर सौम्या की कुर्सी के सामने वाली कुर्सी पर बैठ गया।

"गुड मॉर्निंग... हुजूर...! एक नज़र भर देख लो तो... तो सुबह खिल उठे।"

"अब याद आ गयी सुबह की। कोई पास लेटा जागता रहे आपकी बला से। एक तो वैसे ही देहली से आओ दफ़्तर की टेंशन दूर करने और यहाँ आकर जनाब के खर्राटे सुनो। एक बार भी नहीं देखा कि कोई जाग रहा है या कैसे?" सौम्या सुबह से उकता कर, विक्षोभ से भरी हुई थी। "मैम... सुबह-सुबह क्यों मूड खराब कर रही हो...। जो कहो आपकी सेवा में हाज़िर कर दें।" शोभित मनुहार से माहौल को शान्त करना चाहता था।

"ये आपकी चिकनी-चुपड़ी बातें आज तक सुनती रही हूँ... क्या हेल्प की है आपने आज तक... घर या बाहर... जो भी करूँ... बच्चों, परिवार, ऑफ़िस, नौकर, सभी के लिए। आप हैं कि दीन-दुनिया की सुध ही नहीं...। अपनी अभिसारिकाओं से फुर्सत ही नहीं..." सौम्या तो जैसे भरी बैठी थी परन्तु फिर भी शोभित को वह हर भंगिमा में भाती ही थी...।

"मैं भी सोचूँ अपने स्टैण्डर्ड डायलॉग पर आयी क्यों नहीं... ओ.के.–अब आगे से मैं ही देहली आऊँगा... बस तय हो गया...।"

"ठीक है... देखेंगे जब निभाओगे..."

"ओ.के. ... अब तो ज़रा... जुबाँ का काम नज़र से लो।"

हर बार ऐसे ही प्रॉमिस होते और हर बार शोभित प्रेम-प्रलाप, मनुहार से मना लेता...। जन्मजात आशिक जो था।

दोपहर होने वाली थी। बात करते-करते और अख़बार के पन्ने पलटते-पलटते समय का पता ही नहीं चला। सौम्या बाहर लॉन में आराम कुर्सी पर बैठी थी। हलकी-हलकी सहलाती धूप, पीठ पर जैसे इन्फ्रा रेड लैम्प से सिकाई कर रही थी।

प्यारे की पत्नी सलाद की प्लेट लेकर आयी थी। उसने टेबल पर प्लेट रख दी। सौम्या ने देखा, लेट्यूस के पत्ते, उनके ऊपर करीने-से सजायी, बारीक-बारीक कटी मूली, गाजर, चुकन्दर, एक-दो पीस फूल गोभी, छोटे-छोटे टुकड़े साल्ट-पैपर पनीर के और सबके ऊपर गोल-गोल कटे टमाटर...। सौम्या ने एक अलग प्लेट में रखे साल्ट-पैपर से टमाटर का स्पर्श करवाया और मुँह में डाला। अच्छा लगा।

"अरे बाई, सलाद तो तुमने बहुत सुन्दर सजाया है। चलो बैठो पास...। अच्छा बताओ कि सभी लोग कैसा काम कर रहे हैं, सब मजे में तो हैं।" सौम्या धीमे-धीमे विषय की ओर बढ़ रही थी।

"मैडम जी, आप का आसीर्वाद बना रहत है तबै तो हम लोगन ठीक-स रह सकत...।"

"सो तो ठीक है, पर यह तो बताओ, कल सब ने दारू पी रखी थी क्या...?"

"मैम साब, झूठ तो बोल नाहें सकत... सबन ने पी तो थी, सरजू की लुगाई, खूब डाँटत रही, पर इँह पर तो भूत सवार होत रहत..."

"तुमने मना क्यों नहीं किया?"

"हम लुगाईन का ये मर्द लोगन, कहाँ सुनत रहिन, उल्टा हमीं पर बरस जात... मैम साहब अबके बार सभन का माफी देव...।"

"ठीक है, अभी तुम जाओ।" सौम्या को उसकी सच्चाई और उसका साफ़ दिल बहुत अच्छा लगा। कितने निष्कपट, निर्मल मन, बिना हेर-फेर के अपनी बात को भूल समझ कर स्वीकार कर लेना अपने आपमें कितनी बड़ी बात है।

"डार्लिंग, आप चलेंगी, थोड़ा सोलन घूम आते हैं। घण्टे भर में तैयार हो जायें तो चलें।"

"मैं तो यहाँ आराम करने आयी हूँ! घर भी देखती हूँ, कितना गन्दा रखा हुआ है इन लोगों ने। आप हो आयें... हाँ आते हुए फ्रूट ज़रूर लेते आना।"

"जैसा आप चाहें, चलतीं तो अच्छा रहता।" बेशक, शोभित नहीं चाहता था कि सौम्या उसके साथ चले।

साढ़े बारह बज चुके थे। साये भी सिकुड़ रहे थे। दूर-दूर तक कोई आवाज़ नहीं केवल परिन्दों का कलरव या फिर चीड़ और देवदार की नुकीली पत्तियों से गुज़रती हवा की सर्र... सर्र...। सौम्या अपने बेडरूम में लेटी थी। बाहर खिड़की से दूर फैली हरी और ठूँठ, नग्न पहाड़ियाँ देख रही थी। हाथ का नॉवेल 'द अदर साइड ऑफ़ हेज' उसने एक तरफ़ रखा। फितरत ही है इन्सान की, शायद आदमी की अधिक और स्त्री की कम। परन्तु सीमा का उल्लंघन कर, देखना कि दूसरी ओर कौन है, क्या है, कैसा है। उसके प्राकृतिक, शारीरिक से लेकर सम्पत्ति के भव्य प्रदर्शन, सभी में रुचि होती है, जानने की, पाने की उत्सुकता होती है। मर्द सम्पत्ति से अधिक महिला के प्रति जिज्ञासु रहता है। शायद स्त्री है ही ऐसी!

“अच्छा, तो वे लोग कब आये थे?” सौम्या ने खानसामा की पत्नी रमिया से पूछा, जो बेड के साइड पर बिछे हरे-नीले बार्डर वाले रग पर बैठी थी।

“यूँ तो हमका याद नाहें। हमरे विचार में पिछला माह का बीच मा हीं आवत रहिन। हमका इत्ता ही याद रहै ऊह बखत जोर का हाथ-पैर काँपत रहिन, अउर रात का जोर का बर्फ़ गिरत रहिन– ।”

“और तुमने उन्हें खाना खिलाया...”

“नाहें, मैम साहबा, हम तो बस बनावत रहिन, पीछू प्यारे ही उनका ध्यान करत रहि।” सौम्या कुछ परिणाम पर तो पहुँच नहीं पायी। परन्तु इतना तो उसे सम्पुष्ट हो गया कि शोभित के इस आशिकाना मिज़ाज में उत्तरोतर बढ़ोतरी ही हुई है। वो करे भी तो क्या–आखिर उसके पास उपचार भी तो नहीं। फिर भी उसने निश्चय तो कर ही लिया कि जो भी हो वह शोभित से इस सारे कथानक का सत्य तो जानकर ही रहेगी।

जब शोभित लौटा तो करीबन डेढ़ तो बज ही चुका था। उसने सरजू को गाड़ी में से सामान लाने को कहा। सौम्या तो अभी भी बाहर पहाड़ों से घिरी और मेघों के छितराये साये में बैठी अनर्गल में ही उलझी हुई थी। वैसे भी शून्य में झाँकना और उसमें से उमड़ते बिम्ब बुनना उसकी फितरत ही थी। भीड़ उसे कभी भी भाती नहीं थी और तभी तो शोभित कभी कह भी देता–तुम तो डार्लिंग–अद्वितीय ही हो–एकदम अनुपमा, अनिर्वचनीय, असमकक्ष, असदृश्य...। कौन हो सकता है तुम-सा, जो भीड़ में भी अकेला महसूस कर सके और अकेलेपन में भी भीड़। निःसन्देह यह कल्पनातीत है।

सौम्या प्रत्युत्तर में कहती–जानती हूँ, अब तो खूब जान गयी हूँ–जब टेस्टोस्टेरोन ज़ोर मारते हैं तो सभी प्रकार के विशेषण झरने लगते हैं। केवल मेरे लिए ही नहीं बल्कि उन सभी महिलाओं के लिए भी जो करीबी हों परन्तु आकर्षक और सुन्दर हों। मैं मानती हूँ कि मैं आपका यह यौन के प्रति स्वेच्छाचारी, स्वच्छन्द पक्ष, जिसे निम्न स्तर पर लम्पटता भी कहते हैं; नहीं सुधार पायी। जानती हूँ यह शब्द आपके लिए नहीं है, परन्तु मुझे एकदम से कोई दूसरा पर्याय सूझा ही नहीं।

इसी बीच सरजू भीतर से आया–

“साहेब... वह फूलन का पौध जो आप लाये रहे... तनिक बता देत क कौन-सा क्यारिन मा रोपत रहिन...”

“ठीक है तुम चलो, मैं आता हूँ।”

शोभित ने झट से चप्पल पहनी और चल दिया।

“तीनों आउट हाउस के बाहर पहुँचे जहाँ बच्चे खेल रहे थे। सभी ने स्पर्धात्मक ढंग से ‘प्रणाम, साहेब’ उच्चारण किया जैसे उन्हें इसके लिए सुचारू ढंग से दीक्षा दी हो। तीनों की पत्नियाँ–सरजू, दीनू, प्यारे–जानती थीं कि साहेब उन पर कित्ते

मेहरबान है। इसलिए सभी ने पूरी बत्तीसी निकालते हुए झुक कर 'प्रणाम' किया। वे जानती थीं कि यदि नहीं हँसेंगी तो साहेब झट से टोक देंगे—"क्यों क्या हुआ—सब ठीक तो है। घर में झगड़ा तो नहीं करतीं। अरे हँसते हुए मिला करो—वही अच्छा लगता है।" आपस में खुसर-फुसर करतीं, खूसट कहीं का—जैसे कोई औरत देखी न हो। एक न एक को अकेली बुलायेगा, सारा ध्यान जैसे शरीर पर ही हो... और कहेगा—ठीक से कपड़े पहना करो... अरे ज़रा कस कर साड़ी बाँधा करो...। पता नहीं अभी से ही जैसे सत्तर की दीखती हो। परन्तु कभी किसी ने अपने पति को कुछ नहीं बताया। उन्हें अच्छा जो लगता था।

6

शिमला का मौसम और मूड कब बदल जाये, किसे पता। अभी सुबह ही, तीन दिन बाद निकली, उजली धूप ने विचारों, सम्बन्धों और नज़दीकियों में कुछ स्निग्धता बढ़ा दी थी। बादलों की गर्जन, दम्पति की परस्पर तर्जन, मन्द-मन्द फुहार, देवदार में बहता मधुर मल्हार और फिर टूट कर बहता आसमानी जल प्रवाह, कितना मनभावन लगता है पहले दिन। जी करता है गर्म-गर्म चाय के साथ पकौड़े और पूड़े खायें और मौसम का मज़ा लें। पहला दिन रोमांचपूर्ण, जैसे पहली बार प्रेयसी आलिंगन में समायी हो। दूसरे दिन उसी मादकता में सराबोर परन्तु उसके बाद अकुलाहट की कब धूप निकले, तो जा बैठें उन बर्फ़ीली चोटियों के सायों, बर्फीले पहाड़ों को निहारते... कॉफ़ी का सिप लेते... शोभित जाने कौन से ख़यालों में उड़ गया।

सौमी डियर—सच में कैसे बीत जाते हैं साल-दर-साल, लगता है जैसे कल की ही बात हो। कितनी पथरीली घाटियों से जीवन-सरिता गुज़रती है—जब सोचता हूँ तो जैसे पैरों के नीचे से जमीं ही सरकने लगती है। याद है न जब तुम्हारी डिलीवरी होने वाली थी और शिखा को प्रभात की पहली किरण देखनी थी। पूरे चौबीस घण्टे बीत गये। और चण्डीगढ़ के सेन्ट जोसफ नर्सिंग होम में, मैं और आपके मम्मी-पापा लगातार पाठ किये जा रहे थे। अन्त में आपकी मम्मी सविता जी तथा पापा रघुनाथ जी ने मुझे एक ओर ले जाकर सुझाया कि, "बेटा, अगर डॉक्टर सिज़ेरीयन कह रही है तो करवा लो। भगवान सब भली करेंगे।"

"ऑपरेशन तो हो गया—पर डीलेड लेबर के कारण ब्लीडिंग बन्द नहीं हो रही थी। तीन बोतल ब्लड चढ़ चुका था और कम-से-कम तीन और चाहिए थीं। रात के दो बजे ब्लड बैंक भी खुलवाया परन्तु वहाँ भी आपके ग्रुप का ब्लड आउट ऑफ स्टॉक।"

"तब किसने ब्लड दिया—मुझे आज तक पता नहीं चला। क्योंकि आप इतने घबराये हुए थे कि कई दिनों तक तो नॉर्मल भी नहीं हो पाये... आखिर कैसे किया?" सौम्या आज तक अनजान थी।

"हॉस्पिटल में सबका टेस्ट किया। आखिर मेरा ही ब्लड ग्रुप आप से मैच किया। जान में जान आयी...। अब डॉक्टरों को जितना ब्लड चाहिए था लिया।

एक सप्ताह तो जान सूली पर टँगी रही। भगवान ने सुन ली... यही सांत्वना थी। अन्यथा... छोड़ो..."

"अच्छा तो आप थे। तभी तो कहती हूँ... तू मुझमें है, मैं तुझमें हूँ..."

सौम्या के दो छोटे भाई एम.बी.बी.एस. कर यू.एस. चले गये थे जहाँ उन्होंने एम.डी. कर अपनी प्रैक्टिस शुरु कर दी थी। सौम्या के डैड एन.पी.एल. में सीनियर साइंटिफ़िक ऑफ़ीसर थे और भारत सरकार की ओर से नासा में डेप्यूटेशन पर भेजे गये थे। मॉम अमृतसर के कन्या महाविद्यालय में अर्थशास्त्र की प्राध्यापिका थीं और वह भी वहाँ से त्यागपत्र देकर न्यूजर्सी चली गयी थीं।

शिखा जब तीन माह की हो गयी तो सौम्या ने कहा—"मॉम, आप ने इतनी लम्बी छुट्टी ली—अब आप चाहें तो यू. एस. लौट जायें।"

"अरे...! पागल हो गयी हो। तुम्हारी जॉब और हेल्थ मेरी नौकरी से हज़ार गुना ज़्यादा अनिवार्य है। मैं शिखा को बड़ी कर ही लौटूँगी।" माँ अपने अभिन्न अंग को भला कैसे मँझधार में छोड़ जातीं। "तुम्हारे पापा तो चले गये—उनका ही जाना जरूरी था।" और शिखा की नानी दो साल बाद लौटी। जब शिखा क्रेच में जाने लायक हो गयी। उसके दो साल बाद महक ने जीवन में नयी उमंग भर दी। माँ फिर आयीं परन्तु अधिक रुकी नहीं।

भविष्य भी कितना क्रूर हो सकता है कौन जानता है। दस साल और बीत गये। सौम्या के मम्मी-पापा के प्यार का उफान अब अनियन्त्रित रूप ग्रहण कर चुका था। उन्होंने देहली के लिए फ्लाइट पकड़ी... परन्तु रास्ते में ही प्लेन में विस्फोट हुआ... और एक सौम्य, शालीन, वात्सल्यपूर्ण दम्पति आतंकवाद की बलि चढ़ गये...।

पर ज़िन्दगी रुकी नहीं...। घाव जब याद करो तो हरे... अन्यथा... समय की क्रूरता में दबे-दबे।

आज शोभित और सौम्या बहुत खुश थे। शिखा और समीर अपने बेटे के साथ, पापा के डॉरेक्टर बनने के बाद पहली बार इस बँगले में आ रहे थे। मम्मी की रिटायरमेन्ट में भी अब सात-आठ महीने ही बचे थे। महक, जो न्यूयार्क में आई. टी. कम्पनी में अधिकारी थी, फ्लाइट से देहली पहुँच चुकी थी। उसने यू. एस. में ही वहाँ के एक फ्रेंच कुलीग से शादी कर ली थी। उसका हब्बी मि. गुसांतव जेम्स किन्हीं अपरिहार्य कारणों से नहीं आ सका था। सौम्या और शोभित तो देहली में ही रिसीव करते, परन्तु बेटियों ने ही उन्हें मना कर दिया। सौम्या तो दो दिन पहले ही, चण्डीगढ़ में एक मीटिंग की अध्यक्षता के पश्चात शनिवार सुबह ही शिमला गयी थी। जबकि बेटियों को आज, सोमवार को पहुँचना था। लगता था कि शिखा, महक को देहली से साथ लेकर ही आयेगी।

शनिवार, शाम चार बजे, शोभित और सौम्या पीछे के लाउंज में विश्राम मुद्रा में चाय पी रहे थे। अचानक डोर बेल बजी, एक बार, फिर दो-तीन मिनट बाद दूसरी

बार दो टिंग-टिंग। सौम्या उठकर जाने वाली ही थी कि शोभित ने कहा—आप बैठें, मैं ही देखता हूँ।

इतने में ही जानकी राम आया—"साहेब—दो मैडम आयी हैं।"

"कौन-सी मैडम?" शोभित ने कुतूहल से पूछा। "सर, वही, जो पहले भी कई बार आयी हैं।"

"उन्हें ड्राइंग रूम में बैठाओ—हम आते हैं।" शोभित समझ चुका था कि कौन हैं।

"नहीं, उन्हें यहीं बुला लो और कुर्सियाँ रख दो।" सौम्या ने, बिना किसी विकल्प के, खानसामा को आदेश दिया।

सौम्या ने देखा चली आ रहीं थीं दो युवतियाँ, सुगढ़, सरू-सी लम्बी, सन्ध्या की धूप में अप्रत्याशित स्वर्णिम आभा, उभरे वक्ष, ओक से पुष्ट नितम्ब, सधी-सीधी चाल, थोड़ा अस्त-व्यस्त से गहन काले केश जो पीछे के कटि प्रदेश से नीचे उभरते पहाड़ों पर लहरा रहे थे। पास आयीं और पल भर ठिठकीं। देखती ही रह गयीं।

रजत-पट पर उभरती अभिसारिकाएँ—उन्होंने चलचित्रों में, सिनेमाघरों में सैंकड़ों बार देखी होंगी, पर एक हाड़-माँस की जीवन्त अभिनेत्री उन्होंने कभी नहीं देखी थी। बालों में हलकी-सी चाँदनी, परन्तु गालों, ललाट, आँखों में एक अप्रतिम आकर्षण। कपोलों के उभारों पर बिखरती लालिमा और होंठों का युगल गुलाबीपन—कौन हो सकती है यह महिला—वे सोच ही नहीं पायीं।

"नमस्कार!" दोनों ने हाथ जोड़, नतमस्तक हो धीमी-सी मधुरिम मुस्कान से करीबन एकरसता में अभिवादन किया।

सौम्या ने बैठे-बैठे ही हल्का-सा सर हिला दिया। देखा कि दोनों ही जैसे बहनें हों। पंजाब की लगती तो थीं परन्तु कुछ तो था जो उन्हें वर्तमान पंजाब की युवतियों से अलग करता था। हो न हो, ये विस्थापित परिवारों की ही होंगी। पाकिस्तान के किसी प्रान्त सियालकोट, रावलपिण्डी या सरगोधा प्रदेश की लगती हैं। वैसे भी शोभित, उसे लगा, मेधा, कुशाग्रता का आकलन कम और सौन्दर्य की परख अधिक करते हैं। तभी तो सौन्दर्यशास्त्र पर ही उनकी रिसर्च होती है। पल भर में ही हज़ारों विकल्प उसके मन में बिखर गये।

खानसामा कुर्सियाँ रख चुका था। शोभित भीतर फ़ोन-कॉल सुनने गया था।

"अरे... तुम खड़ी क्यों हो? बैठो।" उसने सहजता से कहा।

दोनों यन्त्रवत कुर्सियाँ को खिसका कर बैठ गयीं। इस अन्दाज़ में ताकि सौम्या से मुखातिब हो सकें।

"इतनी शाम कहाँ से आयी हो? और आप दोनों का परिचय...।"

"मैम मैं हूँ आकांक्षा और यह है आस्था। हम दोनों सर के पास पीएच.डी..कर रही हैं।"

"पर हो कहाँ से...?"

"मैम मैं हूँ हाँसी से और यह है हिसार से...।" आस्था ने विनम्रता से कहा।

"पर हरियाणा की लगती नहीं हो..." वही प्रश्न जो प्रायः सभी पूछते हैं।

"मैं और यह अब तो हरियाणा की ही हैं। पाकिस्तान के सरगोधा से, विभाजन के बाद आकर, यहाँ बस गये।" आकांक्षा जैसे कलियाँ बिखेर रही थी।

"मैंने ठीक ही सोचा था। तुम दोनों वास्तव में ही बहुत सुन्दर हो।"

"मैम क्यों शर्मिन्दा कर रही हैं। आपको देखकर तो हम आप पर मोहित ही हो गयी हैं।" आस्था ने उसी भोलेपन से कहा।

इतने में शोभित बाहर आकर कुर्सी पर बैठते-बैठते बोला—"तुम दोनों अपनी मैम से मिलीं। ये ही हैं हमारी जानेमन 'सौम्या'; हमारी सब कुछ। और सौम्या ये हैं मेरी मानस-पुत्रियाँ—यह है आकाक्षा और यह आस्था।"

"हाँ, मैं मिल चुकी हूँ। कोई अभूतपूर्व सुन्दरी ही आपकी बेटी हो सकती है।" सौम्या ने शोभित की ओर जैसे व्यंग्यात्मक अन्दाज़ में देख कर कहा।

"हाँ भई—इंटेलिजेन्ट भी तो हैं, तभी तो पीएच.डी. कर रही हैं।" शोभित ने वातावरण को बोझिल होते-होते बचाया।

जानकी राम पकौड़े, केक और कुकीज़ ले आया। चाय पीते-पीते, शोभित ने पूछा—

"हाँ, तो कैसे आयीं?"

"सर, एक तो तीन चैप्टर लिख लिए थे और दूसरे जो बुक्स आपने लिखवायीं थीं वे यूनिवर्सिटी लाइब्रेरी में तो मिली नहीं।"

"तो टेलीफ़ोन पर बता देतीं। कितना समय खराब करती हो।"

"सर, एक तो टेलीफ़ोन मिलता ही नहीं, दूसरे वह पी.ए. मिलाता भी नहीं।" आकांक्षा ने जैसे उपालम्भ की दृष्टि से मैम की ओर देखा।

शोभित जानता था कि पी.ए. को उसी के निर्देश थे कि सिवा परिवार, राजकीय या सरकारी फ़ोन के कोई भी दूसरा फ़ोन उसे नहीं मिलाये। महिलाओं के तो कदापि नहीं शायद, इसलिए कि महिलाएँ स्वयं मिलें तो संवाद में स्निग्धता अधिक आती है, और दिशा-निर्देश भी सही दिये जाते हैं।

"ठीक है, अभी तो कुछ दिन व्यस्त हूँ—तुम लोग तीन-चार दिन के बाद फ़ोन कर पता कर लेना।"

वे दोनों उठने को हुईं, तो सौम्या ने उन्हें रोका— "अरे बैठो आस्था! बेटियाँ भी कहती हो और अजनबी-सा व्यवहार—अपना ही घर समझो। शोभित, इन्हें या तो अपने हॉस्टल में रुकवा दो या फिर हमारे पास ही रुक जाती हैं।" उसने बड़ी आत्मीयता से दोनों की ओर देखा। वह जानती थी कि सुन्दर महिलाएँ शोभित की कमज़ोरी थीं, फिर वे चाहे किसी भी रूप में हों। भेज दूँगी तो तीनों-चारों दिन अस्त-व्यस्त से ही रहेंगे।

सौम्या ने हैण्ड बेल बजायी और प्यारे आ गया।

"देखो—इन्हें गेस्ट हाउस में ठहरा दो। बेटे आस्था और तुम भी आकांक्षा, डिनर हमारे साथ ही करना।" सौम्या ने खानसामा को हिदायत दी और वे दोनों चली गयीं।

"वैसे तुम भी अजीब ही हो। अरे पी.ए. को निर्देश दे दो कि या तो वह सभी की आप से बात करवाये या फिर आपकी अपॉइन्टमेन्ट फिक्स कर दे। कोई भी, कभी भी चला आये, यह कहाँ का तरीक़ा है। अपना कोई समय है ही नहीं।"

"इसमें अजीब की क्या बात है? बच्चियाँ हैं, काम से आयी हैं और उन्हें पता है कि मैं उन्हें अपनी बेटियाँ मानता हूँ। इसीलिए तो वे अपनापन महसूस करती हैं।"

"देखो, मैं भी समझती हूँ। मैं भी दुनिया को हैण्डल करती हूँ। बेटी जब जवान हो जाती है तो वह महिला हो जाती है। रिश्ता अपना ही निभ जाये, बहुत है। उसी की सात्विकता बनी रहे बड़ी बात है! और ये धूमकेतू, कितना भी कह लो—दुनिया कहाँ मानती है। जिस समाज की आप परिकल्पना करते हैं ना—वैसा पाश्चात्य समाज बनने में हमें, कम-से-कम पचास साल लगेंगे (और तब तक यह पश्चिमी संस्कृति पाषाण युग में पहुँच जायेगी।"

"अच्छा बाबा—बहुत भाषण हो गया। मेरा किरदार तुम कब से निबाहने लगीं? देखो, पुरुष का नज़रिया हमेशा अलग होता है। उसमें भी स्नेह, वात्सल्य, अभिरुचि, आकर्षण सभी कुछ होता है। वह कोई मरुस्थली टीला नहीं—निर्जीव, शुष्क, संज्ञाहीन।"

"मानती हूँ—परन्तु तुम भी जानते हो पुरुष तो सदैव ही ज्वाला है और स्त्री चिनगारी जिसे शिखा होने में कितना समय लगता है। जब वह प्रज्वलित प्रचण्ड लौ हो जाती है तो समस्त परिवेश को भस्म कर देती है। बाक़ी आप स्वयं विवेकशील हैं परन्तु भावनात्मकता पर तो नियन्त्रण करना ही होगा—वही भटकाव की ओर अग्रसर करती है।"

"मैं इसे कोई वाद-विवाद का मुद्दा नहीं बनाना चाहता। परन्तु अभाव की जिन स्थितियों से हम गुज़रे हैं या जो परिस्थितियाँ मेरे संवेदनशील मन को छू जाती हैं या फिर अन्धड़-सी झकझोर देती हैं; उन्हें मैं किसी भी महिला के परिप्रेक्ष्य में सहन नहीं कर पाता। जहाँ तक हो सकता है, सहायता के लिए तत्पर हो उठता हूँ।"

"और विशेषतया यदि वे सुन्दर हों तो..."

"ठीक कहा आपने हुजूर... और वह दृष्टि भी आप ही की देन है जिसमें आप सदैव छायी रहती हो। तभी तो आपने मुझे सौन्दर्य का उपासक बना दिया, स्वयं उपासना जो हो...।"

"बस... बहुत हो गया मक्खन... पिघलते देर नहीं लगती..."

आस्था और आकांक्षा हॉस्टल में टिक गयी थीं। कमरे में जाते ही बैग रखा और धड़ाम से बेड पर लेट गयीं। शिमला या कोई भी पहाड़ी स्थान हो, दूर से कितना आकर्षक लगता है। जी करता है उड़ कर छू लिया जाये। परन्तु जब चढ़ाई, उतराई

पर चलना पड़ता है, वह सारी स्निग्धता ओस की बूँदों-सी टपकने लगती है। बेशक, थोड़ी देर में ही, फिर वही मादकता, शीतलता तन-मन को सराबोर कर देती है।

"अरी आस्था, क्या सोच रही हो?"

"वही जो तुम!... जैसे किसी स्वप्निल प्रदेश से लौट रही हो?"

"सही कहा तुमने...। देखा मैम... अरे बाबा... इतनी सुन्दर... हम तो कहीं आसपास भी नहीं टिकतीं"

"और हँस दें तो... बस जी करता है उसी मुद्रा में देखते ही रहें...।"

आकांक्षा जो कहीं न कहीं, भीतर तक, शोभित फोबिया से अभिभूत थी बोली—"मुझे तो लगता है... सर की दूसरी मैरिज है। मैम तो चालीस से अधिक लगती ही नहीं। फिर भी सर की लिप्सा पूरी नहीं हुई। तुम्हें क्या लगता है।"

"जो भी हो, मैंने तुम्हें पहले भी कहा था कि जो भी भाव मन में आते हैं इन्सान उसी दृष्टि से सभी स्थितियों का आकलन करता है। बाक़ी यह तो मैं नहीं मानती कि सर की दूसरी शादी हुई होगी, अलबत्ता इतना ज़रूर है कि मैम ने अपने को पूरा फिट रखा है। आयु नामक दानव पर उन्होंने पूर्णतया विजय प्राप्त कर ली लगती है।"

"मेकअप का कमाल भी तो हो सकता है?" "चलो छोड़ो... कल मिलेंगे तो पता चल ही जायेगा। और अब मेरा मन तो रात को डिनर पर जाने का नहीं है—बाक़ी जैसा तू कहे।"

"मैं भी यही सोचती हूँ। अब तो हम मेस में ही खाना खा लेंगे।"

खाने के पश्चात दोनों ही सी.ए.आर. के परिसर में टहल रहीं थीं कि दो कारें उनके पास आकर रुकीं। "एक्सक्यूज़ मी... डॉक्टर शोभित..." एक महिला ने कार के भीतर से पूछा।

"मैम वह सामने, जहाँ गेट पर लाइट जल रही है" आकांक्षा ने चेहरा हल्के से प्रकाश में देखा और इशारे से कहा।

दोनों की जिज्ञासा और बढ़ गयी। वे थोड़ी दूरी पर जाकर बेंच पर बैठ गयीं।

भीतर से पहले मैम फिर पीछे-पीछे डॉ. शोभित निकले।

पहली कार से एक महिला, एक पुरुष... और एक लड़का उतरा।

"हाय... मॉम... देखा सरप्राइज दिया ना..." और गले में बाँहें डाल लिपट गयीं।

"हेय... पॉप... कॉट अन एवेयर्ज़..." और दूसरी कार से उतरी महिला उनसे लिपट गयी।

बारी-बारी गर्मजोशी, मिलन की स्निग्धता, स्नेह, आदर सभी का सम्मिश्रण...। लगा जैसे पक्षियों का झुण्ड उतर आया हो।

"चलो अब अन्दर चलो...। पापा की नयी कोठी देखो...।" मैम उस बालक को एक बाजू के आवृत में घेर कर अन्दर ले गयीं। सभी उनके पीछे-पीछे और खानसामा प्यारे ने सामान उतारा। पता नहीं कितने नग थे।

सभी के जाने के बाद, वे उठीं और अपने कमरे की ओर चल दीं।

रात एक बजे तक तो कोठी की लाइटें जल रहीं थी; जब आस्था ने उठकर देखा कि खटका किधर से हो रहा है।

जैसी सौम्या की आदत थी, सुबह पाँच बजे उठकर, नित्यकर्म से मुक्त होकर, साढ़े पाँच बजे सैर को निकल पड़ी। सिर पर जामुनी रंग का नारंगी पोलका से जगमगाता स्कार्फ, एक सफ़ेद सिल्क की पट्टी माथे पर बँधी, गर्म हाउस गाउन, रीबॉक के सफ़ेद स्पोर्ट्स शूज़; पहने चली जा रही थी—सी.ए.आर. की ढलान से नीचे, लोअर मॉल की ओर। रात देर से सोने के कारण, सुबह सर दर्द था। परन्तु साथ ही बेड पर लेटे शोभित को लेशमात्र भी भान नहीं था कि वह रात में तीन-चार बार उठी और सभी प्रकार सरदर्द की दवाई भी लगायी परन्तु नींद थी कि जैसे शोभित ने ही हर ली हो। नदी का काम तो है जागना, बहना और कल्-कल् कर न शोभित के खर्राटे—पास और दूर की दुनिया से बेख़बर। सौम्या को ईर्ष्या भी होती थी और खीझ भी कि आखिर इन्हें किसी बात का भी अन्तर नहीं पड़ता। बाद में स्वयं ही उसे निजी तार्किकता से सुलझा भी देती थी कि आखिर मैं नहीं सो पाती तो क्या; वे तो आराम से हैं। सुबह सैर को जाऊँगी, यहाँ की मधुर बयार से ठीक हो जायेगा।

ऐसा ही तो होता है कभी-कभी, कि इन्सान को स्वयं ही पता नहीं होता कि अन्ततः वह सोच क्या रहा था; क्योंकि जब वह चेतना में लौटता है तो लगता है वह तो व्योम के शून्य में विचर रहा है। कब वह चक्कर लगा कर ऊपर आ गयी और बंगले के सामने लकड़ी की बेंच पर बैठ गयी। जब भीतर ऊष्मा बह रही हो तो बेंच का बर्फ़ानीपन भी सुखद लगने लगता है। अचानक हाथ पर लगी सोने की घड़ी पर ध्यान गया—साढ़े छः। फिर भी सूर्योदय हुआ नहीं था। परन्तु रोशनी की दस्तक तन-मन की तन्द्रा को चादर की भाँति समेट रही थी।

"गुड मॉर्निंग मैम—" जैसे कानों में वीणा के तार झंकृत हो गये हों।

"गुड मॉर्निंग..." और सौम्या ने आँखें खोल कर देखा।

"गुड मॉर्निंग—आप आकांक्षा ही हो ना" उसने कौतूहलवश पूछा।

"कितना आश्चर्य है कि आपको मेरा नाम भी पता है।"

"पता नहीं, याद है। अभी कल ही तो मिली थीं तुम, शायद आस्था के साथ। कैसे भूल सकती हूँ शोभित की मानस-पुत्रियों को। और वह भी जब इतनी मनमोहक हों। आस्था नहीं आयी...?" "मैम, वह तो टॉयलेट में थी, जब मैं आयी—। बस आती ही होगी। मैम हमारी सर से पूछने की तो कभी हिम्मत नहीं हुई; परन्तु सुना है आप भारत सरकार में बहुत उच्च पदाधिकारी हैं। मैम प्लीज़... बताइए ना...।"

"अरे तुम बैठो तो पहले... ज़रा पास सरको, कितनी प्यारी हो...।" और सौम्या ने वात्सल्यपूर्ण भाव से हाथ उसके गले से घुमाकर उसके बाजू पर रख दिया। जैसे कोई अन्तरंग सखी हो।

"हाँ, आकांक्षा, मैं कस्टम्ज़ एण्ड एक्साइज़ में मेम्बर ऑफ़ बोर्ड हूँ। अभी देहली के नॉर्थ ब्लॉक में हूँ।"

"मैम... सचमुच अद्‌भुत... आप इतनी सुन्दर और इतनी उच्चाधिकारी, हमने तो यह नाम भी नहीं सुने।" आकांक्षा तो जैसे किसी स्वर्गिक स्वप्न को देख रही हो। उसने अपना चेहरा सौम्या की अंक में रख दिया। सौम्या ने दोनों हाथों से... मंजुलमुख उठाया... और चूम कर उसे आलिंगनबद्ध कर लिया।

इतने में आस्था आकर सामने खड़ी हो गयी। "मैम सारा प्यार इसे ही दे देंगी उठो, मेरे लिए क्या बचेगा...?" और वह सौम्या की दूसरी ओर बैठी, तो सौम्या ने उसे पास सरका कर, दूसरी बाँह से उसे आलिंगन में भर लिया।

"कितनी प्यारी हो... तुम दोनों...। रात खाने पर क्यों नहीं आयीं। मुझे सब ध्यान रहता है।"

"सॉरी मैम... सोचा आपके गेस्ट आये हैं... हम बीच में क्यों आयें?" आस्था ने क्षमाप्रार्थी की मुद्रा में कहा।

"यों कहो न कि हेल्प नहीं करवाना चाहती थीं। अच्छा आज आ जाना लंच पर... अब बहाना नहीं।"

"मैम... आप कितनी प्यारी हैं... कितनी... कहते ही नहीं बनता...। हम अवश्य आयेंगी...।" आकांक्षा ने कहा।

"ठीक है... अब मैं चलती हूँ...।" और वे दोनों सौम्या को जाते हुए देखती रह गयी। पूरी काया, पूरी चाल, भाव-भंगिमा में ज़रा भी दम्भ नहीं, अभिमान नहीं और शालीनता, मोहकता अनिर्वचनीय!

"अब मानती हो ना, यदि मानसिक सन्तुलन सही हो, सदैव ज्योतिर्मय दृष्टिकोण हो, अपने प्रति विश्वास हो, तो आयु को भी ठहरना ही होता है। कोई मेकअप नहीं फिर भी चेहरे पर दमकती लालिमा और कोई वक्र रेखा नहीं, अब तो मानती हो न जो मैंने रात को कहा था।"—आस्था ने कहा।

"तुम ठीक ही कहती थीं, वो तो मेरी ही सोच में कुछ विकृति थी। परन्तु जो भी हो, सर की यह हवस—पता नहीं क्या कहूँ इसे? हो सकता है सभी मर्दों का यही हाल हो। कुछ कह देते हैं और बाक़ी भीतर ही भीतर लिप्साओं का जंगल पालते रहते हैं। चल अब; मैम के पास लंच में भी जाना है।" आकांक्षा सर का व्यवहार समझ ही नहीं पा रही थी। क्यों उनके हर सामीप्य में, हर छुअन में, हर स्नेह में; लगता है कि सेक्स सर्वोपरि हो जाता है। हो सकता है मैं ही ग़लत होऊँ फिर भी

अकेलापन उन पर भारी हो जाता है और उनका समेटना, बाहुपाश में बाँधना, चूमना; सभी ही तो यौन-प्रवृतियाँ हैं। मैं नहीं जानती आस्था क्या सोचती है परन्तु मुझे तो वे एकदम द्रवित कर देते हैं और मैं तो समर्पण भाव में खड़ी रह जाती हूँ। यह कौन-सी मानसिक स्थिति है मैं स्वयं ही नहीं जानती। यह भी हो सकता है कि मेरे यौवन के ज्वार अब मेरे ही नियन्त्रण से बाहर हो रहे हों। नहीं तो मैं भी तो उनकी वर्जना कर सकती हूँ। या फिर मेरा ही उनके अधीनस्थ होने का भय, उनके प्रति आदर भाव—सभी मुझे अशक्त कर देते हों।

आस्था को कभी ऐसा कुछ नहीं लगा। छोटा-मोटा आलिंगन, चुम्बन, उसके लिए गौण-सा ही था। उसे तो लगता कि बड़े हैं, बच्चे को प्यार का मन करे तो, कर लें, इसमें आपत्ति काहे बात की। वह कभी भी असंयत नहीं हुई क्योंकि वह अभी भी बचपन की दहलीज़ पूरी तरह से लाँघ नहीं पायी थी। इसीलिए उसका भोलापन, नैसर्गिकता, अल्हड़पन उसके अंग-अंग से फूट-गालों से बिखरता है शायद यही कारण था कि कहीं-न-कहीं मैम में उसे अपनी छवि दिखाई देती थी।

"मम्मा—एक बात तो माननी होगी मिस्टर जेम्स फ्रेंच होते हुए भी कितनी अच्छी तुतलाती-सी हिन्दी बोलते हैं।" शिखा ने कार्न-फ्लेक्स के बाउल में चम्मच हिलाते हुए कहा।

"क्यों नहीं—बेटा... आखिर वहाँ यूनिवर्सिटी में इण्डियन आर्ट और कल्चर के प्रोफ़ेसर हैं। हिन्दी, संस्कृत के ज्ञान के बिना, यह सारा विषय ही निरर्थक हो जायेगा" —सौम्या ने इडली का बाइट लेते हुए कहा। वह तो मि. जेम्स के अचानक सुबह दस बजे आ जाने से अभिभूत थी। "दीदी—आप ऐसा क्यों मानते हैं कि फ्रांसीसी हिन्दी नहीं जान सकता। मैंने या आपकी बहन ने मुझसे शादी किया और मुझे इस बात का गर्व है आपको बी होना चाहिए।" गुसातव जेम्स ने शिखा की ओर मुखातिब होकर कहा और गोभी का पराँठा छुरी फोर्क से काट कर सॉस में डुबो, मुँह में डाला।

समीर भी गोभी का पराँठा ही खा रहा था। बीच में ही बोला—"तुम ठीक कहते हो जेम्स...। हम दोनों ही लकी हैं इन दोनों बहनों से शादी बनाकर...। अब हमारी फ्रेंच सीखने की बारी है। पहले मॉम-डैड को सिखाओ, फिर हमें।"

"क्यों इकट्ठे क्यों नहीं... शाम को चार बजे हमारे बेडरूम में चाय के साथ फ्रेंच... स्नैक्स और भाषा..." शोभित ने अपना हल्का-सा कमेण्ट दिया...।

"पापा... शाम को तो हम मॉल जा रहे हैं आप भूल गये क्या... मैंने दीदी से प्रॉमिस लिया है कि वो मुझे शॉपिंग करवायेंगी। ठीक है दीदी! और साथ में रहेगा हमारा पारा-सा सन्नी—गोलू-सा सन्नी...।"

"क्यों नहीं खोचू पम्म... इतनी देर से तो मिली है जितना जी चाहे ख़रीदना—। मॉम को कहोगी, तो साथ लेंगे।... नहीं तो, ये अपने दामादों को शॉपिंग करवायेंगी...। ओ.के.। राइट मि. जेम्स एण्ड मि. ब्रीज़...।" शिखा ने हलके-फुलके अन्दाज़ में कहा।

शिमला की यह विशेषता तो है। जब भी आप मॉल जायें किसी उत्सव-सा ही माहौल प्रतीत होता है। जैसे रंग-बिरंगे परिधानों में महिलाएँ और बच्चे यहाँ मिलेंगे, पूरे भारत में कहीं भी नहीं। ऐसा लगने लगता है जैसे सभी किसी फैशन परेड या किसी सौन्दर्य प्रतियोगिता में भाग लेने आये हैं। पुरुष भी, सभी वय के, स्मार्ट, चुस्त-दुरुस्त, सूट-नेक-टाई या गले में स्कार्फ जैसे किसी बारात में आये हुए हों। ऐसा दृश्य प्रायः नैनीताल और उससे कमतर मसूरी में देखने को मिलता है। इसी विषय पर ही तो जा टिकता था संवाद—शिखा, सौम्या का। वहीं देहली में रोज़मर्रा की बोरियत, सड़कों पर कारों का दंगल, फ्लैटों में बैक्टीरिया से बगलगीर और दफ़्तरों के गलियारों में प्रसाधनों की दुर्गन्ध—फिर भी जीवन की गति पूर्ववत्। किसे फुर्सत सोचने की कि क्या वह जीवन जी रहा है या जीवन ही उसे जीकर लगातार भूत की परतों में धकेल रहा है। उसे यह भी पता नहीं रहता कि आखिर वह जो भी दिन भर ज्वार-भाटों के थपेड़ों से उलझता है—आखिर किसलिए और किसके लिए। कई बार तो लगने लगता है कि एक सीमा के पश्चात आप जीते हैं तो केवल बैंकों के लिए। हर बार सरकार पर दबाव, वेतन आयोग बैठाओ, उसकी सिफ़ारिशें लागू करो, वेतन तिगुने कर दो और सरकार करती भी है। उसकी भी तो दूर दृष्टि और समीप दृष्टि दोनों ही कमज़ोर हैं—सठिया जो गयी है वह! जब निद्रा खुलती है तो देश की रक्षा, आन्तरिक सुरक्षा, ग़रीबों की दशा, युवाओं में बेरोज़गारी सभी समस्याएँ जैसे अजगर समान, हड़पने को तैयार।

सरकार को अपने ही निरर्थक व्ययों और घोटालों से फुर्सत मिले तब ना। दिशाहीनता की अवस्था में सबसे सरल विकल्प... जो भी, जहाँ भी, कोई भी स्थान या पद रिक्त हो, उसे भरा न जाये। नयी भर्ती पर पूर्णतया प्रतिबन्ध। ज़ोर है तो केवल अधिकारियों पर और दफ़्तरों में तीन-तीन, चार-चार का कार्यभार एक पर, शिक्षा संस्थानों के विभागों में एक भी प्राध्यापक नहीं। बेमेल विभागों का विलय—और ऐसे ही अनर्गल निर्णय... सब तरफ़ अराजकता। क्योंकि ख़र्चे हैं अनियन्त्रित और अन-प्रोडक्टिव यानि अनुत्पादक। ऐसे वास्तविक उत्पादन से वंचित अर्थव्यवस्था में, यह कृत्रिम फूला हुआ गुब्बारा कब तक टिकेगा, केवल समय और भारत के देवी-देवताओं और अवतारों या पैगम्बरों के भरोसे!

ऐसे ही चलती रही चर्चा, होटल ओबेरॉय के कॉफ़ी टेबल पर। सभी तो एकत्रित हो गये थे वहाँ। ऐसी चर्चाएँ भारतीय बौद्धिक समाज के लिए कोई नयी नहीं थीं। यदि समय हो, तो किसी भी टेबल पर जाकर सुने तो मुद्दे इन्हीं के गिर्द घूमेंगे—सरकार, समाज, महँगाई, फ़िल्में या देश में बढ़ते क्राइम—। परन्तु सभी लेंगे कॉफ़ी की चुस्की, क्योंकि शिमला के लिए दिया है सरकार ने काफी—मुँह बन्द रखने के लिए। ग्रामीण शहरी ग़रीबों के लिए किसे सरोकार—न इस तथाकथित बौद्धिक

समाज को, न ही सरकार को। क्योंकि इन्हे है लगाव सबसे, सिवा देश के। देश के लिए निपटे सेना—हथियार या बिना हथियार!

शोभित और सौम्या को भी स्थिति की गम्भीरता चिन्तनीय लगती थी—परन्तु वे भी तो थे असहाय!!

"मॉम, अब छोड़ो इन बोरिंग बातों को। आप सबसे कुछ होगा तो नहीं, फिर भी डेढ़-सौ की कॉफ़ी और पचास रुपये की कुकी के साथ यह बेकार की बहस करते रहोगे।" महक चाहती थी कि कुछ ऐसी बात की जाये जिसमें जेम्स भी शामिल हो सके। इसलिए उसने चर्चा का विषय बदलने का प्रयत्न किया।

परन्तु सौम्या ने बीच में ही टोका, "बेटे, तुम नहीं जानतीं कि एक ज़रा-सा क़दम उठाने के लिए दस जगह से फ़ाइल घूमती है, दस विभागों और उनके मन्त्रियों से सहमति लेनी पड़ती है। जब आखिर में प्रस्ताव मन्त्री जी के पास पहुँचता है तो वह एक लाइन लिखकर फ़ाइल लौटा देते हैं आय डोण्ट एग्री—मैं असहमत हूँ—और आपका पूरा उत्साह झाग की तरह बैठ जाता है। बदलाव और खासकर लोकतन्त्र में, बहुत ही टेढ़ी खीर है।"

"अच्छा, मॉम, एक बात तो आप भी मानेंगी, जो चीज़ हमें पेरिस में नहीं मिलती या मिलती भी है तो यहाँ से दस, बीस गुना से अधिक महँगी, वह यहाँ एक ही छोटी-सी शॉप में जाओ, झट से बीसियों वैराइटी मिल जाती हैं। इस हिसाब से शिमला तो देहली से भी कई गुणा बेहतर है। 'व्हाट डू यू थिंक जेम्स'।" महक ने विषय बदल कर सबकी सामान्य रुचि की ओर मोड़ दिया।

"यस, डियर... मैं पूरी तरह मानता हूँ...।" "पापा, आपको नहीं लगता कि आप यहाँ आकर पहले से भी अधिक व्यस्त रहने लग गये हो"—महक ने नया टॉपिक चालू करने के अन्दाज़ में कहा। "बेटे, अगर मन एक्टिव हो तो शरीर भी स्वस्थ रहता है। नहीं तो पड़े-पड़े शिथिलता ऐसे घेर लेती है कि हाथ-पाँव भी सोने लग जाते हैं।" शोभित ने महक को जवाब दिया।

"लोग तो रिटायरमेण्ट का इन्तज़ार करते हैं और ये जनाब, ज़रा फुर्सत से बैठ ही नहीं सकते। सर्विस में, सर्विस के बाद भी बच्चों की पढ़ाई, उनकी शिक्षा से तो पल्ला झाड़े रखा और अब भी चिन्ता है तो दूसरों की। अपनी बेटियों को तो रत्ती भर भी गाइड नहीं किया और नयी बेटियाँ बना कर, उन्हीं से चिपके रहते हैं। बस ऐसे ही कामों में मन लगता है।" "बस, तुम्हें तो कोई बहाना मिलना चाहिए चालू होने का, कम-से-कम दामादों के सामने तो स्वयं पर नियन्त्रण रखो।"

सौम्या कहना तो बहुत कुछ चाहती थी पर चुप हो गयी, सोचा जिन्हें सारी ज़िन्दगी नहीं बदल सकी, वे अब क्या ख़ाक बदलेंगे। नौकरी तो मैं भी करती हूँ और इनसे कहीं अधिक ज़िम्मेदारी का पद है। हम तो उच्छृंखलता, ऐश इत्यादि के

बारे में सोच भी नहीं सकते और इन्हें इसके अतिरिक्त कुछ सूझता ही नहीं। ग़लती मेरी ही है जो इन्हें दायित्वों से मुक्त रखा।

लाइट जल रही थी। समीर ऊँघ रहा था और सन्नी नानू के साथ उनके बेडरूम में कहानियाँ सुन रहा था। महक भी अपने बेडरूम में जेम्स से कुछ हलकी फुलकी-सी चर्चा कर रही थी। खानसामा दो कॉफ़ी के मग रखकर जा चुका था। बाहर कोहरे में लाइटें अपना रास्ता तलाश रहीं थी। सभी पशु-पक्षी अपने-अपने घरों में दुबके पड़े थे। सियार, बाघ इत्यादि भोजन की तलाश में झाड़ियों से निकल, छोटी-मोटी आबादी के इलाकों में विचर रहे थे।

"अच्छा, यह बताओ, मॉम, पॉप को क्या कह रही थीं। मैं कुछ समझ नहीं सका।" जेम्स ने महक से धीमे से पूछा।

"हमारा इण्डियन कल्चर, वेस्टर्न सोच और सोसाइटी से एकदम अलग है। यहाँ प्रेम, स्नेह एकदम निजी क्षेत्र है। वह एक परिधि, एक सर्कल से घिरा होता है। अगर आपने उसके बाहर निकल कर ताक-झाँक भी की तो कोई भी पत्नी उसे स्वीकार नहीं करती। जबकि पाश्चात्य संस्कृति में पूरा खुलापन है, पूरी स्वच्छन्दता है। प्रेम और सेक्स दो अलग-अलग वृत हैं। मल्टी सेक्स रहते हुए भी, प्रेम रह सकता है। वैसे यह बात तो मेरी समझ के भी बाहर है।"

"क्यों बाहर कैसे...? मैं भी इसे नहीं समझ पा रहा हूँ। सेक्स तो एक प्रकार की भूख है और प्यार तो प्यार ही है। यह तो मन की बात है।"

"तो तुम मन को शरीर से अलग कैसे मान सकते हो। जब शरीर का मिलन होगा तो मन कहाँ जायेगा। वह भी तो समर्पित होगा ही, चाहे उसी अवधि के लिए ही क्यों न हो। तभी तो हम भारतीय प्रेम को सात्त्विक मानते हैं। प्रेम का देह, मन, बुद्धि, विवेक सभी से गहरा नाता है। यह तभी होता है जब आप किसी को मन, बुद्धि, विवेक से वर लें और तब होता है देह का समर्पण। यह सात्त्विक प्रेम की पराकाष्ठा है। बाक़ी, सभी प्रकार शनैः शनैः उजागर होते हैं और सेक्स की परिणति पर पहुँचते हैं। इन्हीं में बहुत से, समझौते के धरातल पर टिके रहते हैं। परन्तु विवाह-विच्छेद बहुत कम। जबकि वेस्टर्न सोसाइटी में प्रेम पीछे और विच्छेद की नींव पहले पड़ जाती है।"

"तो तुम कह सकती हो कि इस प्रेम में कहीं-न-कहीं स्प्रिच्यूएलिटी का भी अंश होता है।"

"बिलकुल ठीक..."

इतने में दरवाज़े पर हलकी-सी दस्तक हुई।

"वेलकम... कम इन।" और शिखा और समीर भीतर आ गये।

वे दोनों सीधे जाकर लिहाफ़ में, उन्हीं के साथ घुस गये। जेम्स ने बेड साइड का बेल स्विच दबाया। प्यारे लाल को दो कप कॉफ़ी के लिए कहा।

"हमने सोचा, परसों को तो चले ही जाना है, तो क्यों न आज की रात दिल की सब बातें कर लें।" समीर ने कॉफ़ी की चुस्की लेते हुए कहा–।

"अच्छा तो क्या डिस्कशन चल रहा था। हमने तो लाइट देखकर सोचा क्यों न हम भी शरीक हो जायें", शिखा ने बात को एक लय दी।

"डिस्कशन क्या? वैसे ही, वही स्टैण्डर्ड टॉपिक इण्डियन और वेस्टर्न कल्चर में अन्तर और प्रेम पर दोनों का दृष्टिकोण।" महक ने बिना किसी भूमिका के, संवाद स्पष्ट कर दिया।

"वैसे एक बात तो है। हम जैसे मध्यमवर्गीय लोग जो न तो पूरी तरह सम्भ्रान्त की श्रेणी में आते हैं और न ही मध्यम वर्ग में ही; उपमें एक धारा निरन्तर बहती है जो उन्हें न तो पाश्चात्य सभ्यता को ही आत्मसात करने देती है और न ही अपनी भारतीय संस्कृति को। न तो हम और न ही हमारा परिवेश, हमें एक ओर निर्दिष्ट करता है। शायद, ऐसी ही ऊहापोह हमारी मॉम और पापा के मनों में भी चलता रहा है। तभी तो दोनों का प्रेम-विवाह होने के बावजूद भी, वे एक-दूसरे के पूरक तो हो सकते हैं और हैं भी; परन्तु समदशीय तो कदापि नहीं।" शिखा तो जैसे दार्शनिक मुद्रा में थी और लगता था उसने इस पर गहन चिन्तन भी किया था।

"वह तो है ही। मॉम, बेशक, विचारों में कितनी भी आधुनिक और प्रगतिशील हों, परन्तु उन्हें कार्यान्वित करने में वे एक सीमा तक ही जाती हैं जहाँ भारतीयता की रेखा का उल्लंघन न हो।" महक ने भी अपना तर्क दे दिया।

"तुम दोनों बहनें, फिलोसॉफी अधिक बघार रही हो और बात को गोल-गोल घुमाये जा रही हो ताकि किसी के भी पल्ले कुछ न पड़े। आखिर यह तो पता चले कि आप कहना क्या चाहती हैं?" समीर ने थोड़ी झल्लाहट से कहा। क्योंकि वह जानता था कि ये दोनों साफ़ बात करने से कतराती हैं। "तुम क्या सोचते हो जेम्स–?" समीर ने पूछा।

"मैं तो समझ ही नहीं सका कि आखिर इश्यू क्या है? मॉम-डैड इसमें कहाँ से आ गये।" जेम्स ने मन की बात स्पष्ट कर दी।

"एग्ज़ेक्टली! यही तो मैं कह रहा था।" समीर ने ज़ोर देकर कहा।

"छोड़ो यह बात चर्चा के लायक है ही नहीं। प्रत्येक दूसरे का आकलन अपने दृष्टिकोण से करता है और वह उसी पर अड़ा या टिका रहता है।" शिखा ने सोचा, मॉम-डैड के चरित्र का बेमतलब विश्लेषण क्यों किया जाये। अन्यथा इन दोनों को, समीर और जेम्स को एक बनी-बनायी मम्मी-पापा की वर्षा शालिका मिल जायेगी ताकि ये भी मनानुसार स्वच्छन्द हो सकें। मुझे इस सब्जेक्ट को यहीं बन्द करना है। और वह काफी सीमा तक सफल भी रही।

बातों ही बातों में, रात के दो बज चुके थे। यहीं तो अन्तर आता है व्यक्तित्व का। जो बचपन से ही अपने-अपने दायरों में सिमटे रहते हैं, वे अपने ही व्यक्तित्व

के अनुरूप अपना संसार गढ़ लेते हैं जिसमें दूसरों के लिए स्पेस तो होता है परन्तु एक सीमा तक। वे मिल-जुल कर इन एहसासों, इन विचारों, हलकी-फुलकी चर्चाओं में शरीक तो हो सकते हैं परन्तु उस वातावरण का हिस्सा नहीं बन सकते। उन्हें एक सीमा के बाद अकुलाहट-सी होने लगती है।

रात के एक बजे जैसे ही शोभित ने करवट ली तो उसे महक की आवाज़ सुनाई दी। उठ कर बैठ गया। बाहर से धीमा-धीमा प्रकाश शीशों से झाँक रहा था। देखा तो सौम्या जाग रही थी। आँखों में चमक जैसे नींद पास से भी न गुज़री हो।

"क्यों क्या हुआ—सोई नहीं...?"

"आपको क्या? मुझे ऐसे शोर में नींद नहीं आती। आप सो जाओ।" वह जानता था सौम्या की इस बेरुखी का कारण।

शोभित उठा। महक के बेडरूम का दरवाज़ा पूरी तरह से बन्द कर दिया और आकर सौम्या के माथे को सहलाता-सहलाता कब सो गया—उसे इसका ज़रा भी संज्ञान नहीं था। सौम्या भी कब सो गयी... वह भी तभी जान पायी, जब सुबह साढ़े पाँच बजे नींद खुली।

"डीयर, देखो तो! यह तुम्हारी फ़ोटो नहीं है क्या?" शिखा ने सुबह लॉन में बैठे जैसे ही 'सुप्रभात' का पन्ना पलटा। अब रामपुर शहर में और कौन-सा पेपर मिलता। सतलुज के किनारे, 'होटल सतलुज' के लॉन में बैठी, चाय की चुस्की लेती शिखा ने समीर को आवाज, दी, जो अभी भी बिस्तर में पड़ा, नदी की शर्र शर्र... सुन रहा था। सतलुज के बहने के अन्दाज़ से ही लग रहा था कि वह कितनी गतिमान, उद्वेलित है जैसे प्रेमिका की अभीप्सा उसे खींचती हो। अपने प्रेमी के ठौर-अविरल, अविरुद्ध!

अभी रात के सात बजे ही तो वे लोग रामपुर पहुँचे थे। दोनों ओर की ऊँची-ऊँची पहाड़ियों के बीच बहती सतलुज, रात को तो निनाद से ही स्वागत कर सकती थी। परन्तु मन की शान्ति तो तभी मिलती है, जब आप समस्त वातावरण को अंगीकार कर अपने भीतर उतार लें। यही तो कर रही थी शिखा कि अचानक ही उसने 'पेज 3' खोला और देखा यह मंज़र। देखा, ख़बर कल की ही थी—शिमला लोअर मॉल की। समीर का उठा हुआ हाथ, एक दस एक साल के आवारा-टाइप बच्चे पर, समीर को पकड़े हुए दो-तीन लोग, एक बच्ची शायद उस बच्चे की बहन ही, समीर को पीछे धकेलती, और पृष्ठभूमि में समीर की नयी कार।

दूसरी बार आवाज़ देने पर, सामने से समीर और महक आ रहे थे।

"क्या हुआ?—अरे यार, यहाँ तो सोने देतीं... खुद तो सुबह उठकर सूरज देवता को जगाती हो और फिर लगा देती हो हमारी क्लास...। चलो पहले चाय मँगवाओ।" समीर ने बैठते-बैठते सारी बात कह डाली।

"जीजू—कुछ तो बात होगी—जो दीदी इतनी उतावली थीं। दीदी क्या बात है?" महक ने मुस्कराते हुए एक गुलाब खिला दिया।

"यह लो, खुद ही देख लो...।"

और शिखा ने अख़बार समीर और महक की ओर बढ़ा दिया।

'पेज 3' पर समीर तथा अन्य लोगों की फ़ोटो और समाचार का शीर्षक—"अधिकारी ने बच्चे पर गुस्सा उतारा।" हमारे विशेष संवाददाता द्वारा। अधिकारी, सेंटर या स्टेट, नहीं बताया—कहते हैं कि दोनों बच्चों ने उनकी नयी कार पर पत्थर से खरोंचें लगा दीं, जब वे पास की दुकान से कुछ सामान ख़रीद रहे थे। हमारे और लोगों के कहने पर कि बच्चे हैं, अनजान हैं, आप उन्हें समझा भी सकते थे; वह अत्यन्त गुस्से से बोले—ये आवारा लोग समझाने पर कहाँ समझते हैं। माँ-बाप चोरी-चकारी और आप करते हैं ऐसे धन्धे। अब कौन ठीक करेगा कार को। बच्चे कहते हैं कि इन्होंने हमें खूब पीटा और लोगों ने आकर छुड़ाया। हमने कहा भी—साब ग़लती हो गयी माफ कर दो, पर ये तो हमें पीटते ही रहे। संवाददाता के कहने पर कि ये लोग लम्पेन हैं, निर्धन वर्ग से हैं, दया के पात्र हैं परन्तु आवारा नहीं; अधिकारी और भी भड़क गये। कहने लगे कि इन्हें सबक सिखाने का यही तरीक़ा है। समाज वास्तव में ही संवेदनहीन हो गया है।

महक ने समाचार पढ़ कर सुनाया। उसे समझ नहीं आ रहा था कि आखिर क्या कहे? इण्डिया में तो ऐसी घटनाएँ मामूली बात हैं परन्तु विदेशों में तो इस प्रकार की प्रताड़ना को कानूनन-दण्डित किया जाता है।

समीर ने कहा—"इन मीडियावालों को तो कोई ख़बर मिलनी चाहिए। जनता को जागरूक, तो करेंगे नहीं, उल्टा उन्हें शह और दे देंगे ताकि अपराध और बढ़ें। लोग भी तो बलात्कार, चोरी, डकैती की ख़बरें चटखारे ले ले कर पढ़ेंगे और फ़ोटो भी ध्यान से देखेंगे। परन्तु प्रधानमन्त्री ने किस मिसाइल का सफल परीक्षण करवाया—उन्हें कोई मतलब नहीं। कौन-सा डैम, किसने मैडल जीता—मीडिया फोटो नहीं छापेगा—परन्तु ऐसी टुच्ची ख़बरों के लिए संवाददाता हाज़िर रहते हैं।"

"देखो समीर—ऐसा नहीं है कि मैं आपका आक्रोश नहीं समझती। यह देश ही ऐसा है। अब मेरी ही मेड, न जाने क्या-क्या खाती रहती है, क्या-क्या जूठा कर देती है और कई बार चोरी भी पकड़ी है परन्तु ज़रा डाँट दो तो सुबह से काम बन्द—। और दूसरी कोई मेड आयेगी नहीं। इसलिए स्वयं ही चैतन्य, जागरूक रहते हैं और अपनी ओर से समझा देते हैं। आप भी समझा ही देते। अब पीटने से कार तो ठीक होने से रही। ऐसे जोखिम तो समाज को झेलने ही होंगे जब तक हम इन्हें पूरी सुविधाएँ नहीं मुहैया करवाते।" शिखा ने पूरे घटनाक्रम का उसकी समग्रता में विश्लेषण कर दिया।

"यह बात तो दीदी की सही है। अभी भारत पश्चिमी देशों से कम-से-कम पचास साल पीछे है। इस वर्ग को केवल सरकार ही नहीं, सभी मिलकर ऊपर उठा सकते हैं। पर किसी को भी कोई चिन्ता नहीं।"

महक ने अपना रोष प्रकट कर दिया। सौम्या जिसने बात-बीच में ही सुनी थी कहा—"जो भी हो बेटा, कानून का उल्लंघन तो नहीं होना चाहिए। अगर हम ही कानून हाथ में लेंगे तो उनमें और हममें क्या अन्तर रहेगा?"

परन्तु नदी की कल-कल बढ़ती ही जा रही थी जैसे भारत की बाहरी और भीतरी स्थिति। खाली गागर दूर से कितनी चमकीली दिखाई देती है जैसे सबकी प्यास बुझा ही देगी।

शेली ने रूम में जाकर लिखा—

सही और ग़लत में
कितना-सा-अन्तर—
एक लघु, दूसरा लघुतर।
पर, पंकीले;
दोनों सरोवर—
एक में, गिराई
गन्दी नालियाँ
दूसरे में,
बरसाती धाराएँ।
दोनों में सड़ाँध—
देर या सवेर—
केवल समयोत्तर!!

7

शोभित ने इस विषय पर तो कभी चिन्तन ही नहीं किया। वैसे भी इतनी गहन सोच का विषय था भी नहीं। महत्वाकांक्षा किसी की भी बपौती, किसी की भी जागीर तो हो नहीं सकती। जिसमें भी असामान्य प्रतिभा होगी, अप्रतिम सौन्दर्य होगा, मन में ईर्ष्या, डाह, स्पर्धा, अनख या रश्क होगा, वह आगे बढ़ने का प्रयत्न तो करेगा ही। भारतीय संस्कृति का, आचार-विचार, प्रकृति का मूल मन्त्र 'सन्तोष' ही रहा है। 'जियो और जीने दो' इसी प्रक्रिया का एक मूल अंश रहा है। इसीलिए पर्यावरण, जीव-जन्तुओं के आपसी सौहार्द से व शान्तिपूर्ण जीवनयापन से सभी की सुरक्षा प्राकृतिक नियम के अनुरूप संचालित थी। परन्तु विकास का मूल मन्त्र तो असन्तोष ही है। 'सक्रिय असन्तोष' स्वयं और परिवेश दोनों के प्रति असहजता उत्पन्न करता है और हर किसी को आगे बढ़ने को प्रेरित करता है। इसी अधीरता, इसी असन्तुष्टि, अतृप्ति और अशान्ति से ही विकास की ओर अग्रसर होने की स्फूर्ति मिलती है। बेशक, ऐसी सोच से, ऐसे कार्यकलाप से नैतिकता अपने नये मानक बना लेती है।

जब भी बातचीत, एक कप कॉफ़ी पर, अनौपचारिक स्तर पर होती है तो चर्चा अपने से अधिक दूसरों पर ही केन्द्रित होती है। बटर कुकी हाथ में लिए शोभित ने सामने बैठे मि. चौहान से पूछा—"अच्छा चौहान जी, ये डॉ. कोटली कहाँ से हैं। कुछ तो पता होना चाहिए।" चौहान तो पहले से ही डॉ. शोभित से नज़दीकी बढ़ाने की ताक में था। उसके लिए तो जैसे घने बादलों में से सूरज प्रकट हो गया। उसने धैर्यपूर्वक पीठ को कुर्सी पर टिकाया। कॉफ़ी का सिप लिया और शुरु हो गये जनाब—"सर, ये डॉ. कोटली भी विचित्र पर्सनेलिटी हैं। हिमाचल के पालमपुर के पास कोटली गाँव का निवासी, धर्मशाला से मैट्रिक और बी.ए. करने के पश्चात, किसी मित्र के अनुरोध पर कानपुर की एक फैक्टरी में काम करने लगा। शाम का समय खाली रहता था इसलिए प्राइवेट तौर पर लखनऊ यूनिवर्सिटी से एम.ए. भी कर लिया। हिन्दी में एम.ए. फर्स्ट क्लास होने के कारण एक इंटर कॉलेज में प्राध्यापन शुरू कर दिया।

कोटली गाँव व्यास की सहायक नदी नुग्गल खड्ड के ऊपर पहाड़ की ढलान पर बसा हुआ था। कुल मिलाकर पालमपुर से दस किलोमीटर की दूरी पर स्थित गाँव,

प्रकृति की अनुपम छटा से आच्छादित था। दिन में नदी की कल-कल, पक्षियों का कलरव, हवाओं की सरसराहट, हरियाली की मादकता और युवतियों की रंगीनियाँ जो नदी की लहरों की तरह बहतीं और रात को उसी की सन-सन और चीड़ों में से बहती साँय-साँय सनसनाती पवन कि मादकता दिन-रात मन-मस्तिष्क को मदहोश किये रहती। बचपन और बालपन जिस वातावरण और परिवेश में गुज़रता है उसकी अमिट छाप जीवनपर्यन्त इन्सान को कभी सालती और कभी गुदगुदाती रहती है। जो भी प्रभाव, बच्चे के कोमल मन पर दस वर्ष तक अंकित होते हैं, उसका चरित्र, उसका भविष्यत् मार्ग, ये ही इम्प्रेशन्स तय करते हैं। क्योंकि प्रायः आजीवन, उन्हीं की पुनरावृत्ति होती है। इसीलिए डॉ. कोटली को वह परिवेश, वे संगीतमय लहरियाँ प्रायः हॉण्ट करती थीं। उनका मन उन्हीं में रमा रहता और जी करता कि उन्हीं वादियों में जाकर खो जाये।"

"डॉ. साहब, वह शाम को गंगा किनारे विचरता, मीलों गंगा के तट के साथ-साथ चलता रहता। मकान भी उसका शहर से बाहर गंगा से करीबन एक-डेढ़ मील पर ही था। कॉलेज भी तो शहर के बाहर गंगा से करीबन चार किलोमीटर पर था। आबादी भी दूर-दूर बिखरी हुई जैसे आश्विन में बादल की कोई-कोई टुकड़ी ही दिखाई देती है। आने-जाने के लिए उसने एक नयी साइकिल ख़रीद ली थी। इसी से उसे घूमने-फिरने में सुविधा थी।" डॉ. चौहान ने कॉफ़ी का सिप लेते हुए कहा। डॉ. शोभित आज एकदम विश्रान्ति की मनःस्थिति में एक प्रकार से रिलैक्स्ड मूड में थे। उनका प्रायः किसी के निजी जीवन में ताक-झाँक करने का इरादा कभी भी नहीं रहा, परन्तु असामान्य लोगों को समझने के लिए कभी-कभी ऐसा करना अनिवार्य भी हो जाता है।

"अच्छा तो उस वक्त डॉ. कोटली विवाहित थे या नहीं।" डॉ. शोभित ने जिज्ञासावश पूछा।

"सर, शादी तो उसकी बी.ए. में ही हो गयी थी। एम.ए. करते-करते दो बच्चे भी हो गये। इस वक्त तो लड़का पन्द्रह और लड़की तेरह-चौदह साल की होगी। उसकी पत्नी तो आज भी गाँव में ही रहती है और शायद बच्चे भी उसी के पास हैं।"

"और यहाँ पर वह अकेला है क्या?"

"नहीं, सर वही तो मैं आपको बता रहा था। कानपुर में दो-एक बार उसकी साइकिल खराब हो गयी...। घर से थोड़ी दूर पर ही एक कच्चे से घर में एक साइकिल रिपेयर करने वाला रहता था। उसी के पास इसका आना-जाना और बैठना शुरू हो गया। फिर तो बस यूँ हुआ।"

"अरे कविता—दो कप चाय तो लाना—प्रोफ़ेसर जी आये हैं...।"—साइकिल वाले ने आवाज़ दी।

कविता दो गिलासों में चाय ले आयी। बालों की लटें जैसे पहाड़ पर उषा-स्नात बादल छितराये हों। घाघरा चोली और ओढ़नी कन्धे पर अनौपचारिकता से लटकी हुई। चेहरा जैसे स्वर्णिम गौर वर्ण पर रक्तिम आभा लिए गुलमोहर छिटके हों। उरोजों का भार कटि की वक्रता और नितम्बों को देख कोटली के तो जैसे होश ही उड़ गये, दिशाएँ घूम गयीं। उफ़—यह सौन्दर्य—परिकल्पना की पराकाष्ठा। पलकें उठीं जैसे पूरी कायनात उन्हीं में समायी हो—बिल्लौरी आँखें। कविता ने गिलास आगे बढ़ाया, मैकेनिक तो साइकिल का पहिया घुमाकर उसकी एलाइनमेण्ट और धुरी पर सन्तुलन देख रहा था। कोटली ने चाय क्या पकड़ी कि पूरा हाथ ही पकड़ लिया।

एक अलौकिक सरसराहट कौंध गयी, पूरे तन-मन में। कविता भी कौन-सी अछूती रही। मैट्रिक में थी कि कितने सपने पाल रखे थे उसने अपनी सहेलियों के साथ। उसके पापा की बरेली में छोटी-सी दुकान थी। सभी तरह का करियाना से लेकर होज़री तक का छिटपुट सामान रखता था। बस गुज़ारा ही चलता था। परन्तु शहरों में तो कन्याएँ दिवास्वप्न में ही जीती हैं। स्वतन्त्रता के बाद विचारों, फ़ैशन, विचरण सभी में छूट और बाक़ी कसर पूरी कर देता सिनेमा। वार्ता का मुद्दा ही अभिनेता, अभिनेत्रियाँ, मिस इण्डिया, पिक्चर्स इत्यादि तो सोच में पलायनवादिता, यथार्थ से कोसों की दूरी, पैदा हो ही जाती है। परिवार के लिए तो कन्या जैसे बोझ। वह सही-सलामत, शुचिता, असम्पृक्त, शीलवती शादी के बाद ससुराल चली जाये तो मानो चारों धामों का पुण्य कमा लिया। पिता के मित्र के मित्र ने बताया कि लड़का बी.ए. है और स्वयं का साइकिल का व्यापार है। विश्वास पर विश्वास की कड़ी जुड़ती चली गयी। और पिता ने लड़के के ब्योरे और परिवार के बखान पर विश्वास कर शादी कर दी। शादी कर जब पति के घर आये तो कविता ने पाया कि उसका पति साइकिल ठीक करता है और केवल पाँचवीं क्लास तक पढ़ा है। महत्त्वाकांक्षा की नैया किनारे के तूफान में ही ध्वस्त हो गयी। रोई-धोई, परन्तु माँ ने सारा दोष भाग्य के माथे मढ़ दिया। सपने विश्व-सुन्दरी के, और सभी सहेलियाँ कहतीं कि उसमें वे सभी गुण भी हैं परन्तु पटकी गयी गंगा किनारे एक झोपड़ी में।

"सर, कविता ने भी कोई प्रतिरोध नहीं किया। फिर अचानक कोटली ने हाथ छोड़ा और देर सवेर आना-जाना, तरह-तरह के उपहार, साड़ी इत्यादि सभी देने शुरू कर दिये। बच्चों के लिए भी मिठाइयाँ, टॉफियाँ, और सभी बड़े खुश।"

"पर ये बच्चे कहाँ से आये?" अब डॉ. शोभित का कौतूहल उत्तरोतर बढ़ता ही जा रहा था।

"सर, जब कविता की शादी हुई—वह सत्रह की रही होगी। जिस प्रकार का उसका पति था—कामगर—तो दो-तीन साल में ही एक के बाद एक लड़का हो गया। जब यह कोटली मिला तो कविता करीबन इक्कीस-बाईस की रही होगी और यह आप था मात्र पच्चीस का। जब भी कविता का पति शहर से सामान लेने चला जाता तो

कोटली और कविता पूर्ण प्रेम-प्रलाप और रति क्रीड़ा में संलिप्त रहते। कविता को अपने सपनों में आंशिक सत्य दिखाई देने लगा। अब उसे लगने लगा कि उसकी तरि पंक से उबर कर निश्छल, निर्मल धारा में प्रवाहित होगी।"

"अब कहाँ है यह कविता...?" डॉ. शोभित तो मानो कोई चलचित्र देख रहे थे। उन्हें तो रसिकता का भरपूर मसाला मिल रहा था और कविता के कल्पना चित्र उसकी पुतलियों में जैसे नर्तन कर रहे थे।

"सर, उसी ओर तो आ रहा हूँ। और एक बात—यह सब डॉ. कोटली ने अपने अन्तरंग घनिष्ठता के क्षणों में स्वयं बताया। अप्रैल के महीने में साल का अन्त हो रहा था। बच्चे अपने दादा-दादी के पास गये हुए थे। और कोटली—कविता को ले उड़ा। कहाँ—किसी को भी पता नहीं। कॉलेज में तो त्याग-पत्र के पश्चात हिसाब चुकता कर दिया था। पति ने भी कविता की महीना भर राह देखी परन्तु फिर तीन महीने बाद... अपने गाँव वापस लौट गया। आगे किसी ने भी उसकी सुध नहीं ली।" चौहान भी अब तक डॉ. शोभित के अभिन्न विश्वासपात्रों में शुमार हो चुका था।

"तो फिर डॉ. कोटली गया कहाँ?" डॉ. शोभित ने बेल बजाकर कॉफ़ी और केक पीस लाने को कहा। सब-स्टाफ खाली प्याले उठाकर ले गया।

"सर, उसने हिमाचल में नौकरी का जुगाड़ पहले से ही कर रखा था। सीधा रानीखेत जाकर वहाँ के कॉन्वेंट स्कूल में सीनियर टीचर लग गया। महीने भर में ही चण्डीगढ़ यूनिवर्सिटी में जाकर हिन्दी विभाग में पीएच.डी. के लिए रजिस्ट्रेशन करवा ली। तीन साल में डॉक्टरेट भी पूरी कर ली और शिमला के एस.डी. कॉलेज में प्राध्यापक पद पर नियुक्ति हो गयी। उसके बाद ही वह यहाँ के सेंटर फॉर एडवांस रिसर्च में नियमित फैकल्टी में समायोजित हो गया। बाक़ी आपके सामने है।" मि. चौहान ने चाहा कि कुछ और मसाला लगा दें परन्तु उसी क्षण इरादा बदल लिया। "और मि. कोटली की फैमिली" डॉ. शोभित की क्षुधा अभी भी शान्त नहीं हुई थी।

"सर, फैमिली नहीं, फैमिलीज़! पहली पत्नी को तो उसने छोड़ दिया। वह दोनों बच्चों के साथ अपने मायके में रहने लग गयी। हाँ, कोटली उसे निरन्तर पैसे भेजता रहा ताकि कोई बखेड़ा खड़ा न हो। वैसे भी, हिमाचल की अनपढ़ महिला, सिवा भाग्य के किसे दोष दे। यही बहुत बड़ी तसल्ली थी कि आर्थिक सहायता तो मिलती ही है।"

अब यह कोटली महाशय कविता के साथ रहते हैं। एक लड़का है पन्द्रह साल का और एक लड़की है बारह साल की। दोनों यहीं बिशप कॉटन स्कूल में पढ़ते हैं।"

"तुम उसकी वाइफ़ से मिले कभी...।" अब डॉ. शोभित के सौन्दर्य-बोध ने ज़ोर मारा।

"हाँ, एक बार उसके घर गया था। कोई किताब लेनी थी। वह स्वयं तो घर पर था नहीं, परन्तु उसकी पत्नी ने भीतर बैठाया और पूछने पर नाम कविता बताया।

वास्तव में ही किसी अप्सरा सरीखी ही लगती थी। लाल ब्लाउज़ के साथ पीली लाल बॉर्डर की जामुनी टँके हुए फूलों की साड़ी, मैं तो वह स्वर्गिक साक्षात्कार आज तक नहीं भूला। तभी शायद, यह कोटली किसी को भी घर नहीं बुलाता। जिस असुरक्षा के माहौल से कविता को लाया अब वही उसे ग्रसित किये हुए है।" चौहान तो अभी भी कविता के रूप-लावण्य से अभिभूत था।

अक्तूबर का आखिरी रविवार था। डॉ. शोभित ने पूरी फैकल्टी को सपरिवार निमन्त्रण दिया था। सी.ए. आर. का वार्षिक महोत्सव था। राज्यपाल महोदय मुख्य अतिथि थे। सी.ए.आर. का परिसर टिमटिमाती रंगीन लाइटों से जगमगा रहा था। पूरी फैकल्टी अपनी पत्नियों के साथ उपस्थित थी। सौम्या भी देहली से आयी हुई थी। मानसी और मनीषा पूरी व्यवस्था को नियन्त्रित कर रही थीं। ऐसा समारोह इस सेंटर में शायद पहली बार हुआ था। भीतरी सन्तोष और मानसिक परितोष चेहरों से परिलक्षित हो रहा था। सभी पूरी तरह सज-सँवर कर आये हुए थे। विशेषतः महिलाएँ जो हर समारोह की आत्मा होती हैं। जो भी हो सौम्या, कविता, मानसी, मनीषा पूरे आयोजन की जान थीं। मिसेज़ चौहान भी पूरी किन्नौरी ड्रेस में सेब-सी लाल लग रही थी। बेशक चेहरे पर पहाड़ का चपटापन साफ़ पैठा हुआ था। हाँ हिमरंजित चोटियाँ उसके अंग-प्रत्यंग में बसी हुई थीं।

राज्यपाल महोदय निर्धारित समय ठीक नौ बजे पधारे। समारोह के अनुष्ठान के अनुसार उन्होंने आते ही सबसे परिचय किया। सौम्या से आयकर सम्बन्धी चर्चा की और राजभवन के लिए निमन्त्रण दिया। कविता के पास जाकर थोड़ा ठिठके। स्वयं यू.पी. का होने के कारण उन्हें कविता में उस क्षेत्र की कुछ विशेषताओं की झलक मिली। शरीर का छरहरापन, दमकता वर्ण, गालों पर टिकी लालिमा, ललाट पर सिन्दूरी सूरज, और साड़ी के पल्लू से झाँकते उन्नत हिम श्रृंग—कुछ देर बतियाये, डॉ. कोटली से उसका पैतृक स्थान पूछा और सभी से कुछ न कुछ चर्चा की। राज्यपाल महोदय ने केक काटने की रस्म के पश्चात, एक पीस में से एक टुकड़ा खाया और अपने लाव-लश्कर के साथ रवाना हो गये।

"सर, ये हैं मेरी वाइफ—कविता" डॉ. कोटली ने डॉ. शोभित से परिचय करवाया।

"आप लोग कब से यहाँ हैं। कभी मिले तो नहीं"—डॉ. शोभित ने कविता के कुमुदिनीं से खिले चेहरे को पूरी तरह आत्मसात करते हुए कहा।

"सर, हम तो यहाँ पिछले दस साल से भी अधिक समय से हैं। इन्होंने कभी मिलवाया ही नहीं। इस रविवार ही आप और मैडम हमारे घर पधारें। दोपहर का भोजन हमारे साथ ही कीजिएगा—हमारा आपसे अनुरोध है।" कविता ने तनिक झुकते हुए, पूरी मुस्कान बिखेरते हुए कहा।

"कविता जी, पहले डॉ. कोटली से तो पूछ लें।" डॉ. शोभित ने चुटकी लेते हुए, डॉ. कोटली के कन्धे पर हाथ रखते हुए कहा।

"सर, इन्हें क्या आपत्ति हो सकती है। हम बुला रहे हैं न आपको। इन्हीं के संकोच के कारण आप हमारे यहाँ नहीं पधारे। इनकी चिन्ता आप न करें।" कविता एकदम से अनौपचारिक हो रही थी।

"सर, आप क्या बात करते हैं भला मुझे क्यों आपत्ति होने लगी। वह तो आप वैसे ही इतना व्यस्त रहते हैं।" डॉ. कोटली को औपचारिकतावश कहना पड़ा। कविता तुरन्त सौम्या के पास गयी और मैडम को बुला लायी। "मैडम जी, सर तो मान गये हैं। आप सर को हमारे यहाँ इसी रविवार को लेकर आयें। हमारा दोपहर के भोजन के लिये आमन्त्रण आपको स्वीकार करना ही पड़ेगा।" कविता पहली मुलाक़ात में ही इतनी तकल्लुफ़ हो जायेगी, सौम्या सोच भी नहीं सकती थी। अजीब महिला है। पहले जान-पहचान तो हो जाये, वैसे भी मुझे तो कल, परसों ही देहली लौटना है। लगता है यह महिला कुछ आवश्यकता से अधिक ही तेज़ है। अपने सौन्दर्य का भरपूर इस्तेमाल करना जानती है। इसका कोई मतलब होगा। ऐसी औरतों को उच्च-अधिकारियों से बगलगीर होना कुछ ज़्यादा ही भाता है। शायद अपने पतियों पर रोब जमाने के लिए या अपने ही अहं की पूर्ति के लिए। या फिर ऐसे लोगों को धराशायी करने की खातिर तथा उनकी पत्नियों को उनकी अकिंचनता का भास करवाने के लिए। "कविता जी, आपकी अनौपचारिकता का धन्यवाद। मेरी तो मंगलवार को मीटिंग है इसलिए मैं रुक नहीं पाऊँगी। आप अपने सर को ही लिवा ले जायें। मैं तो कल ही देहली लौट जाऊँगी।" सौम्या ने थोड़ी शुष्कता से कहा। उसे ऐसे लोग जो दूसरों को 'फॉर ग्रान्टेड' लेते हैं, बिलकुल पसन्द नहीं थे। वह उन्हें उनका स्थान दिखाना बखूबी जानती थी। "मैडम जी, मान जाइए ना... प्लीज़..." और कविता ने सौम्या का दाहिना हाथ अपने हाथों में लेकर चूम लिया।

"कविता जी—आप तो साहब से ही बात करें।" और सौम्या ने धीमे से अपना हाथ छुड़वा लिया और मनीषा से बात करने लग गयी।

कविता सोच भी नहीं सकती थी कि कोई उसका अनुरोध भी ठुकरा सकता है। उसे तो अपने सौन्दर्य पर गर्व था। स्कूल से ही सबने उसे झाड़ पर जो चढ़ा रखा था।

कविता सुबह से ही अधीर थी। दोनों बच्चे तो स्कूल में उत्सव के लिए गये हुए थे। डॉ. कोटली को उसने रसमलाई लाने के लिए मॉल पर बालजी के यहाँ भेज रखा था। बेशक, बालजी रेस्त्राँ के गुलाब जामुन ही प्रसिद्ध थे। उसने देखा था कि शोभित उस दिन समारोह में गुलाब जामुन छोड़कर रसमलाई खा रहे थे। वह सुबह से ही सज-सँवर कर, साड़ी लपेट कर अपने उरोजों के कसाव को बार-बार आईने में निहार रही थी। केशों से दो-एक लटें खुली छोड़ दी थीं जो उसने फ़िल्मफेयर में अभिनेत्रियों की देख रखी थीं। हलकी गुलाबी लिपस्टिक जैसे होठों पर गुलाब की पंखुड़ियाँ हों। थोड़ा चमेली का इत्र भी कानों के पीछे लगा लिया और वेणी में झूल

रही थी जुही की गुँथी लतर। वह तीन बार घड़ी देख चुकी थी। साढ़े बारह बजे डॉ. शोभित से आने का अनुरोध था और अब बारह पैंतीस हो चुके थे।

उसने आगे बढ़कर सोफ़े के कवर ठीक किये, सेंटर टेबल पर गुलाबों का गुलदस्ता हल्का-सा हिलाया। साइड कॉर्नर पर पड़ी वीनस, मेनका की प्रतिमाएँ थोड़ी सरकायीं और उनके भी उभारों का कोण ठीक किया। मि. कोटली भी साढ़े ग्यारह के गये हुए अभी तक लौटे नहीं थे। पता नहीं साड़ी का पल्लू क्यों बार-बार सरक रहा था। गुलाबी साड़ी पर गहरा नीला बॉर्डर और पीले कढ़ाई के फूल तथा पीला ही ब्जाउज़, वह तो स्वयं पर ही मुग्ध हुए जा रही थी। इतने में डोरबेल बजी। झट से गयी, दरवाज़ा खोला। सामने ऊँचे, लम्बे, धारियों वाले काले सूट में डॉ. शोभित।

"नमस्ते, सर... स्वागत... आइए।"

कविता ने हाथ जोड़कर अभिवादन किया। पल भर तो वह भी मन्त्रमुग्ध-सी देखती रही और शोभित... बस देखता ही रह गया जैसे—मन्द बयार से गुलाबी पंखुड़ियाँ हिलें और फिर कलियों पर पर्दा तान दें। उसने कविता के दोनों हाथों को अपने हाथों की परिधि में लिया और धीमे से कहा—"अति सुन्दर..."। कविता तो जैसे आकाश में उड़ रही हो। शायद पहली बार किसी उच्चाधिकारी ने उसके सौन्दर्य की प्रशंसा की थी।

"धन्यवाद, सर..." और वह ज़रा-सा पास सरकी।

"डॉ. कोटली...?"

"सर, वह आते ही होंगे..."

शोभित ने उसे बाहुपाश में कसकर भींच लिया। हाथों से दोनों गालों को ऊपर उठाया और गुलाबी पंखुड़ियों का इत्र पी लिया। फिर मुख के हर अंश पर चुम्बनों की झड़ी ही लगा दी। कविता का रोम-रोम प्रेम में सराबोर। वह पूरी तरह द्रवित। शोभित ने किवाड़ बन्द किया और उसे उठाकर भीतर ले आया। चोली के हुक खोलने की फ़िराक़ में था कि बेल बजी...। कविता ने झट से स्वयं को सँवारा और दरवाज़ा खोला। गनीमत कि सामने बेटी थी। कोटली होता तो शायद समझ ही जाता। अब तक शोभित सोफ़े पर व्यवस्थित हो चुके थे। ठीक पाँच मिनट बाद ही डॉ. कोटली आ गया।

"सॉरी सर—ज़रा देर हो गयी। कोई तकलीफ़ तो नहीं हुई।"

"इट्स ओ.के. तकलीफ़ काहे बात की... मैं भी तो अभी-अभी ही आया हूँ..."

"सुनो कविते... कुछ पीने के लिए लाओ... सर, क्या पियेंगे..."

"अरे यार... जो भी कविता जी पिला दें... किसी तकल्लुफ़ की ज़रूरत नहीं है।"

"फिर भी..."

"चलो कुछ भी हॉट... थोड़ा गर्म हो जायें...।

इतने में कविता सूप ले आयी...। बाउल में से बादलों-सी भाप निकल रही थी।" शोभित और कोटली ने सूप ले कर, सेंटर टेबल पर रख दिया। कोटली झट से उठा और दूर टेबल से कोस्टर लाकर, बाउल उन पर रख दिये। शोभित तो कविता से बाउल पकड़ते हाथों की उँगलियाँ ही देखता रह गया। इतनी कृश, गुदाज़ी, गोरी उँगलियाँ जैसे नवनीत निर्मित हों... जी में आया, एक-एक कर चूस जाये। पता नहीं सभी की मनोदशा ऐसी ही होती है या फिर उसकी ऐसी अवस्था उसके सौन्दर्य बोध के कारण है। शोभित कुछ सोचता रहा। "मैं ज़रा टॉयलेट..."

"कविता, सर को ज़रा टॉयलेट दिखा दो..." मि. कोटली उस समय बेटी से बात कर रहे थे।

घर में घुसते ही छोटी-सी लॉबी, फिर ड्राइंग रूम और एल शेप के ऊपरी हिस्से में डाइनिंग और उसी में खुलते दो बेडरूम और उनके साथ अटैच्ड टॉयलेट। कविता ने लाइट जलायी और फिर बाथरूम की लाइट जलायी। शोभित ने उसे पीछे से पकड़कर मीच कर पी लिया। कविता ने अनमने मन से छुड़ाया और झट से किचन में चली गयी।

सूप पीते-पीते ही डॉ. शोभित ने डॉ. कोटली से सभी कर्मचारियों का ब्योरा लेना शुरू किया। काफ़ी चर्चा हुई... और फिर पहुँचे डाइनिंग टेबल पर, जो गोल था और उसके गिर्द चार कुर्सियाँ।

"कविता... तुम तो वास्तव में ही विलक्षण हो... कितना सुन्दर है सभी कुछ। कैसे बनाया तुमने इतना स्वादिष्ट खाना...। तुम तो... छोड़ो ज़्यादा तारीफ़ नहीं... पता नहीं कोटली कैसे ले ले।"

"सर, यह स्वयं जितनी सुन्दर है उतना ही सुन्दर खाना बनाती है।"

"अरे, कोटली जी... पंजाब में तो कहते हैं कि खाने के साथ जी करता है कि उसकी उँगलियाँ भी खा जायें... वास्तव में ही बहुत सुन्दर..." और कविता के चेहरे पर अरुणिमा जैसे उषा पूरी यहीं पर उतर आयी हो।

खाना खाने के पश्चात वे स्वीट डिश के लिए, सोफ़े पर बैठे इन्तज़ार करने लगे। शोभित चाहता था कि कविता नज़रों के सामने ही रहे और अधिक से अधिक समय उसी के सान्निध्य में गुज़रे।

"सर, स्वीट डिश..." "कविता ले आओ भई..." कोटली ने आवाज़ दी।

"अरे कोटली, ज़रा ठहर जाओ। कविता बच्ची को खाना खिला दे और स्वयं भी खाना खा ले, तब साथ ही में खाते हैं न।" शोभित ने अनुरोध किया।

"ठीक है जैसा आप कहें। कविता तुम और मन्नों खा लो फिर यहीं आ जाना।"

कविता किचन में से सामने आयी। "आप पहले स्वीट डिश ले लेते, हम लोग बाद में खाना खाते रहेंगे।"

"क्यों, तुम खाकर आ जाओ न, तभी इकट्ठे बैठ जायेंगे।" डॉ. कोटली ने फिर तकाजा किया।

"ठीक ही तो कह रहे हैं, कविता जी, खाना खाकर आ जाइए, फिर बैठ कर थोड़ी देर बतिया लेंगे।" शोभित ने स्नेहसिक्त अन्दाज़ में कहा।

कविता के जाने के बाद, शोभित ने कोटली से पूछा, "मि. कशिश, यह चौहान कैसा आदमी है।"

"सर, मैं कुछ समझा नहीं—"

"बस वैसे ही, व्यवहार में, चरित्र, कर्तव्यनिष्ठा इत्यादि में..."

"सर, मैंने तो सोचा कि अब तक आपको सब पता लग ही गया होगा—। उसके और उसके परिवार के बारे में।"

"नहीं तो, मैंने किसी से भी नहीं पूछा, जैसी कि मेरी आदत है। और किसी ने कुछ बताया भी नहीं।"

"सर, इनका परिवार तो यहाँ से साठ-सत्तर किलोमीटर पर कोटखाई के पास गाँव में रहता है। आप जानते हैं ना, कोटखाई में सब ओर सेबों के बगीचे हैं। इनके परिवार के भी कई बगीचे हैं।"

इनके परिवार का एक लड़का—इन्हीं के बड़े भाई का लड़का, मानसिक तौर पर मन्दबुद्धि है। इसका तो भतीजा ही हुआ ना। अब तो वह भी तीस से ऊपर ही होगा। भाई और परिवार के बहुत तकाजे पर इसने उसकी नौकरी यहीं पर सरकारी प्रिंटिंग प्रेस में लगवा दी। और शादी अपनी ही पहचान की बहुत ही निर्धन लड़की से करवा दी। इनका घर एकदम लोअर केथ्यू में है। यूँ समझो मकान कम गैरेज ही है। उनकी देखभाल करने के लिए डॉ. चौहान का उनके यहाँ आना-जाना था।

"अरे यार कोटली, तुम तो राम कथा लेकर बैठ गये—संक्षेप में मुद्दे की बात करो।" डॉ. शोभित अब बोर होना शुरू हो गये थे।

"सर, बिना पूरी पृष्ठभूमि के आप किसी निष्कर्ष पर नहीं पहुँच पायेंगे। पहले तीन साल तो इनके भतीजे के कोई बच्चा नहीं हुआ। इलाज भी करवाया, परन्तु कमी तो भतीजे में ही थी। फिर अगले पाँच साल में तीन बेटे हुए जो अब, छः, पाँच और तीन साल के हैं। एक दिन अचानक, भतीजा आपसे पहले के डायरेक्टर के कक्ष में सुबह-सुबह घुसकर चिल्लाने लगा और चाचा चौहान को माँ-बहन की गालियाँ देने लगा। मैं डायरेक्टर साहब से कुछ चर्चा के लिए उन्हीं के कक्ष में था; मैं उसे मना कर अपने कक्ष में ले गया। पता लगा कि पहले तो भतीजे को चाचा पर शक था क्योंकि दो-एक बार वह उनसे मिलने सेंटर आया, परन्तु किसी को भी पता नहीं था कि वे कहाँ हैं। एक दिन भतीजा दोपहर बारह बजे घर गया तो देखा कि उसकी पत्नी और मि. चौहान सम्भोग-क्रिया में संलिप्त थे। उसने दोनों को नग्न अवस्था में पकड़ लिया। चाचा के पास कोई बहाना नहीं था। उसने कहा कि

जब तुम्हारे में वो मर्दानगी है ही नहीं तो उसकी तृप्ति के लिए घर में ही बात रह गयी तो क्या बुरा हुआ। पहले तो बच्चों के लिए कोई भी नहीं माना परन्तु बाद में पत्नी ने स्वीकार किया कि ये तीनों लड़के चाचा चौहान के ही हैं। पहले तो भतीजा अड़ा रहा कि उसके चाचा को नौकरी से निकाल दिया जाये परन्तु बाद में मैंने उसे समझाया कि परिवार की साख और मान-मर्यादा का प्रश्न है, तब वह माना। अब लगातार उनकी देखभाल के लिए पैसे देता है। परन्तु भतीजे की पत्नी ने अदालत में उसकी जायदाद में हक़ के लिए दावा ठोंक दिया। भतीजे ने अलग से उसके मानसिक शोषण का मुकदमा दायर कर दिया।"

"अब यह सब किस स्टेज पर है?" शोभित को लगा कि यहाँ तो हर एक नागों का पिटारा लिए बैठा है। इन्हें तो सँभालने के लिए कोई दक्ष सपेरा ही चाहिए।

"सर, साल भर से क्रिमिनल कोर्ट में मुकदमा चल रहा है। चौहान जी पेशियाँ भुगत रहे हैं और पत्नी अलग परेशान..."

"हाँ तो उसकी पत्नी और बच्चे..."

"पत्नी तो गाँव की है मात्र आठवीं पास है। उसके पास सब सहने के सिवा कोई विकल्प ही नहीं था। एक लड़का दसवीं में है और लड़की आठवीं में—सभी जैसे-तैसे समय काट रहे हैं।"

कविता का मन भी कहाँ खाने में था। पाँच मिनट में ही बेटी को खाना परोस और स्वयं कुछ निवाले नीचे उतार झट से दो प्लेटों में रसमलाई ट्रे में सजा, ड्राइंग रूम में ले आयी। जैसे ही उसने शोभित को प्लेट देने के लिए, झुककर ट्रे को आगे किया, साड़ी का पल्लू सरक कर उसकी बाँहों पर आ गिरा। साड़ी ट्रे पर और क्रीम सिल्क के रंग के हिमतुंग पूरी तरह उजागर हो गये। साड़ी के पल्लू ने रसमलाई ढँक दी और रस-कलश जैसे अपनी आभा बिखेरने लगे। शोभित झट से उठा, साड़ी का पल्लू कविता के कन्धे पर डालकर ट्रे पकड़ ली।

"कोई बात नहीं—डोण्ट माइंड—जाकर साड़ी ठीक कर लो।" शोभित ने छूटते ही कहा। अब कोटली एक हाथ से ट्रे और दूसरे से उसे पकड़ कर बेडरूम में ले गया। "फ़ूल—एकदम गँवार—ज़रा भी सलीका नहीं। कितनी बार बताया, समझती ही नहीं।" कोटली ने झल्लाकर कहा।

"मैंने जानकर थोड़े ही किया है। आप नहीं उठ सकते हैं—बस तमाशा देखते रहे। अपमान तो मेरा हुआ।" कविता को भी लग रहा था कि उसकी किरकिरी हो गयी है। उसकी सुन्दरता का जादू जैसे लुप्त हो गया है।

शोभित भी पीछे जाकर, बेडरूम के बाहर ही रुक कर बोला—"क्यों बिना बात के बेचारी को डाँट रहे हो—एक तो इतना अच्छा खाना खिलाया। ऐसा कोई जानकर तो नहीं करता—टेक इट ईज़ी। लेट हर चेंज।" और वह डॉ. कोटली को पकड़ कर

बाहर लाने वाला ही था कि देखा—कविता के खंजन नयनों से अविरल धारा बह रही है। उसने जेब से रुमाल निकाला और नीर-सरिता को रूमाल में समेट लिया।

"पगली! अरी... बुरा मान गयी क्या। ऐसा तो गृहस्थी में होता ही रहता है...।"

"ये तो हमेशा ही ऐसे डाँटते रहते हैं सबके सामने...।" और फ़फ़क कर रो पड़ी।

शोभित ने चाहा कि कमल पर अटके ओस-कण पी जाये परन्तु असमर्थता ने रोक लिया।

अब कविता सलवार-कुर्ता पहनकर आयी। एक-एक अंग का नाप-अनुपात, वक्र-सिंचाव जैसे तनी हुई कमान।

"अब कितनी सुन्दर लग रही हो लुकिंग स्मार्ट...", शोभित ने तनाव दूर करने के पर्याय से कहा।

स्वीट डिश के साथ शोभित कविता के रूप-लावण्य को भीतर उतारता चला गया। कविता भी नयनों की भाषा में समा चुकी थी। उसका भी जी चाह रहा था कि उच्चवर्ग की ऊँचाईयों में उड़ान भरे और आकाश के चरम बिन्दु को छू ले। अब उसे एहसास होने लगा था कि रूप-सौन्दर्य का मादक-पाश क्या होता है। नारी की मोहिनी किस प्रकार शिखर पर स्थित पुरुष को पल भर में ही अपदस्थ कर सकती है। उसे शोभित से प्रेम तो था नहीं और न ही आसक्ति। परन्तु, फिर भी यह भ्रामकता कैसी? अब लग रहा था कि उसे तो शोभित का लोलुप नज़रों से देखना ही अच्छा लग रहा है। वह वास्तव में ही कोई लासानी ललना है जिसकी भव्य देह, सुन्दर मुख, कमल नयन, पीन पयोधर, क्षीण कटि, कर पंकज, और कदली जंघाएँ आज भी मदहोश कर सकती हैं। यही सोच उस पर जैसे मादकता-सी छायी हुई थी।

"ओ.के. मिस्टर कशिश, अब मैं चलता हूँ। थैंक्स..."

"सर, अब चाय का समय हो गया है..."

"जी सर, अब चाय पिये बिना हम आपको नहीं जाने देंगे"—कविता तो जैसे दिवास्वप्न से जागी हो।

"मैं, पास में ही वह खोमचे वाला है—बहुत स्वादिष्ट पकौड़े और समोसे बनाता है। अभी दस मिनट में लेकर आता हूँ।" और डॉ. कोटली घर की ढलान पर सरक रहा था। यह कहाँ जाकर रुके—वह स्वयं भी नहीं जानता था।

बेडरूम में कविता की बेटी सो रही थी। शोभित उठा और जाकर कविता की बगल में जाकर बैठ गया। उसने हाथ नितम्ब की मखमली फिसलन पर घुमाया—कविता ने मुख शोभित की गोद में रख दिया। वह उसकी केश-राशि को सहलाता रहा और रसकलश कपोल चूमता रहा...!

"कविता–तुम तो अति सुन्दर कमनीय काम्या हो। शायद रम्भा तुमसे अधिक मनोहारी न हो..." और उसकी ग्रीवा पर चुम्बन अंकित कर दिया। "जी करता है, तुम्हें लेकर कहीं उड़ जाऊँ..."

"तो फिर कर लो... जैसा चाहो..."

"सोच लो... छोड़ूँगा नहीं..."

"मना कौन कर रहा है... हिम्मत तो आपको ही करनी होगी..."

कविता तो जैसे कोटली के प्रेम मनुहार को पुनः जी रही हो। पता नहीं क्यों? कि उसका जी चाहा वह फिर से वही चुलबुली प्रेमिका हो जाये जिसके हर मनुहार को प्रेमासक्ति या प्रेमासक्त निगाहें पीती रहें। वह तो फिर से वही बीस वर्ष की सेक्स-डॉल हो गयी थी।

शोभित का स्वयं पर नियन्त्रण करना लगभग असम्भव हो रहा था। "अच्छा तुम कोटली से प्रेम नहीं करतीं?"

"मुझे क्या पता... मुझे तो प्रेम और कर्तव्य में कोई अन्तर लगता ही नहीं शायद अपना पत्नी का दायित्व निबाहना ही प्रेम है। दिनभर घर की दिनचर्या निभाओ और रात को पति की शारीरिक प्रताड़ना। शादी से पहले और शादी के बाद के प्रेम में योजनों का अन्तर होता है। अच्छा, आप मुझे प्रेम करते हो...?"

"अरे तुमसे तो कोई भी प्रेम किये बिना रह ही नहीं सकता।" "सच...!" और वह शोभित से लिपट गयी।

इतने में डोरबेल बजी। कविता ने उठकर दरवाज़ा खोला। बेटा और कोटली इकट्ठे भीतर आये। "अभी-अभी निकलवा कर लाया हूँ गर्मागर्म...।" कोटली ने कहा। पलभर के लिए सकपकाया। जाने से पहले तो डॉ. शोभित सामने वाले सोफ़े पर थे और अब इस तरफ़! एक नज़र दौड़ायी... चारों ओर, सब कुछ सामान्य। सोचा उसी का भ्रम होगा।

अब शाम का धुँधलका गहराने लगा था। मॉल पर रौनक बढ़ रही थी। लगता था अब प्रेम ऊँचाई की ओर आ रहा है।

8

मानव और मानवता का विकास प्रकृतिजनित ही है। जैसे-जैसे मानव का शारीरिक, बौद्धिक और मानसिक विकास हुआ, वह प्रकृति की ओर मुड़ा। पहले तो प्रकृति का निरीक्षण और अवलोकन कर उसने उसके नियमों का आलेख और उनके प्रतिपादन का प्रयत्न किया। परन्तु समयान्तर प्रकृति का विकास या ह्रास उसने अपनी सुविधा अनुरूप किया। प्रकृति की प्रत्येक इकाई, वस्तु या पदार्थ का अध्ययन कर उसे अपने अनुरूप ही ढाल लिया। बड़ी, बृहत् वस्तुओं का प्रारूप और आकार छोटा कर दिया और छोटी चीज़ों को बड़ा। यह इसी बात पर निर्भर करता है कि वह प्रोजेक्ट या अनुसन्धान किस व्यक्ति के पास है। इस बदलाव की प्रक्रिया में डार्विन के अनुसार, प्रकृति का अपना ही नियम कि 'योग्यतम की उत्तरजीविता' यानी कि 'सबसे योग्य, सशक्त और फिट ही टिक पायेगा' ही सार्थक है। यही कुछ तो हो रहा है हमारे चारों ओर फैले राजनीतिक, सामाजिक, शैक्षणिक, सरकारी, कार्पोरेट और प्रशासनिक परिवेश में।

सफलता के लिए मेधा, परिश्रम, सत्ताधारियों से निकटता, अपने जीवन-मूल्यों के साथ समझौता इत्यादि मानक आवश्यक लगते हैं। ऐसा ही सोचती थी आस्था। "आपकी वरीयता, आपकी मेरिट, योग्यता और मेधाविता धरी-धराई रह जाती है यदि आपको मान्यता प्रदान करने वाला कोई न हो।" रिसर्चर आस्था ने कॉफ़ी टेबल पर कॉफ़ी सिप करते हुए कहा।

"मैं समझी नहीं, आखिर तू कहना क्या चाहती है? क्या हमारी एम.ए. फर्स्ट क्लास, पीएच.डी. सभी बेकार हैं?" आकांक्षा ने ज़रा तेवर दिखाते हुए क्षोभ प्रकट किया।

"हाँ, यही समझ ले—कोई हमें ऊपर न उठाता तो अपनी स्थिति क्या होती? वही भारत के पाँच करोड़ छात्रों की तरह हम भी कहीं धूल फाँक रहे होते।"

"तो तू समझती है कि हमारा कोई निजी अस्तित्व नहीं; कोई अस्मिता नहीं। हम केवल कठपुतलियाँ हैं क्या—जिसने जैसे चाहा, नाच नचा लिया। मैं नहीं मानती।"

"मत मान, आज नहीं तो कल बात समझ में आ जायेगी। जब दो-चार जगह इंटरव्यू में रिजेक्ट हो जायेगी।"

"तो ठीक है, मैं तो अपने ही बूते पर ऊपर उठूँगी। तू बस देखती रहना।"

"जाने दे—पछतायेगी। और घूम-फिर कर वहीं आ जायेगी। अरी याद नहीं कैसे हम हताश-सी डिपार्टमेण्ट के बाहर बैठी थीं। भगवान का शुक्र कर कि उसने हमें लड़की बनाया और फिर भरपूर सुन्दरता दी। और सबसे ऊपर हमारे सर, सुन्दरता के पारखी। और भी लड़के, लड़कियाँ थे—बाक़ी तो किसी से भी आँख तक नहीं मिलायी उन्होंने। कोई उनके चेम्बर में घुस नहीं सकता और हम हैं उनकी चहेती।"

"वो तो ठीक है, पर यह भी तो हो सकता है कि उन्हें हमारे भीतर कोई चिनगारी नज़र आयी हो और तभी हमें सिलेक्ट किया।"

"और हमें मानस-पुत्रियाँ बनाया। मैम से, सौम्या जी से यही परिचय दिया था न हमारा? कितने बनाये हैं मानस-पुत्र... एक भी नहीं ना? कितने धक्के खाते फिरते हैं। हमें तो उनका और ईश्वर का कृतज्ञ होना चाहिए। देख लेना आगे भी वे ही पहुँचायेंगे। यदि तेरा कोई और जैक है तो वे तूने मुझे बताया नहीं।"

"पता नहीं तू कैसे इतनी निर्ममता से विश्लेषण कर जाती है। जो भी हो—मैं तो अब अपने बल पर ही आगे बढ़ूँगी। बहुत हो गया।"

पता नहीं आकांक्षा के भीतर उसकी ईगो ज़ोर मार रही थी या उसका आत्मसम्मान या फिर आत्मविश्वास।

आस्था को तीन महीने की 'लीव वेकेन्सी' में हिन्दू कॉलेज सोनीपत में अस्थायी तौर पर अंग्रेज़ी विभाग में प्राध्यापक की नियुक्ति मिल गयी थी। उसकी और आकांक्षा की पीएच.डी. पूरी हो गयी थी। अगले दीक्षान्त समारोह में उन्हें चाँदीपुर यूनिवर्सिटी से डिग्री भी मिल जायेगी। आकांक्षा हिसार में अपने परिवार के साथ मस्ती के मूड में थी। प्रतिदिन समाचार-पत्रों के विज्ञापन देखना और आवेदन-पत्र भेजना, रोज़मर्रा की दिनचर्या का अहम भाग हो गया था। दो महीने बीत चुके थे परन्तु अभी तक भी उसे, कहीं से भी इंटरव्यू के लिए नहीं बुलाया गया था।

एक दिन आस्था की बचपन की सहेली का कॉलेज में फ़ोन आया—

"अरी आस्था—तू भी कमाल ही है। इतने वादे, इतनी कसमें, इतने मनुहार, न भूलने के लम्बे-लम्बे भाषण—और साल भर से..."

"आप कौन अलका या आशीमा?"

"पता था, तू भूल जायेगी और बात कौन पर आ जायेगी।

एक तो बड़ी मुश्किल से तेरा फ़ोन न. आकांक्षा से लिया और तू है कि पहचान भी नहीं पा रही है। अरी मैं अक्षिता, पहचाना अब?"

"कैसे नहीं पहचानूँगी अपनी सबसे प्यारी, गुड़िया-सी सहेली को—जब तेरा अता-पता ही न हो तो कैसे पता चले?"

"अच्छा! सुन, यहाँ अंग्रेज़ी विभाग में एक प्राध्यापिका छोड़कर जा रही है। तू वी.सी. कुरुक्षेत्र के नाम पर एक आवेदन भेज दे और एक कॉपी मेरे नाम

पर—अर्थशास्त्र विभाग में भेज दे। पेपर में विज्ञापन कब आये किसी को पता भी नहीं चलेगा। जल्दी कर देना। किसी से ज़िक्र मत करना। समय आने पर आपके प्रोफ़ेसर साहब डॉ. शोभित से बात करवा देंगे। ठीक है।"

"अरे यार! यह तूने वास्तव में ही कमाल की ख़बर दी। जी करता है तेरे पास आकर, तुझसे लिपट कर तुझे धन्यवाद दूँ।"

"अरी... वे तू बाद में करती रहना। अच्छा अब मेरी क्लास है रखती हूँ बाय...!"

आस्था टेलीफ़ोन का रिसीवर हाथ में लिए उसे कुछ देर देखती रह गयी। एक ओर अक्षिता जिसने मुझे अपनी शादी का निमन्त्रण भी भेजा और दूसरी मैं जिसने उसे बधाई का पत्र तक नहीं डाला। और अब उसने आगे बढ़कर फ़ोन पर, कितनी गोपनीय ख़बर दी। छिः! मुझे ही बदलना होगा अपना रवैया! दुनिया में दोस्त, सम्पर्क और साधन-सम्पन्नता ही काम आती है और उसके लिए वैसा व्यवहार, बर्ताव भी रखना पड़ता है। वह सोच रही थी। भीतर से खुश भी थी परन्तु आशंकित भी—कि कैसे वह इस अवसर को भुना पाएगी।

पी.ए. ने इण्टरकॉम पर कहा—"सर, आस्था जी" "सेन्ड हर इन" डॉ. शोभित ने आदेशात्मक लहजे में कहा। "गुड मॉर्निंग, सर" आस्था भीतर घुसते ही डॉ. शोभित की टेबल की साइड से घूमकर चरण स्पर्श के प्रयास में झुकी। डॉ. शोभित ने उसे बाँहों में भरकर चूम लिया। फिर उसे कुर्सी पर बैठने के लिए इशारा किया।

"क्यों क्या बात, अचानक कैसे? फ़ोन कर देतीं।"

"नहीं, सर, बात ही कुछ ऐसी थी। फ़ोन पर नहीं कर सकती थी।"

"ऐसी भी कौन-सी बात थी जो फ़ोन पर नहीं हो सकती थी"

और आस्था ने विस्तार से सारी स्थिति से अवगत कराया। डॉ. शोभित ने वी. सी. कुरुक्षेत्र से बात की। एक-दो जगह और बात की जिसे आस्था नहीं जान पायी।

चाय पीते-पीते..."और वापिसी का क्या प्रोग्राम है?" "सर, अब तो नहीं जा पाऊँगी। कल सुबह ही जाउँगी। ओ.के.। नाइट स्टे चाहो तो घर आ जाना, नहीं तो फैकल्टी रेस्ट हाउट में। हाँ, रात का खाना साथ खायेंगे। बेटी हो अपने घर की तरह ही रहो।"

आश्वस्त थी आस्था। इसीलिए घर ही चली आयी। खानसामा जानकीराम जानता ही था। बगल वाला बेडरूम खोल दिया। पता नहीं इस आकांक्षा को क्या हुआ है। जाने क्यों इस प्रकार के घिनौने विचार उसके मन में आते हैं। जब अपना मन ही मैला हो तो उसके संस्पर्श से सभी कुछ मैला ही होगा और वही आपको दिखेगा। इस तरह का स्नेह, प्यार, वात्सल्य यदि हमारे श्रद्धेय, हमारे वरिष्ठ नहीं करेंगे तो क्या हमारे हमउम्र करेंगे। हमारे निम्न या निम्न मध्यम वर्ग के परिवार तो अपनी ही वर्जनाओं, अपनी ही आग्नेय परिधियों से घिरे रहते हैं इसलिए लड़की को, कन्या को वर्जित क्षेत्र में ही सुरक्षित रखते हैं। उसे प्रकृति पनपाये तो विधि का संयोग अन्यथा

जन्मदात्री यह दायित्व घर के अँधेरे कोनों में निभाये। जो इस मानसिकता के पाश से उबरते हैं, उन्हें अपने विवेकानुसार खण्डित किया जाता है। सम्बन्ध बनाना तो सरल होता है परन्तु बिना किसी स्वार्थ के निभाना कितना कठिन। और डॉ. साहब इन क्षुद्रताओं से कितना ऊपर हैं। इसी की पराकाष्ठा तो दैवी स्वरूप होती है।

आस्था अपनी ही सोच से अभिभूत थी। कृतज्ञता से ओत-प्रोत तो थी ही, साथ ही उसे एक पुत्री होने का रोमांच भी पुलकित किये जा रहा था।

"ओ.के. बी. एट ईज़ नाऊ... आत्मविश्वास से अपने प्रोफ़ेसर का नाम रोशन करो।" और उसे अपने साथ सटा कर चूमा—"माय वेरी स्वीट डार्लिंग डॉटर... गॉड ब्लेस...।" और उसे एक लॉंग कोट देकर रवाना किया।

शिमला की बस्ती, होटल, दुकानें, घर, कोठियाँ और ट्रैफिक पीछे छूटता जा रहा था परन्तु यादें पग-पग बढ़ती ही जा रहीं थी। स्निग्धता में अपनी ही गरमाहट होती है। उसके एक-एक पोर में माधुर्य मिश्रित होता है। और वे पल आस्था के जीवन की अनमोल थाती थे।

"यू आर रीयली ग्रेट! कुछ भी खोज ख़बर नहीं। कब कहाँ से कहाँ पहुँच जाती हो—कुछ पता ही नहीं चलता।" आकांक्षा ने कक्ष में घुसते ही कहा।

आस्था कुछ नोट्स ले रही थी। आवाज़ पहचान गयी। वही अनुस्वार ध्वनि, आँख उठायी। झट से उठी और जाकर लिपट गयी आकांक्षा से।

"सच्ची—इस इतवार मैंने तेरे पास ही जाने का सोचा हुआ था। पूरा साल हो गया। मेरे तीन-चार पत्रों के उत्तर में केवल एक ही लैटर। क्या हो गया है तुझे—एकदम घुन्नड़-सी हो गयी है हँसती-खिलती अनार की कली।" और उसे चूमती रही।

"अच्छा अब बैठने दे। तू बिलकुल नहीं बदली। वही बालपन, वही चंचलता, वही नटखट अदा मेरी प्यारी गुड़िया—अब यूनिवर्सिटी में प्रोफ़ेसर बन गयी। अब कौन आकांक्षा?"

"ऐसे बात करेगी ना? तो सच में रोने लग जाऊँगी। फिर चुप कराती रहना और देती रहना सबको सफ़ाई। मैं तो तेरे बिना; जैसे प्रियतम बिना रैन—कभी भी ठीक से सो ही नहीं पायी। अच्छा अब बता तू है कहाँ—कौन से कॉलेज में?"

"होना कहाँ है—वही घर में। अब तो घरवाले भी शादी करवाने के लिए आतुर हैं। तीन-चार कॉलेजों में इंटरव्यू दिया है। परन्तु हर जगह सिफ़ारिश। मैनेजमन्ट का अपना ही प्रत्याशी... पता नहीं कैसे लग जाते हैं लोग। यहाँ तो सब मैरिट, सब धरे धराये—किसी भी काम न आये।"

"और तुम्हारा अपना कॉलेज—वह तो रख सकते थे!" "अरी छोड़ ना। हमारी कौन-सी बैकिंग है। सब मीठी-मीठी बातें करते हैं पर अन्ततः परिणाम शून्य। और तू बता यहाँ कैसे पहुँची—कितना पैसा चढ़ाया और किसके द्वारा।"

"अरी छोड़। हम दो वक्त की रोटी का बमुश्किल जुगाड़ करने वाले लोग, पैसे का सोच भी कहाँ सकते हैं? सच में यह सोच तू जितनी जल्दी बदल लेगी, उतना ही अच्छा रहेगा। हम लोग तो किसी न किसी की अनुकम्पा पर ही आश्रित होते हैं।"

"कौन है जो हम पर इतनी कृपा कर दे?" तूने किसका सहारा लिया?

"अरे यार, तुझे पहले ही कहा था कि जिन्होंने हमें एम.ए. करवा कर यहाँ तक पहुँचाया—वही हमारा कल्याण कर सकते हैं। और हमें जानता ही कौन है?"

"पर हर बार उन्हीं को कब तक कष्ट दें। मुझसे तो मुश्किल ही होगा। चल अब चाय पिला और सारा किस्सा विस्तार में बता।"

आस्था ने अपने भोलेपन में सारा वृतान्त सुनाया और उसे भी सलाह दी कि वह भी सर के पास ही जाये।

घर के लॉन में हाउस गाउन पहने डॉ. शोभित टहल रहे थे। शाम के चार बजने को थे। धीरे-धीरे हलकी लालिमा में लिपटी धुँधलके की चादर पसर रही थी और सूर्य अपनी यात्रा के पड़ाव पर पसरने को तत्पर हो रहा था। डॉ. शोभित की तो जैसे आदत ही थी। अपने ही एकाकीपन के बृहत् वन में कलरव की ध्वनियों में खोये रहना। कितना सुखद सामंजस्य होता है इन कमनीय धाराओं में—जैसे हिम शिखाओं से फूटती प्रपातिकाएँ और उनकी मधुरिम कल-कल संगीतमयी लहरियाँ। तो एक-एक कर कानों में एक स्वर्गिक एहसास जगा देती थीं।

इतने में गेट खुलने की आवाज़ आयी। शोभित ने अनसुना कर दिया, जैसी उसकी आदत थी। सोचा जानकी स्वयं ही देख लेगा और आप कोठी के पीछे के लॉन में मुड़ गया।

लो! पहला ही अपशकुन। अवहेलना का रुख़ भी हो सकता है। पहचाना तो होगा, पर या तो आस्था ने ही कुछ उलटा-सीधा कहकर अपना प्रभाव अंकित कर दिया होगा। या फिर मेरे साल से भी अधिक चुप रहने पर, यह उनका नाराज़गी प्रकट करने का तरीक़ा ही हो। जो भी हो; ठीक तो नहीं था, उनका इस प्रकार विमुख होकर चले जाना। वह गेट के भीतर गयी और जाकर डोरबेल बजायी। जानकी ने जाली से देखा—दरवाज़ा खोला नहीं और जाकर कहा—"सर, वही मैडम हैं—जो दूसरी मैडम के साथ कई बार आती हैं।"

"कोई तो नाम होगा?"

"सर, मुझे ध्यान नहीं।"

"तुमने उन्हें अन्दर बिठाया या नहीं।"

जानकी झट से भागा और जाकर दरवाज़ा खोल कर, उसे भीतर बिठाया।

"ओह, आकांक्षा! तुम कैसे इधर?" डॉ. शोभित ने भीतर प्रवेश करते ही कहा। "तुम तो जैसे लुप्त ही हो गयीं।"

जैसे ही आकांक्षा उठकर पाँव छूने को हुई—डॉ. शोभित ने झट से उसे कन्धों से पकड़ा, साथ सटा लिया। मुख को दोनों हथेलियों से थाम—दोनों कपोलों पर चुम्बन अंकित कर दिया। पता ही नहीं लगा उसे कि क्या-क्या भाव उसके भीतर तरंगित हो रहे थे। आकांक्षा तो सिहर उठी। पूरा चेहरा लालिमा से छिटका हुआ। और धड़कनें तेज़। शोभित ने उसका माथा चूमा और सोफ़े पर बैठाया।

"सर, आय एम सॉरी"

"सॉरी किस बात पर..."

"साल भर से आपके कॉन्टेक्ट में नहीं रही।"

"उसका ख़ामियाज़ा भी तुमने ही भोगा होगा"

"वो तो है ही सर। मैं तो तनावग्रस्त रही। परन्तु आपसे सम्पर्क करने की हिम्मत ही नहीं जुटा पायी।"

"ओ.के., अब क्या चाहती हो?"

"सर, मेरा भी कल्याण आप ही कर सकते हैं।"

"ठीक है देखते हैं...। जाओ सामने वॉशरूम में जाकर फ्रेश हो जाओ। फिर चाय पीते हैं।"

आकांक्षा उठी। आईने में जाकर देखा। बाल अस्त-व्यस्त। लटें बिखरी हुई जैसे फूल पर भ्रमरों का अम्बार छा गया हो। परन्तु गालों की लाली जस-की-तस। यही है मेरी सबसे बड़ी शत्रु...। पर शत्रु क्यों? यही तो है मेरा अचूक अस्त्र। मेरा अपरिमित खिंचाव। पॉन्ड्स के फेसवाश से मुँह धोया, ब्रश से बाल सँवारे, लटें सुलझीं, परन्तु दो-एक नटखट फिर भी मंजुल मुख पर सरक ही गयीं। धीमे-धीमे कटि पर बोझ से डोलती, आकर बैठ गयी। शोभित ने देखा कि चाँद जैसे पूर्णिमा की स्निग्धता लिये हुए था। परन्तु बेटी जैसी है—सुन्दर है, अद्वितीय है तो भी बेटी तो नहीं। क्यों पाल लेता है वह बेवजह ही रिश्ते। पर उनके बिना नज़दीकी का कोई विकल्प भी तो नहीं। यह आत्म-प्रवंचना है? हो... पर कितनी सुखकर है। नारी हर रूप में नारी ही है। आकर्षण उसका केन्द्र बिन्दु है। उसका सान्निध्य सदैव ही तोषपूर्ण होता है। वह कमज़ोरी नहीं, वह तो शक्ति है वह स्फूर्ति है, स्पन्दन है, साँसों का क्रम है। कुछ भी कर देने को अग्रसर करती है वह अलौकिक शक्ति है।

वही हुआ ना, जो मैं सोचती थी। आस्था की अपनी सोच रही होगी। परन्तु मेरी धारणा तो प्रो. शोभित के बारे में पुख़्ता ही हुए जा रही है। मुझे पहली बार भी उनके प्यार जताने के तरीक़े में अटपटापन ही लगा था और अब भी उसकी पुनरावृत्ति ही हुई है। प्यार करने के लिए चुम्बन गालों पर ही क्यों? और भी तो भाग हैं शरीर के, यही क्यों? फिर मेरे भीतर भी तो एक लहर-सी, एक सिहरन-सी कौंध जाती है—जो प्रेम की अतिरंजना के आवेश या आवेग में ही हो सकता है। ख़ैर, मैं तो वैसे भी मँझधार में हूँ और ये ही हैं मेरे कर्णधार।

जानकी चाय रखकर जा सकता था, परन्तु खड़ा रहा। शायद, इसी प्रतीक्षा में कि जाने कौन-सा नया आदेश मिले। अब उसे भी लगने लगा कि डॉ. शोभित अब वैसे नहीं रहे, जैसे पहले थे। अब थोड़े सनकी, तुनकमिज़ाजी और क्षुभित रहते हैं—पता नहीं क्यों?

"सर, चाय डालूँ?" जानकी ने अन्ततः कह ही दिया। शोभित और आकांक्षा अपने-अपने दिवास्वप्न से जागे। जैसे एक युग से चिर-निद्रा न ली हो।"

"हाँ, हाँ... सोच क्या रहे हो..." शोभित ने झल्लाहट से कहा।

आकांक्षा ने नयन ऊपर किये। विस्फारित नीली झील से पारदर्शी दृग... वह तो विभोर-सा डूब ही गया। एक अरसा बीत गया था, उस रूमानी दुनिया से रुख़सत हुए जिसमें थीं मनीषा, मानसी, आस्था, आकांक्षा, कविता और सभी का समावेश—सौम्या। कहाँ-कहाँ से कण बटोर कर वह गढ़ता था—सौम्या की प्रतिमा जो किसी मेघ के अंश-सी उसके मन वातायन पर छा जाती और फिर बिखर जाती। शायद, उसकी भटकन को प्रगल्भित करने के लिए!

आकांक्षा ने आँख खोली। घटाटोप अँधेरा। लिहाफ़ में महसूस हुआ, वह तो निर्वस्त्र है। वक्ष पर हाथ फेरा। फिर हाथ धीमे-धीमे नीचे सरका, पूरा शरीर, एकदम मायावी कल्पना से परे। लिहाफ़ में टटोला। कुछ भी तो नहीं। वस्त्र सिरहाने, करीबन बिखरे हुए। विवेक ने कुछ काम न किया। शनैः शनैः, सोचते-सोचते, एक-एक कर वस्त्र पहने। कंचुकी प्रयास से भी कलशों को व्यवस्थित नहीं कर पा रही थी। उठ कर बैठी। कुर्ता पहना। सामने जाकर लाइट ऑन की। वॉश रूम में गयी। चेहरा वैसे ही सद्यःस्नात। कोई चिन्ह नहीं, कोई निशान नहीं। कुर्ता ऊपर उठाकर देखा। कुछ भी तो नहीं, बस नितम्बों पर जैसे किसी मकोड़े ने जगह-जगह काट खाया हो। वह तो दरवाज़ा भीतर से बन्द कर सोयी थी। फिर खुला कैसे? सन्देह वही जिसकी मन में भ्रान्ति थी। रात को शोभित आये थे क्या? यदि हाँ, तो उसे पता क्यों नहीं चला। तभी तो सोचा था कि गेस्ट रूम में रुक जाती हूँ। परन्तु जब आस्था घर में रुक सकती थी तो मैं क्यों नहीं? स्वयं का ही तो निर्णय था कि वहाँ रुकने पर डॉ. साहब को एक अजनबीपन का भान न हो। नहीं समझ आ रहा था। घड़ी में सात बजे थे। बाहर घने कोहरे का वितान। पूरी निस्तब्धता, देवदार की बाँहों के नुकीले रेशे नितान्त शान्त। पता नहीं क्यों—घबरायी भी नहीं। परन्तु यह विस्मयात्मकता। कैसे उजागर हो इसका सत्य?

बाहर लॉबी, ड्राइंग, डाइनिंग सभी निद्रालीन। प्रोफ़ेसर साहब का रूम हल्का-सा बन्द। शायद भीतर सो रहे हों। उसने कॉलबेल से जानकी को बुलाया।

"गुड मॉर्निंग—मैडम जी।"

"रात को मैं कब सोयी?"

"आप तो बेडरूम में जाते ही—दस, साढ़े दस बजे सो गयीं। साहब तो बाथ रूम में थे। मैं जब दूध लेकर आया तो आप लिहाफ़ में लिपटी, सो रही थीं।"

"और डॉक्टर साहब...?"

"वे जब बाहर आये तो आप को सोये हुए पाया। अपने कमरे में लौट गये। मैंने भी आपकी लाइट बन्द की, दरवाज़ा अटकाया और चला गया। क्यों क्या बात है?"

"कुछ नहीं, वैसे ही। डॉक्टर साहब कहाँ हैं।"

"लगता है सो रहे हैं। वैसे तो पाँच-छः बजे तक जाग ही जाते हैं। चाय लाऊँ।"

"नहीं, उनके उठने पर मुझे ख़बर कर देना—तभी चाय लाना।"

ताज्जुब, विस्मय, आश्चर्य, कौतूहल सभी प्रकार की झंझाएँ उसके मन को घेरे हुए थीं। चाय पर डॉ. शोभित ने पूछा भी—क्यों रात को नींद नहीं आयी। घबरायी-सी लग रही हो। उसने उन्हें तो टाल दिया—परन्तु प्रश्न तो अभी भी अनुत्तरित!

"मे आय कम इन मैम।"

आकांक्षा एक प्रोजेक्ट में तल्लीन थी। बिना सर उठाये ही कह दिया—'यस, कम इन।'

परन्तु यह कुक्कू की कूक, जानी पहचानी-सी आवाज़। हलकी चम्पई महक...। सर उठाया। झट से उठी और आस्था को आलिंगनबद्ध कर लिया।

"वाह! क्या स्टाइल है। मैडम के नखरे—अब कौन आस्था?"

"अरी! जो भी हूँ तेरे कारण ही। तू ही सूत्रधार है हर उपचार की... प्यारी-सी गुड़िया।"

"मुझे तेरा पत्र तो मिल गया था, परन्तु सोचा उत्तर क्या दूँ। जाकर ही मिलूँगी।"

"पर इतने दिन थी कहाँ?" पता है मुझे यहाँ आये भी पूरे छः महीने बीत गये। और तेरी कोई खोज-ख़बर नहीं।

"मैं महीने भर के लिए बेंगलुरु और पन्द्रह दिन मद्रास... गेस्ट फैकल्टी के तौर पर...।"

बातों का सिलसिला रात भर चलता रहा। बार-बार केन्द्र में आ जाते डॉ. शोभित।

"तू भी न आकांक्षा। यह सब तेरी सोच का ही परिणाम है। कहीं-ना-कहीं, भीतर ही भीतर तू कृतज्ञता की मानसिकता से पीड़ित है।"

"वो कैसे?"

"तू स्वयं को डॉ. साहब के प्रति कृतज्ञता के बोझ तले दबा पाती है। मैं यह तो नहीं कहती कि तू उनसे प्रेम करती है, परन्तु, हाँ, तू कृतज्ञता का प्रतिदान अवश्य देना चाहती है। शायद स्वयं को समर्पित कर...। यही है तेरी मानसिकता का द्वन्द्व, भ्रमजाल और छलावा।"

"तू तो वास्तव में ही दादी अम्मा है। पता नहीं क्या-क्या निष्कर्ष निकाल लेती है। एकदम निर्मूल, निराधार!"

"नहीं, तू ही सत्य का सामना करने को तैयार नहीं है। उस रात, जो तेरे साथ, उनकी कोठी पर हुआ, वह तेरी ही विभ्रमता की स्थिति है जिसे हम हेल्यूसीनेशन कहते हैं। यह तू कभी न कभी करेगी—आत्म-समर्पण—। तभी तेरे इस कृतज्ञबोध का पाश टूटेगा।"

"मुझे तो लगता है—तू मुझे, मुझ से भी अधिक जानती है। कैसे अपने ही अनुमान और स्वयं के ही निष्कर्ष निकाल लेती है। छोड़ अब, इन सभी पचड़ों को। चल तुझे चण्डीगढ़ घुमाती हूँ। आज डिपार्टमेण्ट में कोई ख़ास काम भी नहीं है।"

"चल—यही ठीक रहेगा।"

सेक्रेटेरियट की इमारत उस समय सबसे ऊँची थी। कम-से-कम, उत्तर भारत में तो थी ही। हाईकोर्ट दूसरा कीर्तिमान था। बाक़ी तो चौड़ी फैली सड़कें और साइडों पर उठते हुए स्वागत में हरे हाथ...। यूनिवर्सिटी का स्वप्निल परिसर। दोनों सखियाँ जीवन के पहले पड़ाव पर प्रफुल्लित, प्रसन्न और प्रभामय! दोनों ही चण्डीगढ़ की सुखना लेक में अपने सान्निध्य की प्रतिछाया से अभिभूत थीं। एक सुखद अनुभूति से संलिप्त!

9

मित्रता, दोस्ती, याराना, आत्मीयता, अन्तरंगता, आशनाई, प्रियता, सख्यता; उषा के विभिन्न छायाभासों की तरह कभी दायरों में नहीं बँधते। कोई भी एक शब्द हृदय के भावों की समग्रता को व्यक्त करने में असमर्थ होता है। जिस क्षण, जो सामने होता है; वही विवेक की सीमाओं को लाँघ कर मानस पटल पर इस प्रखरता से बिम्बित होता है, कि एक बार तो आभास होने लगता है कि यही इति है, यही सीमान्त है, यही पराकाष्ठा है, अलाघ्य है। मैत्री, प्रेम, आसक्ति, आकर्षण में कुछ ऐसा ही तो होता है।

फिर मनीषा ऐसे क्षणों से भला कैसे अछूती रह सकती थी। उसी के कॉलेज की कुलीग और अन्तरंग सखी की शादी थी। उसी की हमउम्र थी। यौवन के पल्लव फूटते ही, असहज आकर्षण के चुम्बकीय क्षेत्र से सुन्दर बाला बच जाये, ऐसा प्रायः असम्भव ही होता है। परन्तु यह समर्पण, यह दीवानापन अन्ततः फलीभूत हो जाये; यह भी कई बार मुमकिन नहीं होता। ज्वार का वेग जीवन को कहाँ ठेल दे—किसे पता? रह जाती है तो लहर की झलक मात्र, जो किनारे की रेत पर अंकित हो जाती है। क्षण भर के लिये या अनन्तकालिक—पूरी तरह परिस्थिति जनित। जीवन दूसरा अवसर कब दे; केवल प्रतीक्षा ही तय करती है कर्म नहीं। प्रयास हो सकता है परन्तु सफलता का प्रतिशत आँकना, दुस्तर-कठिन!

"मनीषा, इधर आ। इनसे मिल। यह हैं मि. मयंक। मेरे ब्रदर। और भाई, यह मेरी सबसे प्यारी सहेली मनीषा। मेरे साथ ही कॉलेज में इंगलिश पढ़ाती है।"

परस्पर अभिवादन। मयंक का इस अद्वितीया को देख, एकदम असहज हो जाना। वह सोच ही नहीं पाया कि मनीषा की उम्र क्या होगी। जो भी हो, पता तो करना ही होगा। आखिर यह है कौन? भूल ही गया कि वह स्वयं भी तो अब चालीस की दहलीज़ पर है। फिर भी कहाँ लगता था कि उसकी दो बेटियाँ और एक बेटा भी है। एक बेटी की तो शादी भी कर दी थी। हालात ही ऐसे बन गये थे। कितना भी इन्सान अपने आप को भाग्य का निर्माता बघार ले, परन्तु जब परिस्थितियाँ उसे चित्त करती हैं तो उस समय साँस में धूल ही आती है और आँखों के आगे अँधेरा।

ऐसा ही तो हुआ था, मयंक के साथ। अच्छा भला, सुखमय जीवन। स्वयं बैंक में तृतीय स्केल का अधिकारी। पत्नी एक बिज़नेस परिवार की। एकदम सहज, सुन्दर, शालीन। कोई भी उसे पाकर धन्य हो जाये। चार साल पहले ब्रेस्ट कैंसर का पता लगा। देखते ही देखते पाँच फुट तीन इंच की अनुपमा, समा गयी एक मुठ्ठी भर राख में। एक साथ लाखों उल्कापिण्ड आ गिरे परिवार पर। हताश्, असहाय, असमर्थ। दायित्व वहन भी अकेले ही करे अब मयंक। मदिरा एक जीते-जागते हृदय-स्पन्दन का विकल्प तो हो नहीं सकती। परन्तु मन को कौन समझाये। बच्चा तो, एक बार फिर खिलौना ले मान जाये। पर उनका आदर्श, उनका सम्बल—कौन सँभाले उसे।

पर यह क्या? मनीषा क्योंकर उसे भीतर तक उद्वेलित किये जा रही है। सोते जागते वही छवि—बार-बार! बहन से उसका समस्त ब्योरा ले लिया। छोटी बहन खुश कि आखिर कहीं तो भाई का मन टिका।

"मनीषा देख! तेरी परेशानी जानती हूँ, बखूबी जानती हूँ। लेकिन एक धारा यदि बहा ले जाये आप पानी में जाना बन्द तो नहीं कर देते। जीवन इतना लम्बा होता है। कब तक एकाकी पंखे या ए.सी. की घुर्र-घुर्र के साथ जी सकता है कोई। मन करता है कि घर जायें तो किसी के बाजू के तकिए पर सर रख, नर्म-नर्म पोरों से केशों के स्पन्दन में जी लें। धीमे-धीमे सिहरन-सी तन-मन में कौंध जाये और हर मनुहार, हर संवाद, हर ले आपके दिनभर की थकान।"

"और यदि यही विश्राम के पल किसी त्रासदकाल की भेंट चढ़ जायें तो? न बाबा—मेरी तौबा! बस बहुत हो गया।" मनीषा की अकुलाहट साफ़ ज़ाहिर थी।

"मानती हूँ, तुम एक यातना की वीथी से गुज़र चुकी हो! परन्तु तूने यह कैसे मान लिया कि सारा जहान एक-सा ही है। अरी! वह मेरा भाई है। मैं जानती हूँ उसे। जान छिड़कता था भाभी पर। वह तो विधाता की ही क्रूरता—छोड़! पर तू यह भी तो सोच, अब तो शुभांकर भी तेरे पास आ गया है। उसे भी तो बाप का प्यार चाहिए। मैं नहीं देख सकती, तेरा यह तन्दूर में सिका चेहरा। तनाव किस तरह भृकुटी पर पैठ चुका है।" बहन तो आखिर बहन ही होती है। उसने तो जैसे बीड़ा ही उठा लिया था कि वह भाई और मनीषा को प्रणय-सूत्र में बाँध कर ही दम लेगी।

मयंक तो पहले ही उत्सुक था। बच्चे भी पापा की लाचारी, उनकी व्यस्तता, घर सँभालना, सुबह ब्रेकफास्ट तैयार कर उनका टिफिन पैक करना, शाम को आकर, देखना कि नौकरानी क्या बना कर गयी है अन्यथा स्वयं ही तैयार करना। बच्चे भी उत्साहित थे कि उनकी नयी मम्मी आयेगी। बेटा जो करीबन नौ साल का था। बहुत ही प्यारा, लाड़ला बबलू। मयंक और उसकी पत्नी के दिल की धड़कन। अब केवल मयंक के साथ ही चिपका रहता। खाना, पीना, नहाना, सोना, जागना सब उसी के साथ। बेटी ग्यारह-बारह की रही होगी। बेटियाँ तो, पता नहीं, भगवान उन्हें किस मिट्टी से गढ़ता है, झट से शैशवावस्था, बाल्यकाल छोड़, कब बड़ी हो जाती

हैं, कोई जान ही नहीं पाता। झट से एकदम सयानी, दायित्व वहन करने वाली और जैसे छोटी माँ की भूमिका में उतार लेती हैं स्वयं को। भाई का पूरा ध्यान रखती थी नेहा। वह तो इसलिए खुश थी कि कम-से-कम पापा को कुछ तो आराम मिलेगा। और प्रशस्त यानी बबलू का चिपकूपन भी कुछ तो कम होगा।

तय हो चुका था कि शादी एकदम सिम्पल, सरल और ताम-झाम रहित होगी और दस-एक करीबी रिश्तेदारों के साक्ष्य में। शादी आर्य समाज मन्दिर, वसन्त विहार देहली में ही हुई। मयंक और मनीषा ने जीवन का दूसरा अध्याय शुरू किया। नये संकल्पों, नये मूल्यों, नये सपनों के साथ। शुभांकर, नीलिमा (मयंक की शादीशुदा बेटी) नेहा और बबलू समझ ही नहीं पा रहे थे कि आखिर उनके रिश्ते हैं क्या?

मयंक की वसन्त विहार में एक कनाल की कोठी थी। कभी मयंक के पिता ने, बहुत सस्ते में प्लॉट लेकर, साठ साल पहले दो लाख लगाकर मकान बनाया था। मयंक ने तो केवल उसे रेनोवेट ही किया है। अकेला लड़का और एक बहन, बहन काफ़ी सम्भ्रान्त परिवार में ब्याही, इसलिए मकान तो फिर मयंक का ही हुआ। कोठी को, आज के परिप्रेक्ष्य में तो भव्य ही कहा जायेगा। तीन बेडरूम ड्राइंग रूम, खूब बड़ी लॉबी और तिस पर पच्चीस फुट ऊँची लाबी में से चढ़ती सीढ़ियाँ जो प्रथम मंज़िल पर बने दो बेडरूम और लॉबी में जातीं। लॉबी में दो बेल्जियम से आयातित फ़ानूस, दीवारें राजा रवि वर्मा की नृत्यांगनाओं से अभिभूत। हरे-पीले फूलों से किनारों पर बहती बेल के साथ नीले रंग का कालीन। दीवार से सटे नीले-पीले-हरे-लाल चेक के फोम के सोफ़े। कॉर्नर्स में बड़े-बड़े रजवाड़ों के घरों जैसे पीतल पर नक्काशी किये हैदराबादी मटके और शीशे की सेंटर टेबल। ठीक सामने आठ कुर्सियों सहित शीशे की टेबल टॉप वाला टीक का डाइनिंग टेबल और उसके पीछे एक भव्य साइड-बोर्ड में सजी चाँदी और चाईना क्ले की क्रॉकरी। कुल मिलाकर, हर इंच से रईसी फूट-फूट पड़ती। कोई भी जाये तो पाँच मिनट देखता ही रह जाये।

ड्राइंगरूम और बेडरूम का बखान शायद शब्दातीत ही हो। कम-से-कम मनीषा और शुभांकर को तो चकाचौंध-सा ही लगा। वे तो सोच भी नहीं सकते थे, कि वे भी कभी ऐसे घर में आयेंगे। लगा जैसे पन्ना की खादानों के खनन के बाद ही बनाया गया हो वरना कैसे सम्भव हो सकता है एक नौकरीपेशा अधिकारी के लिए। पर अभी वे घर में गये ही कहाँ और कौन-कौन है घर में, उन्हें क्या पता। अभी तो अलता से सजे पाँव ही अंकित हो रहे थे, लॉबी की भव्यता में।

दस-एक लोग ही तो शादी में शरीक हुए थे। शादी क्या, यह तो एक औपचारिक बन्धन को सामाजिक मान्यता दिलाने भर का पर्यायक्रम ही था। हाँ एक बात थी, यह शादी दो अलग-अलग संस्कृतियों का मेल थी। एक पंजाबी, जहाँ हर पग भव्यता, प्रदर्शन, दिखावे में रखा जाता है। जहाँ पत्नी का अर्थ है सम्पूर्ण समर्पण। जिस भी स्थिति में पति रखे, उसी में सन्तुष्ट। चाहे परिस्थिति, परिवेश और परिवार के

अनुरूप प्रासंगिक न भी हो। जो जैसा है उसे वैसे ही स्वीकार करना जिसे लोकगीत आता है, वह तो गायेगा ही। मयंक की बुआ ने उसकी और उसकी माँ की ओर मुखातिब होते हुए दो लाइनें गा ही दीं—

"जे साडी बीबी मन्दा बोले, अन्दर वड़ समझाए ओ जी।
जे साडी बीबी मोटा पीहे, मैदा मन पकाएओ जी।"

शाम होते-होते भीड़ छँटने लगी। उत्तर-पूर्व की असमिया संस्कृति, जहाँ हर रस्म पर नृत्य, गीत और साज़; मनीषा के लिए अजीब तो था ही। एक बार अग्नि परीक्षा से भस्म हो निकल चुकी थी और मलय की निःसंगता एक प्रलयंकारी मध्यान्तर ही था। खासकर अब, जब वह इतिश्री से पहले दूसरी पारी में प्रवेश कर रही थी। उसकी अपनी संस्कृति से एकदम भिन्न। नारी प्रधान समाज के एकदम विलोम—पुरुष-प्रधान समाज में। जहाँ के कानन में बसेरा हो तो वहीं के पक्षियों, जीवों, प्राणियों से तालमेल तो बिठाना ही पड़ेगा। मनीषा अब तक सब जान चुकी थी और इन सबकी अभ्यस्त भी हो चुकी थी।

रात होते-होते सभी विदा हो चुके थे। मयंक की बहन भी अपनी भाभी यानी मनीषा से 'बेस्ट ऑफ़ लक' के अभिवादन के बाद, पतिदेव के साथ रुख़सत हो गयी। अब बच गये, बबलू, नेहा और शुभांकर।

कोठी के बाहर लड़ियों से जगमगाहट थी जैसे घने जंगल में अनगिनत जुगनू जगमगा रहे हों। मौलसिरी, चम्पा, जुही, रजनीगन्धा, गुलाब, सभी पेड़ों पर सुगन्धित प्रकाश टिमटिमा रहा था। पड़ोसी और आते-जाते सभी हैरत में थे कि जो घर प्रायः भुतहा-सा लगता था, खासकर पिछले छः सात साल से, अब अचानक, एकदम जीवित कैसे हो उठा। सभी की आपस में फुसफुसाहट, परन्तु उन्हें क्या मतलब मयंक से। जब कोई बुलाये ही ना, तो भला किसी को क्या लेना-देना। यही तो सोच थी सभी पड़ोसियों की।

"साब, मुझे देर हो रही है। कहो तो चपाती बना दूँ।" नौकरानी न जाने कब से उतावली थी।

"अरे, एक दिन देर हो भी गयी तो क्या, अभी तो सात ही बजे हैं। रोज़ तो साढ़े पाँच ही भाग जाती हो।"

"जो भी हो, मेरे बच्चे भी मेरी राह देख रहे होंगे।"

मनीषा का, वर्षों बाद यह पहला कटु अनुभव होने जा रहा था। किचन ही तो कामकाजी महिला का पहला वॉटरलू होता है जो उसे रोज़ ही पारिवारिक पथ का आगाज़ शूल भरा है तो अंजाम क्या होगा। अब उसके मन में तरह-तरह के विचार कौंध रहे थे। लगा जैसे उसका पोत सागर के भँवर की ओर अग्रसर है।

"कोई बात नहीं, तुम यह भाजी काट दो और दस चपाती बनाकर छोड़ जाओ। कल से जल्दी चली जाना।" मनीषा ने उसको थपथपाते हुए कहा।

नौकरानी बुदबुदायी...। परन्तु फटाफट काम में जुट गयी। पन्द्रह मिनट में निपटा कर, बिना पूछे ही—"बीबी जी, मैं जा रही हूँ।" कहकर गेट के पार हो गयी।

मयंक की बहन और उसकी दूसरी कुलीग ही तो उसे ब्यूटी पार्लर लेकर गयी थीं। केशों के घुँघराले कुन्तल जैसे किसी वल्लरी से ख़मदार लहरा रहे थे। कुछ काली घटा से उषा के कपोलों पर और गहन उमड़ती उमंगे पृष्ठमर्म पर बलखाती हुई जैसे उतुंग श्रृंग प्रदेश पर लहराती श्यामल बदरिया। हाथों की उँगलियाँ, जैसे कलियों का गुच्छ, कटि प्रदेश जैसे किसी शिल्पी की कल्पनाशीलता की पराकाष्ठा और वे रसभरे कलश कैसे फूट-फूट पड़ते थे चोली और दामन की पातों से।

मयंक ने न जाने कल्पना के कितने वितान बुन रखे थे। कितने स्निग्ध, सजीले सपने सँजो रखे थे—मनीषा के लिये। ताकि उसे गर्म हवा तक भी न छू पाये। कहाँ सोचा था उसने कि परिवार नहीं, दो परिवारों का दायित्व, दो संस्कृतियों का विलय, दो परिवेशों में पले-बढ़े हुए बच्चों का परस्पर सम्बन्ध, उनका एक-दूसरे को बहन-भाई के रूप में स्वीकार करना और इन सब में अन्तर्निहित समस्याएँ। चाँद सपने दिखाता है तो सूर्य प्रकट करता है उनका यथार्थ पक्ष।

चलो पहले चाँद की आगोश में चलें। क्यों बेमतलब सुखद पलों के प्रादुर्भाव को नगण्य बाधाओं की निर्जनता की ओर आमुख करें। मयंक को जल्दी थी कि बच्चों को खाना खिला निद्रा की गोद में सौंप दें। तभी तो उसने बाहर किसी होटल में खाने का प्रस्ताव रखा था, जिसे मनीषा के बेटे ने सिरे से नक़ार दिया था। अब वह भी वयस्कता की दहलीज़ से दो क़दम ही दूर था। अंकुर तो फूट ही रहे थे। तो मन में भी निरन्तर कुछ ऊहापोह-सी चल रही थी। लग रहा था उसका एकछत्र साम्राज्य, एकाधिपत्य अब बँट रहा है। पल-पल, जिस पर उसकी मम्मी केन्द्रित थी, अब उसकी, अकेले की नहीं रहेगी। तभी तो उसने तय कर लिया था कि वह हर उस पग में बाधा बनेगा, जहाँ उसकी मम्मी उससे विलग हो।

अभी तो शादी के प्रांगण में पूरी तरह प्रवेश भी नहीं किया था जब मयंक ने रूपासक्त हो, कामरूप की रूपसी से प्रेम-प्रणय का निर्णय कर लिया था। या फिर यों कहो कि वह प्रेम-सरिता के वेग में इस क़दर बह गया था कि उसने विवाहेतर परिदृश्य की परिकल्पना भी न की । वह तो जैसे भूल ही गया था कि उसका छोटा बेटा प्रशस्त (बबलू) उसे किस प्रकार छोड़ेगा। जबकि वह प्रत्येक रात्रि उसी के साथ, उसकी हथेली पकड़कर सोता है। ज़रा-सा हाथ हटाया नहीं कि वह झट से उठ बैठता। इतना विशाल महलनुमा मकान किन्तु पूरा परिवार सोता एक ही बेडरूम में, नाइटलैम्प के सहलाते से मद्धम प्रकाश में। एक ओर बेटी नेहा, दूसरी ओर प्रशस्त और बीच में मयंक स्वयं।

"देखो बेटा, बबलू, आज आप और आपकी दीदी इस बेडरूम में सोयेंगे। मैं तुम्हें रोज़ की तरह कहानी सुनाऊँगा—और फिर सोने चला जाऊँगा, साथ वाले बेडरूम में।"

"साथ वाले में क्यों? हमारे साथ क्यों नहीं? पहले भी तो सोते थे हमारे ही साथ। मैं आपसे गुस्सा हो जाऊँगा।"

"नहीं, अच्छे बच्चे कहना मानते हैं। मैं कल आप को हेलीकॉप्टर ले कर दूँगा, ठीक...!"

"कोई बात नहीं पापा, मैं इसे सँभाल लूँगी। आप चिन्ता न करें।" नेहा ने थोड़े अपनत्व से कहा। पता नहीं बेटियों में यह वात्सल्य भाव भगवान जन्म से ही पैदा कर देता है। साथ ही दायित्व वहन को भी वे सदैव तत्पर ही रहती हैं। मयंक ने बेटी को चूमा, सहलाया और बबलू को बाँहों में भर लिया। भालू वाली कहानी सुना रहा था और कहानी पूरी होने को थी, परन्तु बबलू की आँखें जुगनू-सी जगमग टिमटिमा रही थीं।

"सोजा अब, मेरे बाप... नहीं तो एक दूँगा।"

इतना कहना भर था कि वह फूट-फूट कर रोने लगा। मन तो भरा हुआ था ही; मम्मा, मम्मा कर चिल्लाने लगा। झट से मनीषा साथ वाले कमरे से उठकर आयी। बबलू को गोदी में उठा कर चूमा।

"राजा बेटा, प्यारा-सा, छोटा-सा राज दुलारा—हमारा तो यह है जगमग चाँद सितारा...।"

पहले तो बबलू ने बाँहें मनीषा के गले में डाल लीं परन्तु, फिर अगले ही पल, छटपटा कर गोदी से उतर गया।

"मैं नहीं बोलता आपसे। आप गन्दी हैं। आप हमारे पापा को ले जायेंगी। आइ हेट यू... गो आउट...।"

मनीषा ने सोचा, यह तो अच्छी मुसीबत पाल ली। उधर शुभ नाराज़, बोलने को तैयार नहीं और इधर बबलू। नेहा प्यारी परी-सी है—पर दबीदबी दुबकी-सी...। बेचारी माँ को मिस करती है कितनी स्वीट है।

उसने नेहा और बबलू को गोदी में लिया। धीमे-धीमे सहलाया, बालों में हाथ फेरती रही, लोरी गाती रही—

"चन्दा हमारा बबलू, परी हमारी नेहा
रानी-सी है परी हमारी, राजा बबलू बेटा...।
नींद बसी है नयनों में इनके—सपने डालें डेरा"
दोनों ही आधे पौन घण्टे में सो गये।

मयंक वास्तव में ही मनीषा से अभिभूत। कुछ तो जादू होता है नारी में कि वह हर स्थिति में, हर किसी को वशीभूत कर लेती है। वह उठी, जाकर किचन में दो गिलास दूध गर्म किया और रख दिया अपने बेडरूम के साइड टेबल पर। एक गिलास देने गयी शुभांकर को जो बैठा था बैड पर। जैसे किसी प्रकार का विरोध-प्रदर्शन कर रहा हो।

रात के ग्यारह बज चुके थे। देहली और उसका वसन्त विहार। अगर यहाँ जीवन पनपता है दिन में, तो रात में जीवन बहता है। उनकी तो रंगीनियाँ ही शुरू होती हैं रात ग्यारह के बाद। जब खुलती है स्कॉच, जॉनी वॉकर या मेरी स्कॉट। नाइट क्लबों में थिरकते मखमली जिस्म, जिन पर निगाहें ही फिसलती जायें, रंग-बिरंगी चुँधियाती रोशनियों में और लारों के बहने लग जायें नाले। देह-प्रदर्शन और देह-आस्वादन दोनों की ही मजबूरी। एक मजबूर उदर क्षुधा से तो दूसरा नयन-मन-तन सुख से। एक को चाहिए पैसा तो दूसरे को पैसा ख़र्चने का स्थान। परन्तु दोनों ही बेईमान। एक कहे मेरा शरीर, मेरा माल मैं जो चाहे करूँ कानून बीच में कहाँ से आता है। दूसरा कहता है मेरा दिमाग़, मेरी मेहनत, मेरी दक्षता, मैं कमाता हूँ तो सरकार की भागीदारी किस बात की। जो भी तर्क हों, वह सभी स्वयं की तुष्टि तो कर सकते हैं परन्तु समाज, सरकार की नहीं। व्यवस्था किसका दायित्व है, इसका उत्तर सामूहिक रूप से तो हो सकता है परन्तु निजी तौर पर एक अकेले का नहीं। इन्हीं मुद्दों पर कई बार व्यवसायी सम्भ्रान्त, मयंक से उलझ जाते हैं। जो अपनी कारों, कोठियों, बँगलों, फार्म हाउस की बातें तो करते हैं परन्तु इन्कम टैक्स के नाम पर दस-हज़ार, बीस-हज़ार। और लोन चाहिए एक-करोड़, दो-करोड़। अघोषित सम्पत्ति, कालाधन कहाँ देता है सोने। ज़रा-सा खटका हुआ कि दिल धक-धक करने लगता है। तभी तो तनावमुक्त होने का साधन है कामिनी काया, माया और मदिरा। जो तनाव पैदा करे उसका उपचार नहीं। उस ओर देखो ही नहीं। दैत्य या तो सोया रहे या दैत्य इतने अधिक बढ़ा दो कि वे स्वयं ही तुम्हारी रक्षा करें। यही कुछ तो हो रहा है इस समूचे राजनीतिक और प्रशासनिक तन्त्र में। भरपूर परस्पर सहयोग—सरकार को लूटने में, राज्य और राजस्व को कमज़ोर करने में कितने मुस्तैद हैं सभी!

बहन ने शयनकक्ष कितने सलीके से सजा रखा था। सेज के चारों कोनों से जुही की धीमी-धीमी सुगन्धित धारा बह रही थी। चारों कोनों में मन्द-मन्द प्रकाश हरा, नीला, गुलाबी, नारंगी अपनी रूमानियत बिखेर रहा था। सेज पर रजनीगन्धा के हार लहरा रहे थे और गुलाबी फूल मसले जाने को प्रतीक्षारत थे। मयंक साइड पर पड़े सोफ़े पर पसरा हुआ कयामत के इन्तज़ार में। पता नहीं मन कैसे घिर गया ब्राँच की भूलभुलैया में, देश की समस्याओं में। इन्तज़ार कैसे उतार देता है वह प्रमाद, वह उत्तेजना, वह कामेच्छा, वह ललक कि ज्वार उतरने पर फैल जाती हैं खाली बोतलें, टूटी चप्पलें, खाली खोल, सीप, घोंघे, टहनियाँ और पत्तियाँ। जिन्हें देखकर घिन आती है कि क्या यही था वह उत्तुंग ज्वार, उफान-सा उठता भीतरी संसार!

"क्यों बेटे सोये नहीं अभी तक?..."

"मम्मा आपको तो पता है कि मैं अकेला नहीं सोता। या तो आपके साथ, नहीं तो नानी के साथ। आप मेरे पास सोयेंगे तभी नींद आयेगी।"

"ठीक है, चलो, मैं यहीं सोती हूँ। तुम लेटो।" शुभांकर जो पहले भी पाँच साल शेरवुड में रहकर आया था अब मम्मी के साथ ही सुरक्षित महसूस करता था। बचपन के दुराव की कीमत तो माँगता ही है बच्चा। पहले या बाद में। जैसे ही शुभांकर की आँख लगी—मनीषा उठकर मिलन-कक्ष में चली गयी। मयंक सोफ़े पर ही लुढ़का पड़ा था। ज़रा-सा हिलाया तो झट से हड़बड़ाया-सा उठा। उसने मनीषा का हाथ पकड़ा और वहीं पर सोफ़े पर खींच लिया। उसके संयम का बाँध टूट चुका था। दरिया पूरे उफान पर था। एक ऐसी अप्सरा जिसको आगोश में भरने की परिकल्पना उसने पिछले दो बरस से की थी। आखिर फलीभूत हो रही थी।

उत्तेजना अपने चरम पर थी। किसमें इतना संयम, इतना आत्म-नियन्त्रण कि प्रेम की स्निग्धता और उसकी कोमलता को एक-एक स्पर्श में आराध्य को समर्पित करे। पहला प्रेम, पहला नशा, पहला खुमार यह सब सब्र कर जाता है बर्दाश्त। परन्तु जब यह प्रेम-फल भरपूर चखा हो, यह जाम सागर-दर-सागर पिया हो और बीच में आये, एक अवांछित भयावह अन्तराल। और अचानक आपके सामने फैला हो अनियन्त्रित सौन्दर्य का अपूर्व संसार—तो कोई भी फौलादी बाँध क्षण भर में ध्वस्त हो जाता है, मयंक जानता था कि उसने मनीषा के रात-दिन कैसे सपने सँजोये हैं। कैसे उसके सब्र का बाँध हर रात जर्जर होने की कगार पर था। उसने झट से मनीषा को बाहुपाश में कस लिया। और उसके मुख, ग्रीवा, पृष्ठिका के कण-कण को चुम्बनों से प्लावित कर दिया।

"डार्लिंग... आय लव यू विद ऑल माय हार्ट... हाउ वन्डर

फुली ब्यूटीफुल आर यू...आय एम सो लकी... तुमने तो मुझे पहली झलक में ही मार दिया था... तुम हो कहाँ से... यहाँ की तो लगती ही नहीं... पता नहीं कहाँ से उतर आयी हो तुम रम्भा, इन्द्राणी, मेनका... तुमने तो मुझे धन्य कर दिया—अब भगवान से कोई गिला, कोई शिकवा नहीं। तुम आगोश में हो तो मौत का भी कोई गम नहीं... ओह गॉड... व्हाट ए ब्यूटी..."

"डियर... बस... ज़्यादा मत चढ़ाओ कि गिरू तो हड्डियाँ भी नज़र न आयें..."

मयंक ने धीमे से मनीषा को उठा कर शयन-शैया पर लिटा दिया। एक-एक कर स्वर्ण शृंगार की कृत्रिमता को हटा; मनीषा की नैसर्गिक सुकुमारता, सौम्यता और सुकोमलता को अनावृत्त किया...। किस अंग को छुए, किसे देखे, किसे चूमे। समग्र सौन्दर्य, सम्पूर्ण रूप में समक्ष हो और आप इतने अक्षम कि उस समग्रता का समूचापन अपने में समेट भी न सकें। सौन्दर्य कितना विराट होता है और आप कितने अकिंचन। जब मयंक अधूरा था तो मनीषा को पाकर सर्वांग सम्पूर्णता के लिए उत्कट था। परन्तु आज उसी सम्पूर्ण सर्वांगीणता ने उसकी क्षुद्रता का एहसास करवा दिया। वह होता तो है केवल एक कण में, एक स्थल, एक अंग में परन्तु

वह विशालता, वह उपमाहीनता, वह अपूर्वता रह जाती है विलक्षण-बेजोड़, विरल, बेमिसाल। पता नहीं किस द्रव्य, किस धातु-सम्मिश्रण, किस यौगिक-प्रक्रिया ने इस मांसल भव्य देह को गढ़ा कि किसी भी अंग-प्रत्यंग का बखान ही अनिर्वचनीय है। वे मदिरा-कलश, अपरिमित सौन्दर्य-पिण्ड, वे कदली जंघाएँ, वह तनुमध्या, वे पीन पयोधर, वे विशाल नेत्र, चन्द्रवदन कुंचित चारुकेश, नहीं टिकती थी निगाह, किसी एक पर। वह हो चुका था पूर्णतया अव्यवस्थित। जैसे कोई व्याघ्र पहले शिकार से अठखेलियाँ करता है, फिर नोचता है, काटता है फिर खाने का प्रयास करता है। बस यहीं मयंक उस आखेटक से भिन्न था। वह सोच रहा था कि क्या सभी ऐसे ही होते हैं।

यही मनःस्थिति थी मनीषा की। जो अब प्रेम-प्रसंग से विभ्रान्त हो चुकी थी। उसे लगता था कि पुरुष के लिए प्रेम केवल सेक्स है। सेक्स की परिपूर्ति तक प्रेम—फिर वही अपूर्णता, फिर वही वितृष्णा और फिर वही ललक। और जीवन चलता जाये भँवर के आवृत्तों में, आवर्तों में। समर्पण नारी की नियति है। विकल्प है अलगाव। प्रेम नारी जीवन की विडम्बना है और उसकी अभिलाषा, मात्र छलावा। कुछ भाग्यशाली भी होते हैं, इन परिस्थितियों के अपवाद। परन्तु जीवन के दूसरे चरण के पहले पग में ही ये कैसे विचार। मनीषा एक देह से आच्छादित, एक-दूसरे ही संसार में थी—बेशक, वह स्व-चयनित था!

रात के दो बज रहे थे। मयंक ने रंग-बिरंगे प्रकाश में संलिप्त सुगन्धित मादकता को बुझाने का अवसर ही न दिया था। मनीषा मयंक के पृष्ठ भाग पर कोमलता से उँगलियों से स्पर्श कर रही थी। मयंक तो इहलोक में था ही नहीं। इतने में दरवाज़े पर ज़ोर से खट्-खट् हुई। मयंक की सारी उत्तेजना ग़ायब। झट से उठा... और पीछे से दरवाज़ा खुला। मनीषा ने त्वरा से मखमली आवरण में स्वयं को ढँका। परन्तु मयंक तो लोअर पहनने की प्रक्रिया में था कि दरवाज़ा एक झटके में खुला—खट से—जैसे चिटखनी खुली हो।

"पापा... पापा... आप कहाँ हैं? ऊँ ऊँ... आँह आँह... मम्मा... मम्मा...।" बबलू आँखें मलता-मलता दरवाज़े पर खड़ा था। साथ में था शुभांकर...।

अब तक मयंक ने लोअर पहन, ऊपर टॉप भी पहन लिया था। वह बाहर निकला... पीछे से दरवाज़ा बन्द किया...

"अरे क्या बात है...? मैं यहीं तो हूँ... शुभ क्यों क्या हुआ?"

"यह ऊँ ऊँ करता, मेरे रूम में आ गया और पापा-पापा करने लगा। मुझे हिलाकर जगाया। जब देखा आप नहीं हैं तो और भी ज़ोर से रोने लगा और बाहर निकल कर यहाँ आ गया।" शुभांकर ने उनींदी-सी आँखों से कहा।

इतने में ही नेहा आ गयी। "क्यों क्या हुआ—यह कब उठकर चला गया—पता ही नहीं लगा। चल... मेरा पारा-पारा-सा बबलू..."

"नई—तू गन्दी है—मैं पापा के साथ ही सोऊँगा।"

"तो फिर तू भी गन्दा है—दीदी की बात नहीं मानता।"

"नहीं, कभी नहीं... कभी नहीं मानूँगा।"

"चल बेटा हमारे साथ सो जा..." मयंक ने उसे गोदी उठा लिया।

अब तक मनीषा भी आ चुकी थी। "चलें हमारा प्यारा-प्यारा राजदुलारा—चल हमारे साथ सो जा...।" और वह उसे उठा भीतर ले गयी।

"बौत सोहणा कमरा—मैं ऐथे सोवांगा... तुसी जाओ—मैं पापा नाल सौणा ए...।"

"ठीक है—एक ओर पापा और एक ओर तुम्हारी मम्मी...। बीच में हमारा बबलू..." पापा ने मनुहार करते हुए कहा।

"नई—ऐह मेरी मम्मी नईं। ए जाबे दूजे कमरे च सौवें... मैं तुआडे नाल... वस ऐथे ई।"

बहुत मनाने पर भी नहीं माना। पापा ने एक चाँटा दिखाया तो और भी ज़ोर-ज़ोर से चिल्लाने लगा। आखिर मनीषा शुभ के साथ जाकर सोयी। शुभ की इच्छा भी पूरी... और ऐसे बीती सुहाग-रात सुहाग-कक्ष में...। ज़िन्दगी में पड़ गयी हो जैसे दुराव की नींव।

सपनों का भी अपना ही रसायन होता है। यदि क्रिया सम्पुष्ट हो तो यथार्थ में सपनों के अवयव मिलकर कोई सुगन्धित ग्रहणीय यौगिक बना देते हैं जिससे जीवन मधुमय अमराई-सा रोमांटिक हो जाता है। अन्यथा सपनों के अधूरेपन का असन्तोष; कलुषता का रिसाव पैदा कर देता है और जीवन धीरे-धीरे जटिलताओं का बीहड़-सा बनने लगता है।

अब यह बात रोज़मर्रा की ही हो गयी थी। उधर बबलू का चिपकूपन और इधर शुभांकर का रोष—मम्मी के प्रति और पूरे परिवार के प्रति। दिन-ब-दिन दो परिवारों के विलय में एक अगाध खाई बनती जा रही थी।

"मैं कई दिनों से देख रहा हूँ तुम स्कूल ही नहीं जा रहे हो—बात क्या है आखिर?" एक दिन मयंक ने शुभांकर से ब्रेकफास्ट टेबल पर थोड़ा कड़ाई से पूछा।

वास्तविकता यह थी कि एक दिन शुभ के प्रिंसिपल का उसके ऑफ़िस में फ़ोन आया था। उसी से पता चला कि शुभ कई-कई रोज़ स्कूल नहीं जाता। लगता है उसकी संगत बिगड़ गयी है। पहले वह हमेशा प्रथम पाँच स्थानों में रहता था, परन्तु अब तो वह फेल होने की कगार पर पहुँच चुका था। मयंक ने जब इस बात की चर्चा मनीषा से की, तो उसके पाँव के तले से तो जैसे ज़मीन ही निकल गयी फिर भी उसने यही कहा कि आपका भी तो बेटा है आप क्यों नहीं पूछते? थोड़ा डर तो उसे होना ही चाहिए।

वैसे तो मयंक, शुभ से हाय, हैलो और उसके हाल-चाल की जानकारी से अधिक बात ही नहीं करता था क्योंकि कई बार इंगित करने पर भी वह सुबह उठकर या

रात्रि को सोने के पहले अभिवादन भी नहीं करता था। मयंक को इस बात का भी संज्ञान हो चुका था कि शुभ काफ़ी हद तक धृष्टता की सीमाएँ लाँघता जा रहा है। पहले तो वह बात को अनसुनी कर देता था, परन्तु धीरे-धीरे वह अवज्ञा पर ही उतर आया। बेमतलब, बबलू और नेहा को डराता-धमकाता और वे कमरे में बन्द होकर रोते रहते।

एक बार बबलू उसके रूम से पेन उठा लाया। स्कूल से आते ही जब उसने देखा कि उसकी टेबल पर किसी ने चीज़ों को छेड़ा है और उसका पेन बबलू के पास है तो उसने कहा–

"बबलू मेरा पेन क्यों लिया। कितनी बार कहा कि मेरी चीज़ों को हाथ मत लगाया कर–उल्लू कहीं का।" और उसके ही रूम में जाकर नेहा के सामने उसके कान पकड़ कर दो थप्पड़ रसीद कर दिये।

"पापा को आने दो। मैं उन्हीं से तुम्हारी पिटाई करवाऊँगा। बड़े हो न इसीलिए रोब झाड़ते रहते हो। मुझे भी बड़ा होने दो। तब मैं भी तुम्हें देख लूँगा।"

"क्या देखेगा साले। अभी दो झापड़ और दूँगा–कहते रहना अपने पापा को। यह रोब किसी और को दिखाना।"

वो तो नेहा ने ही बबलू को अपनी बाँहों में समेट कर सुरक्षित कर लिया, वरना शुभ तो शायद उसकी जमकर पिटाई कर देता।

"और नेहा–तू भी सुन ले–तू ही सिखाती है इसे। दोबारा यह आगे से बोला तो मैं तेरा भी यही हाल करूँगा।"

माँ का अभाव पूरा संसार भी कभी पूरा नहीं कर सकता। माँ का आँचल ही सन्तान को बड़ी से बड़ी समस्या से निजात दिलवाता है।

शाम के चार बजे का समय था। मनीषा ने लॉबी में घुसते ही शुभांकर की ऊँची आवाज़ सुन ली थी। घर तो जैसे अदालत में तब्दील हो रहा था। वह जानती थी कि बबलू और नेहा ठीक हैं। और वे भी स्नेह के पात्र हैं। परन्तु शुभांकर के आगे वह भी लाचारी-सी ही अनुभव करती थी। दोनों बच्चों–बबलू और नेहा को अंक में समेट चूमा, दुलार किया और उन्हें सामान्य किया। बिना साड़ी उतारे ही किचन में जाकर ब्रेड पकोड़े बनाकर खिलाये। तब उन्हें मानसिक तौर पर सन्तुलित किया।

परन्तु बच्चे अपना बचपना छोड़ दें तो उन्हें उस भोलेपन के लिये भला क्यों कोई प्यार करेगा। दोनों ही गोरे-गोरे, टमाटरी लाल, गोल-मटोल से बहुत प्यारे थे। जी करता उन्हें साथ ही चिपकाये रहो। उन्हें प्रताड़ना तो कोई सोच भी नहीं सकता था। तभी तो मनीषा के भीतर कहीं अपराधबोध पैठ रहा था।

"बेटे–तुम समझदार हो। बड़े हो। वे तेरे भाई-बहन हैं। तुम्हारी सब बात मानते हैं। कितने प्यारे-प्यारे से हैं। उन्हें भी तो माँ का प्यार चाहिए। जब तुम

उन्हें डाँटते हो तो मुझे बिलकुल अच्छा नहीं लगता। तुम्हें उन्हें जाकर प्यार से सॉरी बोलना चाहिए।"

"सॉरी, माय फुट। कभी नहीं। मेरे कोई भाई-बहन नहीं हैं। आय हेट देम। मेरा उनसे कोई वास्ता नहीं है। यह तुम भी अच्छी तरह समझ लो।" "ऐसे बात करते हैं भला—अपनी मम्मी से। यही सीखते हो स्कूल में?" मनीषा ने शुभ को समझाते हुए कहा। "हाँ, यही पढ़ाती हो तुम भी कॉलेज में। दो-दो शादियाँ कर लो। अपनी रंग-रेलियों में मस्त रहो। बच्चे चाहे जायें भाड़ में।"

बस यह शायद सीमान्त था। धैर्य, संयम, सन्तुलन और मर्यादाएँ टूट चुकी थीं। मनीषा के मन में कौंध गया कि हो न हो यह उसकी संगत का ही प्रभाव है या फिर मलय के उससे संसर्ग का। क्रोध तो जैसे दिमाग़ की नसें ही फाड़ देगा। उसे स्वयं पर ही क्रोध, क्षोभ, आक्रोश था कि ये कैसे संस्कार उसके बेटे में पनप रहे हैं। गुस्से में उसने तमाचा मारने के लिए हाथ उठाया कि पीछे से मयंक ने उसी क्षण मनीषा का हाथ पकड़ लिया।

"नहीं। क्या रही हैं आप? अब बेटा बड़ा हो गया है समझा दो। पर यह बिलकुल नहीं। अपने पर संयम रखो।"

"आप को क्या पता—कितना बदतमीज़ हो गया है। जो भी मुँह में आता है बक देता है।"

"कोई बात नहीं समझ जायेगा।" और मयंक ने मनीषा को हाथ से पकड़ कर सोफ़े पर बिठा दिया। नेहा और बबलू भी पापा के साथ जाकर चिपक गये। शुभ क़दम पीटता हुआ चला गया और अपने कमरे का दरवाज़ा धम्म से बन्द कर लिया। मनीषा ने संकल्प तो नहीं, हाँ, तय अवश्य कर लिया कि अब से वह शुभ के कमरे में ही सोयेगी।

मयंक दो कप कॉफ़ी और तीन गिलास कॉम्प्लान डालकर दूध ले आया। एक-एक गिलास नेहा और बबलू को मनीषा ने अपने पास बैठाकर पकड़ाया।

"यह आप शुभ को दे आओ।"

"नहीं—वह तो आपसे से ही मानेगा। आप ही जाओ।"

"चलो देखती हूँ... मनाना तो पड़ेगा ही।"

वह उठी। दरवाज़ा खोलने का प्रयत्न किया। भीतर से बन्द था। ठक-ठक कर थपथपाया।

"मुझे नहीं खोलना। जाओ सब—मुझे आपसे कोई बात नहीं करनी।"

"खोल बेटा। मम्मी से कैसे नाराज़ हो सकता है उसका बेटा? तुझ पर तो मुझे गर्व है। अच्छा बेटा जो है।"

वार्ता करीबन दस मिनट चली। तब जाकर दरवाज़ा खोला। फिर भी वह बाहर नहीं आया। मनीषा ने अपने हाथ से एक घूँट पिलाया और गिलास टेबल पर रख कर चली आयी। "देख, अब पी लेना।"

रात को मनीषा ने प्रतीक्षारत मयंक को कहा—"देखो मयंक, यह परिवार दो प्रकार के खानदानों से मिलकर बन रहा है। इसकी भविष्य में क्या रूपरेखा होगी—यह तो मैं नहीं जानती। परन्तु अभी बच्चे नियन्त्रण के बाहर हो रहे हैं। आये दिन इनके झगड़े होते हैं। नौबत मार-पिटाई तक आ जाती है।"

"तो क्या करें? पता नहीं हमारा निर्णय सही भी था या नहीं।"

"अब पीछे मुड़ना तो सम्भव नहीं, इसी में रास्ता निकालना होगा।"

"तो क्या करें? आप ही सुझाओ। वैसे आप कहती तो ठीक ही हैं। जैसे बबलू, नेहा चाहे कुछ न भी कहें, परन्तु हमेशा उदास ही लगते हैं। मुझे तो लगता है कि उनकी ग्रोथ, उनका विकास ठीक से नहीं हो रहा है और शुभ का आचरण एकदम अप्रत्याशित, आपत्तिजनक है। कुछ तो करना ही होगा।"

"आपने भी तो कुछ सोचा होगा? यह विषय गहनता से सोचने वाला है क्योंकि निर्णय सबके जीवन को प्रभावित करेगा।"

"वह तो है ही। चलो कल इस पर बात करेंगे। आज तो जानेमन ज़रा कृतार्थ कर दो।"

और मयंक ने मनीषा के अधर अपनी दन्तपंक्ति से सी दिये। वह छटपटायी और पुरज़ोर कोशिश कर आलिंगन से छूटी।

"अब जो भी होगा कल ही होगा, आज के लिए सपने... शुभ रात्रि।" कहकर वह शुभ के कमरे में चली गयी और डबल बेड की एक साइड पर जाकर लेट गयी।

मयंक के लिए तो एकदम अनपेक्षित-आकस्मिक था। वह कुछ समझ ही नहीं पाया कि आखिर मनीषा ने ऐसा क्यों किया। लेटा-लेटा घटनाक्रम पर सोचता रहा। नेहा और बबलू तो अब उससे घुल-मिल गये हैं और वह भी तो उन्हें भरपूर प्यार करती है। हो न हो इसकी जड़ में है शुभांकर। कभी भी किसी से ठीक से बात नहीं करता और ऊपर से उद्दण्ड और धृष्ट। लगता है उसी ने कुछ कहा है। तभी तो मनीषा जो सदैव शान्त ही रहती थी, जाने क्यों उसे प्रताड़ित करने के लिए उत्तेजित हो उठी। वैसे भी लगता है शुभ से माँ का प्यार बँटना सहन नहीं हो पा रहा है। पहले पापा का प्यार नहीं मिला, हॉस्टल में रहा तब माता-पिता दोनों का ही प्यार नहीं मिला। और जब मम्मी के पास एकछत्र छाया में पनप रहा था तो मनीषा की दूसरी शादी। शायद वह वय-सन्धि की उस कगार पर है जब युवावस्था दस्तक देने लगती है और ऐसे में मम्मी से अलगाव। मम्मी का उससे अलग उसके तथाकथित पापा के साथ सोना। क्योंकि उसने मुझे तो कभी पापा माना ही नहीं। वैसे भी जो

रिपोर्ट प्रिंसिपल ने दी, वह कितनी निराशाजनक है। अभी तो मैंने इसकी चर्चा मनीषा से की ही नहीं, जब उसे पता चलेगा, जाने उस पर क्या गुज़रे।

उधर मनीषा लेट तो गयी। पर आँखें तो जैसे तारों के साथ जाग ही रही थीं। मन अशान्त हो तो सागर की तरह हृदय हहराता ही रहता है। गुरुत्वाकर्षण यदि उसे उद्वेलित करता है तो परिस्थितियाँ, घटनाएँ और सम्भावनाएँ सभी मन को पूरी तरह उद्विग्न कर देती हैं। अकुलाहट, अस्थिरता, आकुलता, विक्षुब्धता, विह्लता, व्यग्रता सभी उसके मन की खलबलाहट में भरपूर योगदान कर रही थीं। बार-बार मन वहीं जा टिकता कि आखिर उसने मयंक की छोटी बहन की बात क्यों मान ली। वह तो शादी करवा, तूफान उठाकर, खुद किनारे हो गयी। अब मुश्किले तो उसे ही झेलनी हैं जिसने पतवार सँभाल रखी हैं। छिः! घिन आती है खुद पर—मेरी मति क्या घास चरने गयी थी? क्या मैं सुरक्षा की आड़ में सेक्स-क्षुधित थी। जो भी हो, मैं शुभ् की गुनहगार हूँ। मुझे इसका पश्चात्ताप करना ही है। इसी क्षण से, पूरे मनोयोग से, पूरी प्रतिबद्धता से, पूरे आत्मसंयम से। अब शादी, दाम्पत्य यदि होम होता है तो मुझे वह पूर्णाहुति देनी ही होगी।

शुभ के मन में लेशमात्र भी अफ़सोस नहीं था। जानता हूँ हॉस्टल में सभी लड़के इसी दुराव और अकेलेपन के शिकार थे। जब अच्छा-भला घर रहकर पढ़ा जा सकता था तो हॉस्टल भेजने का क्या तर्क और क्या तुक था। कैसे मैं और करीबन सभी रात को बिस्तर में मुँह छुपा-छुपाकर रोते थे। कोई तसल्ली देने वाला नहीं था। जब स्कूल में ज़रा भी डाँट पड़ती तो हम किसके पल्लू से आँसू पोंछते। किसके आँचल में जाकर छिपते। जब बड़े हुए तो सोचा कि चलो अब तो मम्मी मेरी ही हैं—पापा ने क्यों छोड़ा, उसमें भी मुझे मम्मी का ही दोष लगता है। कितना प्यार करते थे मुझे? लगता ही नहीं था कि वे कभी मुझसे अलग भी रह सकते हैं। अब दूसरी शादी, दूसरे बच्चे आ गये। जिसके होंगे तो होंगे, मेरे तो भाई-बहन वे क़तई भी नहीं हो सकते। वह भी टेबल पर बैठा पढ़ाई का नाटक कर रहा था। उसका मन तो वैसे भी पढ़ाई में लगता ही कहाँ था। कमरे में अकेले रहो, अकेले सोचो, अपने से ही बातें करो और रात को हॉस्टल की तरह ही सो जाओ। अब मनाती फिरती हैं। मुझे कुछ लेना-देना नहीं है इनकी शादी से।

“बेटा अब तो एक बज गया। अब तो सो जाओ। बाक़ी पढ़ाई कल कर लेना। मुझे बताओ क्या पूछना है?” मनीषा ने लेटे-लेटे ही कहा। उसे भी नींद कहाँ थी। बच्चे कष्ट में हों, तनाव में हों तो माता-पिता वैसे ही मानसिक यातना में संलिप्त हो जाते हैं।

“आप सो जायें, मुझे नींद नहीं आ रही है।”

“लेटोगे तभी तो सो पाओगे। लेट जाओ बेटे, नहीं तो कल भी नहीं पढ़ पाओगे।”

"अच्छा बाबा, अब आप जब मानोगी ही नहीं। तो ठीक है," शुभ ने टेबल लैम्प बन्द किया। और पीठ मोड़ कर लेट गया।

माँ तो आखिर माँ ही होती है। बच्चे का मानसिक क्लेश, माँ के लिए तो सैकड़ों गुना कष्टदायक होता है।

नेहा और बबलू भी आखिर सो गये थे। नेहा ने ही बबलू को भालू की कहानी सुनायी और उसे अपने साथ सटा लिया। धीमे-धीमे उसकी पीठ थपथपाती रही और कब दोनों को नींद आ गयी और सपनों में खो गये, उन्हें पता भी नहीं चला।

मयंक के लिए भी तो तारों भरी अमावस्या की रात थी। चाँद क्या गया कि जीवन में अँधियारा-सा सिमट आया। शुभ की किशोरावस्था और उसका विद्रोही आचरण चिन्ता का विषय तो था ही, परन्तु साथ ही उसे यह भी भय था कि उसका अनियन्त्रित आचरण नेहा और बबलू पर क्या प्रभाव डालेगा। एक-डेढ़ घण्टा सोफ़े पर ही प्रतीक्षा की कि कब मनीषा आये और फिर से वातावरण की बोझिलता कम हो। परन्तु वह लौटी ही नहीं। वह उठा और जाकर बच्चों के साथ लेट गया। उन्हें चूमा और एक प्रकार का स्वर्गिक सुख भीतर तक उतर आया। सारा तनाव दूर—कितने प्यारे लगते हैं सोते हुए भी। मैं तो आभारी हूँ अपनी जानेमन का जिसने ये तीन संजीवनी से फूल मुझे दिये। एक कविता-सी कौंध गयी... उसकी उनींदी आँखों में—

बना लेते हैं—सदन, मकान—
रहने के लिए स्थान—
इंच-दर-इंच
दफ़नाते अपना तन-मन
हर ईंट, पत्थर की तह में।
पर क्यों खड़ी कर देते हैं दीवारें
जो बाँट देती हैं घर
स्तम्भों को कर दर-किनार।
और दरवाज़े हो जाते हैं बन्द
धीमे-धीमे
वक्त की बदलती हवा के साथ
तब नहीं रहता
किसी से भी कोई सरोकार।
बस कुलबुलाता है मन
होता उद्विग्न
क्यों किया मैंने अत्याचार
पीढ़ियों पर...
यह घर बनाकर!!

अब जान गया हूँ—क्यों
बेघर रहते हैं घरों में
और घरों वाले
हो जाते हैं बेसहारा—बेघर!!

और यों हुआ दरार का श्रीगणेश। एक ही छत के नीचे—एक परिवार, परन्तु दो फैमिली। पहले थे सभी इकट्ठे, खुश; मगर कुछ देर। बस एक मूक समझौता, जिसे मयंक-मनीषा ने मान लिया एक शपथ-पत्र के अन्तर्गत। जिसने उन्हें दिया अनुबन्ध-दम्पति होने का, शारीरिक मिलन का। परन्तु मन तो तभी मिलें, जब बच्चे मिलने दें। एक सुखद परिणाम यह हुआ कि तीसरी फैमिली का प्रादुर्भाव नहीं हुआ, हो ही नहीं सका—मयंक और मनीषा की सन्तान। जब संसर्ग ही समाप्त, फिर यह कपोल-कल्पित कल्पना कैसी।

समय बीतता गया। साल, दो-साल—और कमरों की दीवारें बनती गयी—भारत-चीन सीमा। जो अब रहेगी सदियों तक विवादित। पति-पत्नी में मानसिक जुड़ाव तो तब हो जब शारीरिक अलगाव समाप्त हो। दिनचर्या भी तो ऊब भरी। केवल दायित्व, केवल ज़िम्मेदारी। सुबह उठो, वही लॉबी में चाय पियो, अकेले या आमने-सामने अजनबी से बैठकर—अपरिचित!

हम कितनी सहजता से असामान्य घटनाओं को, त्रासद ज़िन्दगियों को या सुखद अन्तरालों को मात्र संयोग, दैवयोग कहकर दरकिनार कर देते हैं। और उनमें अन्यथा विश्वास को अन्धविश्वास की संज्ञा देकर नगण्य बना देते हैं। सभी समझ सकते हैं, परन्तु किशोर, युवा, बच्चे कैसे समझें। कोई भी तर्क, कोई भी युक्ति या दलील काम नहीं करती। वे या तो मौन का मुखौटा धारण कर लेते हैं या उतर आते हैं धृष्टता पर और इन सबका विस्फोटक रूप होता है विद्रोह। विरोध सत्ता, समाज, सरकार, घर, व्यक्ति, माँ-बाप; सभी का। एक सीमा तक तो स्थिति को नियन्त्रित किया जा सकता है। जैसे पौधे को पेड़ बनने से पहले तो मोड़ा जा सकता है, मनानुसार उसमें बदलाव लाया जा सकता है, परन्तु जब वह बलिष्ठ, बृहत् रूप धारण कर लेता है तो काट-छाँट के बिना, यह किसी सीमा तक ही सम्भव हो पाता है। परन्तु किशोर, बालक, युवा, इन्हें तो शैशवकाल से ही सँभालना होता है। बाद में किसी भी प्रकार की प्रताड़ना प्रतिकूल प्रभाव ही छोड़ती है।

यही सब कुछ हो रहा था इन बच्चों में भी। केवल डिग्री या मात्रा में ही अन्तर हो सकता था।

“पापा, आप शुभ की लगातार काउंसलिंग क्यों नहीं करते। मम्मी तो शायद उतने सलीके से न कर पायें।”

"बेटा—क्यों नहीं। कई बार, अनेकों मर्तबा; पर उसके चेहरे की लाली उसके भीतर उफ़नते विद्रोह को साफ़ ज़ाहिर करती है।" मयंक ने नीलिमा को समझाते हुए कहा। वह अपने ससुराल लखनऊ से कुछ दिनों के लिए आयी हुई थी।

"पापा, जो भी हो; यह स्थिति तो परिवार में प्रेम, सहजता, आपसी स्निग्धता की बजाय तनाव अधिक पैदा किये रहती है।"

"सो तो है। परन्तु अब तो ऐसे ही जीना होगा। जैसा भाग्य में हो कौन टाल सकता है उसे।"

"पापा, भाग्य के माथे मढ़ कर आप परिस्थितियों से पलायन नही कर सकते। यह हमें इन-एक्शन, अकर्मण्यता की अवस्था की ओर धकेल देता है। आपको कोई तो समाधान निकालना ही होगा।"

बेटी ने अपनी चिन्ता और उद्विग्नता को उजागर किया।

"अरे—तू क्यों चिन्ता करती है। समय स्वयं ही कोई रास्ता निकाल देगा। बहुत-सी समस्याओं का समाधान समय ही होता है।"

"नहीं, मैं आपसे सहमत नहीं हूँ। मैं यह पल-पल की आकुलता, घुटन, तनाव सहन नहीं कर सकती। यह आपके स्वास्थ्य के लिए हानिकारक है।"

"अच्छा, कुछ करेंगे। अभी तू क्यों टेंशन पाल रही है।"

परन्तु बेटी और वे भी सबसे बड़ी, जो माँ की अनुपस्थिति या उसके चले जाने के बाद, स्वतः ही वे दायित्व सँभाल लेती है। बेशक उसकी निजी सीमाएँ और दायित्व होते हैं परन्तु फिर भी नारी की कृति ही ऐसी है, भगवान ने या प्रकृति ने उसे समग्रता में ही गढ़ा है। वह हर हालात में स्वयं को स्थितियों अनुरूप ढाल लेती है।

"मम्मी—आप नहीं मानतीं कि यह वस्तुस्थिति हमारी परिकल्पना के एकदम विपरीत है।"

बेटी ने डाइनिंग टेबल पर चाय का सिप लेते हुए कहा। यही ठीक अवसर था जब नेहा और बबलू स्कूल जा चुके थे और शुभ कॉलेज।

"नीलू (नीलिमा) जो तुम कहती हो, शायद ठीक ही है। मुझे लगता है कि तेरी बुआ की बात से मुझे सहमत होना ही नहीं चाहिए था। परन्तु अब पीछे देखने से क्या लाभ? तुम ही सुझाओ, क्या करना चाहिए?"

"अब मैं भी क्या सुझाऊँ। इस रिश्ते को कोई नाम भी नहीं दे सकते। बस समझौता।" इतने में मयंक भी टॉयलेट से बाहर आ गया। मनीषा ने कैटल से चाय उँड़ेली और मग आगे सरका दिया साथ ही बिस्कुट ऑफर किये।

"क्या चर्चा चल रही है दोनों माँ-बेटी की, कोई प्राइवेट परिचर्चा तो नहीं।"

"नहीं पापा—ऐसा कुछ भी नहीं। यही बात कर रही थीं कि इस समस्या का समाधान क्या है।"

"मैंने कहा न कि यह भाग्य की विडम्बना है। जब किस्मत में दाम्पत्य सुख है ही नहीं तो फिर यथास्थिति स्वीकार करने में ही भलाई है।" मनीषा, तुम चाहो तो, तुम माँ-बेटे को अलग से मकान ले देता हूँ। जैसा भी तुम चाहो—किराये पर या ख़रीद कर। बेशक, ख़रीदने के लिये तो तुम्हें भी सहयोग देना होगा। अन्यथा किराया तो मैं ही देता रहूँगा।" मयंक ने आखिर मन की बात कह ही दी।

"मयंक—मैंने भी इस पर विचार किया है। शुभ से बात भी की है पर वह मानता ही नहीं।"

"आखिर क्यों? कोई तो कारण होगा।"

"बताता भी नहीं... बस यही कहता है, न जाऊँगा, न ही तुम्हें जाने दूँगा।" मनीषा ने अपनी लाचारी ज़ाहिर कर दी।

"हर बात में उसकी ही मनमर्ज़ी चलेगी—ऐसा कब तक चलेगा। पापा आप ही उससे बात करें। कहीं तो विराम लगाना ही होगा।"

"देखो, बेटे—अब शुभ बड़ा हो गया है। उसके साथ किसी भी प्रकार की ज़ोर ज़बर्दस्ती तो की नहीं जा सकती। एक-दो बार बात तो की है परन्तु बे-नतीजा। तुम कहती हो तो एक बार फिर बात कर देखूँगा।"

"मुझे तो लगता है, अब बहुत हो गया। हमने उसकी हर बात मानी है। लगता है अब तो उसे ज़रा आँख दिखानी ही होगी।" मनीषा चौबीसों घण्टे घड़ी के पेण्डुलम की तरह या टेनिस बॉल की तरह इधर से उधर बच्चों के झगड़े, मनमुटाव ही सुलझाती रहती थी। और शुभ बबलू और नेहा को बात-बात पर डाँट देता। और कभी-कभी तो शारीरिक प्रताड़ना भी। जैसे—थप्पड़ जड़ दिया या हाथ मोड़ कर धमकाया। वह स्वयं भी तो अब तंग आ चुकी थी।

छः महीने बाद मानसी उसे कॉलेज में मिली। डॉ. शोभित का हाल पूछा। दोनों ही अब शोभित के सम्पर्क में कम ही थीं। मानसी तो अभी भी कभी-कभार होली-दीवारी शिमला चक्कर लगा आती थी। मनीषा के अनुरोध पर वह उसके घर चली गयी। शिष्टता के नाते मनीषा ने शुभ को मिलवाया।

"दीदी—यह है शुभांकर, मेरा बेटा। शायद आप इसे मिली नहीं हैं। अब तो हंसराज कॉलेज में फर्स्ट इयर बी. कॉम में है।"

"बहुत वक्त बीत गया। उस समय यह काफ़ी छोटा रहा होगा जब नैनीताल में था। बहुत ही बढ़िया। पढ़ाई कैसी चल रही है बेटे?" मानसी ने पूछा।

"ठीक है" कहकर सीधा अपने रूम में चला गया। न नमस्ते, न अभिवादन। बस ज़रा-सा सर हिला दिया।

मानसी को अटपटा-सा लगा। परन्तु जानती थी कि यह नयी पीढ़ी की विद्रोहात्मकता ही है जिन्हें पुराने मूल्यों में न्यूनताएँ ही नज़र आती हैं। बहुत कम बच्चे ही हैं जो खुशी-खुशी मिलते हैं। आशीर्वाद लेते हैं और पूरा शिष्टाचार निभाते

हैं। कहीं तो हमारे पालन-पोषण में ही गड़बड़ है। जब माँ-बाप बच्चों का समय ही नहीं देंगे और अपने-अपने जीवन की व्यस्तताओं में ही उलझे रहेंगे तो ये ही परिणाम सामने आयेंगे।

"मनीषा, लगता है बेटा तुमसे नाराज़ रहता है। शायद अभी तक भी यह नया माहौल और सलीका मान नहीं पाया।"

"ठीक कहती हो दीदी। मुझे तो लगता है कि यह दिन-ब-दिन अनियन्त्रित और धृष्ट हीं होता जा रहा है। क्या करूँ मुझे तो इसकी ही चिन्ता खाये जाती है। और कुछ कह भी नहीं पाती।" मनीषा धीमे-धीमे जैसे फुसफुसा रही थी ताकि शुभ को इसकी भनक न पड़े।

"सबसे अच्छा समाधान तो यही है कि तुम इसे हॉस्टल भेज दो। पर आजकल तो वहाँ भी वातावरण खूब बिगड़ा हुआ है। बच्चे हॉस्टल में क्या-क्या नहीं करते। हम तो दंग रह जाते हैं इनकी हरकतें सुन-सुन कर।"

"दीदी—वो तो आप ठीक ही कहती हैं। परन्तु जो हमारी नज़रों के सामने रहकर भी नहीं सुधरते, वो अन्यथा तो और भी बिगड़ेंगे।"

"फिर तो कॉलेज काउंसलिंग कर सकता है। प्रिंसिपल ही इस दिशा में पहल करें, तभी कुछ हो सकता है।"

"ठीक है हम प्रिंसिपल से ही मिलेंगे।"

मानसी विदा तो हुई, परन्तु वस्तुस्थिति ने उसे अपसेट ही किया। बेचारी मनीषा—उसने सोचा।

मयंक ने दो बार उठकर घड़ी देखी। एक बार तो बारह बज रहे थे। और उसे मनीषा की पदचाप सुनाई दे रही थी। वह लॉबी में इधर से उधर व्यग्रता से घूम रही थी। मयंक ने तो जैसे परिस्थितियों से समझौता ही कर लिया था। मनीषा और उसका बेटा घर में थे तो सही, परन्तु अजंनबी से या अतिथि की तरह। ऐसे अतिथि, जिनकी विदाई की कोई तिथि नहीं थी।

वह उठा तो रात के दो बज रहे थे। वॉशरूम गया और लॉबी में जाकर कहा—

"मनीषा—सोयी नहीं क्या? साहबज़ादे आये या नहीं।"

"क्या करूँ? इस लड़के की हरकतें तो दिन-ब-दिन बदतर ही होती जा रही हैं। नींद कहाँ आयेगी?"

"तो कभी इसे कसो भी। अपना चेहरा देखा है जैसे दुनिया भर की यातनाएँ तुम्हारे ही चेहरे पर अंकित हो गयी हों।"

"आज आता है तो ख़बर लेती हूँ।"

पाँच मिनट बाद ही कोठी के बाहर की बेल बजी। एक-दो-तीन—लगातार...।

मनीषा गयी। गेट खोल ही रही थी।

"गेट नहीं खोल सकतीं क्या?"

मयंक भी बाहर आ गया।

"ऐसे बात करते हैं मम्मी से—बदतमीज़।"

"आप चुप रहो—यह हमारा मामला है। आपसे किसने कहा...?"

"यह बात है तो तुम बाहर जाओ। यहाँ आने की ज़रूरत नहीं है।"

मयंक ने हाथ पकड़ कर उसे बाहर करने की कोशिश की। शुभ ने उसे ऐसे धक्का दिया कि वह तीन-चार क़दम पीछे जाकर रेलिंग से टकराया।

मनीषा स्तब्ध। जैसे पक्षाघात हो गया हो। स्वयं को सँभाला। झट से भागी और मयंक को सहारा दिया। परन्तु गेट तो घूम चुका था और मयंक पूर्णतया असन्तुलित हो, ज़मीन पर करीबन लेट गया था। मनीषा ने चिल्ला कर कहा,

"यू फ़ूल, सिली...! अब देख क्या रहा है। आकर उठा...। बास्ट..." कहते कहते रुक गयी।

"माय फुट..." और शुभ पैर पटकता हुआ भीतर चला गया।

"रहने दो... आय विल मैनेज।" मयंक धीरे-धीरे उठा। परन्तु कूल्हे पर आघात तो था ही। कहता भी तो किससे...?

परन्तु भविष्य साफ़ दिखाई देने लगा। कोहरा छँट चुका था और रास्ता स्पष्ट...!!

10

पुरानी उक्तियाँ, जो मनीषी, सन्त या सूफी जीवन के कटु अनुभवों से गुज़र कर, बाँचते या प्रतिपादित करते थे, वे तो शाश्वत् सत्य होती थीं। जितनी सदियों पहले प्रासंगिक होती थीं, उससे भी कहीं अधिक प्रखरता से आज के सामाजिक ढाँचे पर लागू होती हैं। "बोए पेड़ बबूल के, तो आम कहाँ से होए।" प्रायः होता यही है, कि जो क्षणिक सत्य लगता है कि जीवन भर सुखमय सौरभ की बयार से आनन्दित करता रहेगा, वही कालान्तर में नासूर बन जाता है। मनीषा के साथ भी ऐसा ही कुछ हुआ था। मलय के बीज ने रंग तो लाना ही था। अब तो मयंक और मनीषा दोनों ही अपराधबोध से ग्रसित थे। भविष्य का गर्भ किन ज्वालामुखियों को अपनी कोख में समेटे रखता है, किसे पता? जब फूटता है, तब उसकी भयावहता अपना विकराल रूप लेकर सारे परिवेश को निगल जाती है।"

मयंक को सप्ताह भर बेड रेस्ट, मेगनेटिक बेल्ट और पेन-किलर दिये गये। बड़ी बेटी नीलिमा भी लखनऊ से आ गयी। अब बहन को भी पश्चात्ताप की अग्नि तपा रही थी। छोटी बेटी नेहा तो बस बबलू की ही देखभाल करती। उसे इस बात का इतना संज्ञान तो नहीं था, परन्तु फिर भी इतना तो अवश्य जानती थी कि इन सब बातों का बबलू के कोमल हृदय पर अच्छा प्रभाव नहीं पड़ेगा।

एक परिणाम तो सामने आ ही गया। सभी ने शुभांकर से बोलना बन्द कर दिया। माँ के पास तो कोई विकल्प था नहीं। उसे तो यह यातना भुगतनी ही थी।

"मैं भी छुट्टी ले लेती हूँ। आप को अकेला बिस्तर पर छोड़ कर नहीं जा सकती।" मनीषा ने अनुनय से कहा।

"नहीं, तुम क्या करोगी। बेकार में छुट्टी खराब करोगी। अभी कुछ दिन तो नीलिमा है ही—सब देख लेगी।" मयंक ने सहजता से कहा।

"मन तो बिलकुल नहीं है। परन्तु फिर भी जैसा आप कहें।"

शाम को मनीषा बेड पर बैठी मयंक को चाय पिला रही थी। मयंक ने बात छेड़ी—"मनीषा देखो, अब शुभांकर का घर में रहना असम्भव है। मैं सोचता हूँ तुम्हें कोई अलग मकान ले दूँ।"

"जैसा आप ठीक समझें। हमारी वजह से ही आपको बैठे-ठाले अकारण मुसीबत झेलनी पड़ रही है। वैसे मैं शुभ से बात कर देखती हूँ। पता नहीं किस रूप में ले। कोई भरोसा नहीं।"

एक बात तो प्रत्यक्ष ज़ाहिर थी कि मयंक यदि मनीषा को प्रेमालिंगन भी कर ले, तो शुभ, किसी न किसी बहाने, माँ से उलझ ही जाता था।

"शुभ हम सोचते हैं कि हम अलग से मकान ले लें। तुम्हें भी आसानी होगी।"

"कभी नहीं। हम यहाँ से कहीं भी जाने वाले नहीं हैं। जाना है तो ये लोग जायें... हम क्यों?"

"उनका तो मकान है—जाना तो हमें ही होगा।"

"क्यों? मकान हमारा भी उतना ही है। शादी की है उन्होंने, कोई मज़ाक़ है क्या?"

"पर, कानूनन तो हमें ही जाना होगा— ।"

"तुमने जाना है तो जाओ। मैं तो नहीं हिलूँगा। देखता हूँ कौन निकालता है।"

मनीषा को स्पष्ट हो गया कि यह उसके कॉलेज की संगत का प्रभाव है।

मयंक ने ठीक होने के बाद से ऑफ़िस जाना शुरू कर दिया था। ज़िन्दगी जैसी भी थी, पटरी पर आ रही थी। परन्तु नियति की वक्रता तो अपना रंग दिखा ही रही थी।

उस दिन जब मयंक ऑफ़िस से लौटा तो पाया कि बाहर वाले कमरे और किचन में ताला लगा हुआ है। किचन से गैस चूल्हा, ओवन, बर्तन सभी गायब थे। बेडरूम से भी मनीषा का पूरा सामान, शायद उसने शिफ्ट कर लिया था।

"नेहा बेटे—यह सामान तुम्हारे होते हुए लेकर गये क्या?"

"नहीं पापा, जब मैं और बबलू स्कूल से लौटे तो घर पर सिर्फ़ बाई ही थी। मैंने तो देखा भी नहीं कौन-सा सामान लिया है।"

"ठीक है, मैं ही पूछूँगा।"

परन्तु माँ-बेटा रात को आये ही नहीं। रात को फ़ोन आया—

"हैलो—मैं मनीषा..."

"बोलो मनीषा... कहाँ हो...?"

"आय एम सॉरी...। मैं अपनी फ्रेन्ड के पास हूँ। कल आकर बात करूँगी।"

अगले दिन दोनों ने इकट्ठे चाय पी शायद आखिरी बार...। बस अपने-अपने कमरों में सिमट गये साम्राज्य। बन गये त्रासदी के साये तले पाकिस्तान...। न मयंक ने पूछा, न मनीषा ने बताया। कारण स्पष्ट था। शुभ अपने नाम का कितना विलोम सिद्ध हो रहा था। नाम में क्या रखा है यदि उसके अर्थ का सार बच्चों के अन्तर्मन में पूर्णतया पैठा न हो।

एक छत, दो साम्राज्य, दो घर, और उसके प्राणी—एक-दूसरे के लिए अनभिज्ञ, अनजान, अनाड़ी।

कई बार ही क्यों, प्रायः यही होता है। माता-पिता के सम्बन्धों में दरार, दुराव या तनाव बच्चों की कोमल भावनाओं पर कितना और कैसा कुप्रभाव छोड़ते हैं; यह पति, पत्नी या दम्पति को जब तक महसूस होता है, उस समय तक बहुत विलम्ब हो चुका होता है। आमतौर पर यही कहा जाता है कि बच्चे बिगड़ैल, अनुशासनहीन, अवज्ञाकारी, कलुषभाषी हैं, परन्तु यदि इसकी तह में पैठा जाये तो निष्कर्ष यही निकलेगा कि बच्चे समस्यात्मक नहीं होते, अपितु समस्या तो माँ-बाप स्वयं ही होते हैं। माँ-बाप या दोनों ही समस्या का आधार होते हैं। दाम्पत्य जीवन सामंजस्य से ही चलता है। जितना अधिक दम्पति में परस्पर तालमेल, प्रेम, परस्पर आदर, विश्वास तथा सम्बन्धों में मृदुता होगी, उतनी ही पुष्ट, सबल और सन्तुलित सन्तान की मानसिकता होगी। विवाहेतर सम्बन्ध भी कहीं-न-कहीं इनके मूल में होते हैं। और बच्चे परस्पर तनाव का कारण समझ ही नहीं पाते। इसी प्रक्रिया में वे, अपने विवेकानुसार, किसी एक को या दोनों को ही अपराधी समझने लगते हैं या उनमें से किसी एक के पक्षधर हो जाते हैं। यहीं से अंकुरित होता है विद्रोहीपन, प्रतिक्रियात्मकता और प्रतिगमन।

मयंक और मनीषा के सम्बन्ध में वक्रता का कारण स्पष्टतः उनके सम्बन्ध में नहीं था। इसका बीजारोपण तो हो चुका था मलय के परिवार से दुराव में। यहीं तो उत्पन्न हुए थे मलय के विवाहेतर सम्बन्ध और अन्ततः मनीषा-मलय का सम्बन्ध-विच्छेद। परिस्थितियों ने ही तो मनीषा को बाध्य किया था, शुभांकर को हॉस्टल भेजने के लिए। वहीं तो शुभांकर की कुण्ठित मानसिकता परिपक्व होती गयी और मनीषा के लिए अति-स्वत्वात्मकता, अति-आधिपत्य और उसी से सम्बद्ध पिता के लिए घृणा, अति-विद्वेष। इस सबका परिणाम भुगता मयंक ने। वह तो मात्र परिस्थितियों का ही बन्दी था जिसके परिवार, बच्चों और उसने इसका खामियाज़ा भुगता।

"दीदी—अगर मम्मी को हमारे साथ रहना ही नहीं था तो वह यहाँ आयी क्यों।" बबलू ने निरीह भोली मुद्रा में नेहा से पूछा।

"यह तो मैं भी ठीक से नहीं जानती। पर शुभ नहीं चाहता कि उसकी मम्मी किसी से भी बोले।"

"लेकिन उसे इसमें क्या प्रॉब्लम है। हमारे घर में रहते हैं और हमें ही डाँटते रहते हैं। मम्मी तो अच्छी हैं। हमारा, सबका, पापा का पूरा ध्यान रखती हैं, पर फिर भी शुभ भैया—पता नहीं क्या हुआ रहता है उन्हें।"

"तू अभी बच्चा है। तू इस झमेले में मत पड़। बड़ा होकर सब समझ जायेगा। अभी मैं जो हूँ तेरा ध्यान रखने के लिए।"

नेहा ने बबलू को बाँहों में भर कर गले से लगा लिया। कहीं मेघ तो उमड़-घुमड़ कर रहे थे, परन्तु उसने मन ही मन मम्मी को पुकारा। भीतर से ही आवाज़ आयी—बेटी—मेरी जगह तू है—तूने ही अपने भाई का ध्यान रखना है। और मेघ

गले में ही अटक कर वापस लौट गये। उसने रुँधे गले से कहा—"बबलू—हम हैं न सब, दीदी, पापा मैं और तुम। शुभ की तो मम्मी ही हैं...। ठीक है हम भी अब उसे नहीं बुलायेंगे।"

नेहा ने कह तो दिया, पर फिर भी न ही नेहा सन्तुष्ट थी और न ही बबलू। दोनों घुटे-घुटे से बाहर गार्डन में चले गये।

मयंक आकाश को देखता रहता। कभी स्मृतियों का सैलाब आँखों से बह निकलता। कभी अन्तरात्मा कचोटती कि उसने अपनी पत्नी के प्रति निष्ठा, संकल्प और विवाह की प्रतिज्ञा नहीं निभायी। इसी का दण्ड भोग रहा है वह। मनीषा, बच्चे, अकारण ही सैलाब में डूबते जा रहे हैं और वह निरन्तर यातना ही भोग रहा है। दो शब्द भी तो नहीं बोलते। कभी परस्पर संवाद, वार्तालाप, प्रेमालाप कुछ भी तो नहीं मनीषा से। सपनों का अग्निकुण्ड में भस्म हो जाना जैसे रुक ही नहीं रहा था। जो भी हो—अब मुझे इस विभीषिका को यहीं रोकना होगा। मुझे परिवार को बचाना है। मनीषा अपने ढंग से अपने शुभ की रक्षा करे और मैं अपने बच्चों की। यही सोचते-सोचते चाँद सर पर आ गया। चन्द्रिका एक-एक कण को दूधिया-स्नात किये जा रही थी। उसे लग रहा था कि जैसे वह अपनी पत्नी के बिम्ब में नहा गया है। सराबोर हो रहा है... भीतर तक, एक नया सम्बल पाकर, एक नया पथ आलोकित कर।

सुबह ही प्रोपर्टी डीलर को मकान सेल पर लगाने को कह दिया।

मकान और वह भी वसंत विहार में। एक सप्ताह के भीतर बिक गया। एक ही शर्त थी कि खाली मिलना चाहिए। मनीषा तो अब तक शुभांकर के हाथों की कठपुतली बन चुकी थी। बच्चा बड़ा क्या हुआ कि जैसे बाप बन गया—और वह भी तानाशाह! मयंक को सत्तर लाख का फ्लैट लेकर देना पड़ा और साथ में चालीस लाख कैश। यह सज़ा मिली, एक झलक में प्रेमासक्त होने की।

मयंक ने स्वयं के लिए कोठी गुड़गाँव में ली। डेढ़ करोड़ में एक रैन बसेरा। बच्चों को भी मिल गया जैसे खुला आकाश, उगते सूरज की अरुणाई, खेतों पर अटके ओस के मोती, कुहु-कुहु करती-करती कोयलें, चहचहाती गौरैया, गुटर-गूँ करते कबूतर और लगातार चलते वाहनों की घुर्र-घुर्र से निजात; लगा जैसे किसी स्वर्गिक संसार में आ गये हों। बच्चों को साहचर्य तो अच्छा लगता है, संगी-साथी भाते हैं, बड़े भाई से मनोवैज्ञानिक सुरक्षा का सहारा महसूस होता है; परन्तु जब घर में ही घुटन का वातावरण हो, तो एक-एक पल सहमे-सहमे बीतता है। अब बबलू किसी से कह तो नहीं पाता परन्तु लगता था उसका शैशवकाल जैसे गर्म हवाओं से त्रस्त है। उसने पापा के गले में बाँहें डाल, उन्हें प्यार भरा चुम्बन करते हुए कहा—

"पापा—प्यारे, प्यारे... हम सबको प्यार करने वाले।"

"और हमारा बबलू, नेहा आप कितने सुन्दर हो—कितने प्यार भरे गुलाब के फूल और आप की बड़ी दीदी नीलिमा कितनी प्यारी, समझदार... आप सभी पापा की जान हो।"

"पापा—अब वह शुभ भैया वाली मम्मी तो नहीं आयेगी यहाँ। अच्छी लगती थी। पर पता नहीं हमें प्यार करना क्यों बन्द कर दिया था।"

"नहीं... पारे बेटे—अब वे अपने घर में रहेंगे। यहाँ कभी नहीं आयेंगे।"

"बहुत अच्छा है। अब हम साथ वाली कोठी की आंटी के पास चले जाया करेंगे। उन्हीं के बच्चों से खेलेंगे। वे हमारे दोस्त हो गये हैं।"

समय बीतता गया। सम्बन्ध-विच्छेद तो नया घर लेने से पहले ही हो चुका था। सारे घटनाक्रम में कहीं जर्जर होकर बिखरती है, तो वह है नारी। अबला जो ठहरी। उसे तो ज्वालामुखी, उफ़नते दावानल, हहराते सागर, नीर की नदियाँ, सभी ही अपने भीतर समेटने होते हैं। घुट-घुट कर साँस-दर-साँस, वह तो दग्ध होती गीली लकड़ी है। जिसकी नियति ही है पल-पल, छिन-छिन भीतर ही बरसना पर उफ़ तक न करना। एक असीम, अद्वितीय सौन्दर्य की प्रतिमूर्ति, देखो तो ठिठक जाओ, कैसे पल-पल राख होती गयी। जब चेहरे से बयाँ हुआ, तो बहुत देर हो चुकी थी। वह तो पहले ही टूट चुकी थी। बाहर, भीतर—दोनों ओर से। एक बार मयंक की सिस्टर उसके गुड़गाँव के घर आयी हुई थी। वह भी तो स्वयं अपराधबोध से ग्रसित थी। इसीलिए बहुत समय से भाई को मिलने भी नहीं आयी थी।

"भैया! लगता है मनीषा किसी गम्भीर बीमारी से संतप्त है एकदम पीली पड़ गयी है। किसी से खुलती है, न ही बात करती है।"

"तुमने पूछा नहीं।"

"पूछा—कई बार...। पर कुछ बोलती ही नहीं। 'बस कुछ नहीं' कह कर टाल देती है। आप बात कर देखना।"

"देख सोना... जब से वह अपने फ्लैट में गयी है, न ही उसने फ़ोन किया, न ही मैंने... अब अचानक... मुझसे नहीं होगा। तुम ही उसकी सहायता कर दो। मुझे कहोगी तो मैं भी हाज़िर हूँ। पर इसके आगे मुश्किल है।"

"देख लो भैया... वैसे बात कर देखो... अच्छा रहेगा।"

जो पटाक्षेप हुआ, उसे किसी ने उठाने का प्रयास ही नहीं किया। दोनों पक्षों के दो संसार। एक पर्दे के सामने, एक पर्दे के पीछे। पर्दे के सामने होता है विस्तृत संसार। अपनी-अपनी समस्याओं से जूझता या अपने पुष्पित उद्यान में टहलता। परन्तु पर्दे के पीछे तैयार होता एक कृत्रिम परिदृश्य, जिसे पैदा करना है एक अनैसर्गिक माहौल जो नैसर्गिक पर भी हावी हो। बस, अपने-अपने कृत्य में संलिप्त, भीतर की भावनाओं, भावों, कष्टों, वेदनाओं को दरकिनार कर। यही तो कर रहे थे मनीषा और मयंक, अपनी-अपनी क्षमतानुसार!

लगभग दो साल बीतने को थे। मयंक के एक कुलीग ने ही बताया कि मनीषा का बेटा ड्रग-एडिक्ट हो गया है और गुण्डों के गैंग का लीडर है। एक-आध बार पुलिस भी पकड़ कर ले गयी। परन्तु हर बार पैसे देकर मनीषा ने छुड़वाया। एक सुन्दर-सी महिला ही मनीषा को मिलने आती है पर वह उसे जानता नहीं था।

सुबह आठ बजे, मयंक चाय का मग लेकर, अख़बार के पन्ने पलट रहा था। टेलीफ़ोन की घण्टी बजी...

"पापा... मम्मी...।"

"कौन हो तुम...?"

"मैं... मैं... शुभांकर... मम्मी छोड़ गयीं...।"

"क्या हुआ उन्हें..."

"वह हमेशा के लिए छोड़ गयीं।"

"सॉरी... पर वह तो होना ही था...।"

और उसने टेलीफ़ोन बन्द कर दिया। एक काल्पनिक सुखद अध्याय का ऐसा दुखान्त...। अख़बार एक ओर रख... वह झर-झर नीर बहाता रहा।

जब सब सम्बन्ध ही समाप्त हो गये हों तो फिर ये आँसू क्यों? जब यह ख़याल मयंक के मन में कौंधा तो आँसू तो बन्द हो गये। परन्तु वह मेघों की उमड़-घुमड़ जारी रही। उसने सोचा उस बेचारी लावण्या ने क्या पाया जीवन से। सौन्दर्य ही जैसे अभिशाप हो गया। सलोना दीप्तवर्ण मुखारविन्द, कमलनयन, सुकाय, सुदेही, पीनपयोधरा, तनुमध्या, दलीजंघा, कोमलांगी यह त्रासद अन्त। संशय होने लगता है उस सर्वशक्तिमान की विद्यमानता पर। उसकी न्यायधर्मिता पर। जितना लुभावना, सुगन्धित पुष्प, उतनी ही उसकी क्षणभंगुरता। नहीं कह सकते वह दयालु है जबकि उसके सभी कृत्य लगते हैं निष्ठुर...।

आकाश में चाँद ने कुछ देर के लिए झलक दिखलायी, फिर अस्ताचल में लुप्त हो गया। पुनः कब आलोकित होगा किसे पता?

11

यौवन का ज्वार सँभला रहे तो झील—शान्त, क्लान्त धीर; नहीं तो; सागर—उद्वेलित, तूफानी, उद्दण्ड! आकांक्षा का गदराया हुआ, गुदाजी तन, अंग-प्रत्यंग से फूट-फूट पड़ता यौवन, लम्बा क़द, लम्बे लहराते केश, संवाद-स्थापित करते नयन, बात कर लो तो जी करे कि हाथ फैला कर सहेज लो झरती कलियाँ—फिर क्यों न कोई भी अनायास ही ठिठक जाये। चाहे वह हो प्रोफ़ेसर या फिर स्टूडेन्ट। हमेशा ही तो घिरी रहती थी वह। कुछ तो समाधान हेतु और कुछ मात्र बात करने, मुस्कान और हँसी की धूप बटोरने। जो भी हो—वह विभाग में आकर्षण का केन्द्र तो थी ही।

उसी की विभागाध्यक्षा ने, अपनी आँख के काजल को पोर पर लेकर, उसे काला टीका लगाते हुए कहा था—"तू सँभाल अपने आपको मरजानी—पता नहीं तुझे कितनी नज़रें घूरती हैं और कितनी लगती होंगी। स्टूडेन्टस तेरे से ख़ाक पढ़ते होंगे, उन्हें तो एक अप्सरा-सी मॉडल को देखने से फुर्सत मिले तब ना...! या तो कोई ढूँढ़ ले अन्यथा फिर मैं ही तुझे बाँधूँगी।"

"मैम—यह तो आपका प्यार, है। आपकी नज़रें ही ऐसी हैं कि आपको सभी अच्छे लगते हैं। और आप भी तो... माय गॉड... कहते भी डर लगता है। इतनी शालीनता, सलोनापन, सौन्दर्य... आप क्या जानो... आज भी...।"

"छोड़ तू—इन बेकार की बातों को। मैं तो भगवान से यही दुआ माँगती हूँ कि तुझे किसी की नज़र न लगे। तू सुखी रहे—बस...! भगवान सौन्दर्य दे तो देता है परन्तु भाग्य नहीं...।"

इसीलिए डरती हूँ...। ख़ैर, भगवान तुझ पर अनुकम्पा बनाये रखें... यही माँगती हूँ।" बात करते-करते आकांक्षा क्लास में चली गयी... और उसकी मैम अपने कक्ष में...!

"सच में ही आकांक्षा जी, जिस गहनता, संवेदना तथा अनुभूत्यात्मकता से आपने एज़रा पाउंड की पोयट्री का अवसाद, वेदना और पीड़ा पक्ष उभारा है, उसकी प्रशंसा तो शब्दातीत है।" प्रो. अवस्थी ने छूटते ही कहा।

"आपको यह छोटा-सा प्रयास अच्छा लगा, आभारी हूँ। आप पहले भी आते रहे होंगे।" आकांक्षा ने देखा कि तीस एक वर्ष का गोरा चिट्टा, लालिमा रंजित चेहरा,

क़द पौने छः फीट से ऊपर और शरीर इकहरा जैसे कोई एथलीट हो। यूँ समझो, एकदम आकर्षक व्यक्तित्व।

"हाँ, मैं मिशीगन यूनिवर्सिटी में ओरिएन्टल लिटरेचर में रीडर हूँ। यहाँ अतिथि प्रोफ़ेसर के तौर पर साल में दो-तीन बार आ ही जाता हूँ। अब जाते ही मैं आपको विज़िटिंग प्रोफ़ेसर के तौर पर बुलाऊँगा, न मत कीजिएगा। मैं आपका आभारी रहूँगा।"

"थैंक्स–यह उस समय सोचूँगी।"

"ओ.के., एक कप कॉफ़ी तो साथ में ले सकती हैं। क्वालिटी मेरा पसन्दीदा हॉन्ट है।"

कॉफ़ी तो सान्निध्य का बहाना मात्र। कौन किसकी ओर कितना आकृष्ट था–तय करना मुश्किल। परन्तु सम्बन्ध में सहजता तो आ ही गयी। प्रो. अवस्थी तो जैसे अपदस्थ ही हो चुका था। ऐसी सुन्दर, सुपठित महिला उसने, कम-से-कम, यू.एस. में तो नहीं देखी थी।

छः महीने में ही प्रो. अमित अवस्थी ने यूनिवर्सिटी से स्पॉन्सरशिप और टिकट भेज दी। वीज़ा दो दिन में ही मिल गया। और उसी रविवार आकांक्षा थी मिशीगन एयरपोर्ट पर। वेटिंग लाउंज में प्रो. अवस्थी लाल गुलाबों का गुलदस्ता लेकर स्वागतार्थ प्रतीक्षा में थे।

"हैलो! वेलकम... हेड अ कम्फर्टेबल जर्नी।"

प्रो. अवस्थी आकांक्षा को सीधे अपने अपार्टमेन्ट पर ले गया। दो बेडरूम, टॉयलेट अटैच्ड, ड्राइंग-कम-डाइनिंग, काफी बड़ी किचन, जगह-जगह इलैक्ट्रिक गैजेट्स। बेडरूम के बाहर खुलती बालकोनी और सामने मीलों पहाड़ियों पर उगे जंगल; कहीं दूर कल-कल करती नदिया की सुरमय ध्वनि...। दोनों बेडरूम में एक आदमक़द न्यूड पेंटिंग के चारों ओर चार प्राकृतिक पृष्ठभूमि में न्यूड्ज़। आकांक्षा को उसकी रसिकता और रोमानियत का अनुमान लग चुका था।

"यू हैव अ बाथ... आय प्रिपेयर कॉफ़ी फॉर यू।" "मुझे कोई जल्दी नहीं है कॉफ़ी के बाद आय विल लाइक टू गो टू द गेस्ट हाउस... वहीं बाथ लूँगी...।"

"डोण्ट बी फॉर्मल...। थोड़ा आराम कर लो। फिर देख लेना वो गेस्ट रूम!... देट लाऊज़ी प्लेस...! मुझे पता है तुम पाँच मिनट भी नहीं रह पाओगी–"

"ओ.के., पर लेट मी हैव अ लुक..."

सिल्वर हैण्डल के बोन चाईना के मग, के.एफ.सी. का रोस्टेड चिकन, पॉपकार्न है... कुकीज़ और डोनट विद हनी... सभी लाकर अवस्थी ने डाइनिंग टेबल पर सजा दिया।

"मि. अवस्थी। आय एम प्योर वेज.. यू मे हैव व्हाट यू लाइक..."

"मैं भी फिर वेज ही लूँगा..." अवस्थी ने सोचा, टेढ़ी है। ठीक है, धीरे-धीरे सेट हो जायेगी।

आकांक्षा पूरी तरह समझ नहीं पायी कि यह अवस्थी केसानोवा है, वुमेन हन्टर या फिर भारतीय सभ्यता के कुछ अवशेष बाक़ी भी हैं। परन्तु उसे सब कुछ सरल सहज तो नहीं लगा। नयी दुनिया, नया परिवेश, और नया दोस्त... देखें!

"ओह, यस! दिस इज़ ओ.के.। यही ठीक है।" आकांक्षा ने यूनिवर्सिटी गेस्ट-हाउस, जो हॉस्टल का ही एक भाग था, देखते ही कहा।

"देख लो—यहाँ आपको काफी प्रॉब्लम्स झेलनी पड़ेंगी। यहाँ पर तो लोग तभी रुकते हैं जब कोई दूसरी व्यवस्था न हो पाये।" अवस्थी ने सहज सुझाव देते हुए कहा।

"लेट मी हेव ए टेस्ट ऑफ़ इट—नहीं तो आप तो हैं ही। जब जी चाहेगा कह दूँगी। आप कौन-सा मना करने वाले हैं।" आकांक्षा ने नाटकीय अन्दाज़ में स्थिति को टालने के हिसाब से कहा।

हो तो गया जैसा आकांक्षा ने चाहा। परन्तु अब अवस्थी उसी के पास देर रात तक टिका रहता। आकांक्षा के पास लेक्चर के लिए तैयारी तक का भी समय न रहता। ब्रेकफास्ट, लंच, डिनर सभी में अवस्थी जी साथ ही साथ जैसे भँवरा कोई और फूल न पाकर एक ही पर बार-बार आ बैठता है और उसी का रसपान करता रहता है। अवस्थी चक्षु-क्षुधा तो अवश्य तृप्त कर लेता, परन्तु सिवा बात-बात में आकांक्षा को बगलगीर करना, छूना के अतिरिक्त वह चुम्बन तक भी नहीं जा पाया। प्रयत्नरत तो था, परन्तु आकांक्षा की निष्ठुरता के आगे उसकी एक न चली। एक दिन रात साढ़े ग्यारह बजे उसने आकांक्षा को कसकर बाहुपाश में लिया और होंठों को उस पर अंकित करने का प्रयास किया। उसे क्या पता था यह हरियाणा-पाकिस्तानी परिवेश की बिल्ली कितनी चपल, चालाक और चुस्त है। आकांक्षा ने झट से स्वयं को मुक्त करवा कर, अवस्थी को ज़ोर से पीछे की ओर धकेला और वह सोफ़े पर जा गिरा।

"मि. अवस्थी—आय हैव ऑलवेज़ रिस्पेक्टिड यू... मैं कभी सोच भी नहीं सकती थी कि आप ऐसा करेंगे। नाऊ गेट लॉस्ट... यू आर नॉट इन योर सेन्सेज़..."

दूसरे दिन सुबह ब्रेकफास्ट टेबल पर अवस्थी संजीदा मूड में, हाथ आकांक्षा के हाथ पर रख और मनुहार से... "आय एम सॉरी... कल मैं थोड़ा बहक गया था"

"इट्स ओ.के., बट आय डोण्ट लाइक इट्... इट्स आउट रेजियस... यह मेरा अपमान है।"

"आकांक्षा जी... मैंने जो भी किया... किसी अपनेपन, किसी अधिकार भावना से किया... इफ यू हैव नॉट लाइक्ड इट देन आय एम सॉरी अगेन..."

बाक़ी टेबलों पर बैठे स्टूडेंट्स और प्रोफ़ेसर्स का ध्यान उसकी ओर गया, परन्तु किसी ने भी हस्तक्षेप नहीं किया। क्योंकि वहाँ तो यह रोज़मर्रा की ज़िन्दगी का एक हिस्सा था। परन्तु ज़रा-सी भी पुलिस को सूचना दी नहीं कि झट अन्दर...।

महिला का अनादर उनके सिविल कोड में कभी भी स्वीकार नहीं किया जा सकता और दण्डनीय है।

शाम को उसी आशिकाना अन्दाज़ में, अवस्थी ने घुटने टेक कर, आकांक्षा का हाथ थामा और सर हलका-सा झुकाते हुए कहा, “आकांक्षा—आय लव यू! आय लव यू विद ऑल माय हार्ट, सोल एण्ड एवरी एटम ऑफ़ माय बीइंग...।” और हाथ पर किस कर लिया।

“ओ. के.... थैंक्स...।”

“तुम मुझे प्यार करती हो?”

“फिलहाल तो नहीं...”

“पर मैं तो दिन-रात तुम्हें ही देखता हूँ...मैं तुमसे ही शादी करूँगा... अदर वाइज़... नेवर...”

“ओ. के. लेट मी थिंक...”

“कब तक...?”

“गिव मी टाइम...”

“ओ. के. ...थैंक्स...। आय विल वेट...!”

जो भी हो—आकांक्षा ने हाथ नहीं धरने दिया। आखिरी दिन भी आ गया... एक-एक दिन गिनकर...। आकांक्षा आखिर शोभित की स्टूडेंट थी। उसे अपनी छाप छोड़नी ही थी। सब ओर से तारीफ, प्रशंसा और प्रशस्ति...। कई छात्राएँ-छात्र एयरपोर्ट पर छोड़ने आये। और प्रो. अवस्थी तो थे ही...

“आपने मेरी बात का जवाब नहीं दिया।” अवस्थी ने एयरपोर्ट पर पूछा।

“आय वान्ट टाइम...”

“ओ. के. ... बट आय एम होपफुल...।” और यूँ हुई आकांक्षा रुख़सत... किसी के दिल में आकांक्षा की लौ जलाकर जिसके शीर्ष पर धुएँ की लकीर... नहीं दिखाई देती... किसी को भी!

आकांक्षा समझ ही नहीं पा रही थी कि आखिर यह अवस्थी है क्या चीज़। मिशिगन भी रह आयी। उसके विषय में उसके कुलीग्स के विचार और मत भी काफ़ी भिन्न थे। परन्तु उसे ऐसा कुछ लगा नहीं कि उसकी प्रचलित छवि उसके व्यवहार और तौर-तरीक़े से मेल खाती है। अतिरिक्त इसके कि कुछ गोरी महिलाएँ, छात्राएँ उसे चलते-फिरते हाय-हैलो करतीं, आकांक्षा को कुछ असामान्य या अटपटा नहीं लगा जो उसके वीमेन हन्टर के निक नेम से मेल खाता हो। यदा-कदा कोई-कोई उसे मिलने अवश्य चली जाती, परन्तु इसमें बुरा लगने की कोई बात भी तो हो। समय बीतता गया। व्यस्तता तीव्र अनुभूतियों पर गर्द की परत ऐसी चढ़ा देती है कि धीरे-धीरे आज की व्यग्रता कल का कचरा बन जाती है।

"हैलो... ब्यूटीफुल... ऑलवेज़ स्टनिंग... हमेशा की तरह दामिनी..." उसने कक्ष में क़दम रखते ही जैसे कोई हथगोला फेंक दिया हो।

आकांक्षा डी. एच. लारेंस के चरित्र के निहित पक्षों पर गहनता से अध्ययन कर रही थी। उसे कहाँ पता था कि उसके कुन्तलों की लटें शशि-मुख पर सरक क्या ग़ज़ब ढा रही थीं। चाँद को क्या पता कि वह कितनों के हृदय उद्वेलित करता है। और वैसे भी आज उसने गहरा टमाटरी कुर्ता पहना हुआ था, जो हर वक्रता को अपने कसाव से उभार रहा था।

उसने नज़र ऊपर उठायी। "हैं... आप... व्हाट ए सरप्राइज़... कब आये...।"

जब तक आकांक्षा इस अप्रत्याशित स्थिति से सँभल पाती, प्रो. अमित अवस्थी ने स्वयं ही उसका हाथ थामा और हलका-सा होठों का स्पर्श अंकित कर दिया।

"कैसे आये... अचानक"

"अजी... पहले चाय-वाय पिलवाओ फिर बात करते हैं। बताते हैं। घबरा क्यों रही हो...। खुश नहीं हुईं क्या...? आप क्यों होंगी... आप की बला से... नींदें तो हमारी उड़ा दीं..."

"कोई स्वयं ही अपने लिए जंजाल पाल ले... और दोष दूसरों पर मढ़ दे..."

"ठीक कहा...! जिन्हें हम अधिकार से अपना समझते हैं। ...वही स्वयं को दूसरा समझें...। यह तो हमारा ही दुर्भाग्य है...। वरना कोई हज़ारों मीलों से हुजूर की खिदमत में क्यों पधारता...।"

"अच्छा... अब ये बाण-वर्षा बन्द करो... और प्रयोजन बताओ जनाब...!" बेशक, आकांक्षा जानती थी परन्तु सुनना तो अच्छा ही लगता है।

"हम तो जहाँ आप खड़ा कर गये थे... वहीं हैं। न्यूटन के गति के दूसरे सिद्धान्त के अनुसार। आप मानें तो हिलें।"

दो-तीन दूसरे डिपार्टमेण्ट्स के प्रोफ़ेसर पीछे तो थे। परन्तु किसी की भी बात 'हाय... गुड मॉर्निंग' से आगे नहीं बढ़ी। और साल भर के लिये आया अवस्थी; छः महीने में ही कबूतरी को अपने जाल में फँसा ले गया। जो सौन्दर्य सात पर्दों में छुपा रहता है और अपना शील सुरक्षित रखता है अब डिसूरोब हो चुका था। अनावृत्त, बेपर्दा हो चुका था। शील अपनी अश्लीलता की सीमाएँ लाँघ चुका था। वह सद्य-स्नात लावण्यमयता अब पिघल रही थी। अवस्थी की यौन-क्षुधा आकांक्षा का अणु-अणु पी चुकी थी।

महीने भर में घूम गये नैनीताल, अल्मोड़ा, रानीखेत, बागेश्वर, कौसानी, चौकोड़ी, मुंशियारी, काला मुनि। यों कहो कि पूरा उत्तराखण्ड। हिसार की लड़की। साफ़, सपाट, रेतीले परिवेश में जन्मी, पली। हिमाचल के शिमला से अभिभूत, शोभित की बाँहों में पिघलती हिमशिखा। कितनी प्रफुल्लित थी इस नये-नये आनन्द के

सागर में हिलोरें लेती हुयी। सुरक्षा की भावना से आत्मतुष्ट। सम्पूर्ण समर्पण से एक स्वप्निल संसार में उन्मुक्त विचरती गजगामिनी। वक्ष का भार उसकी मन्थर गति में मादकता बढ़ाता हुआ...। वह स्वयं को अति भाग्यशाली मान रही थी। बिना प्रयास, बिना बेतुकी छानबीन... मिल गया एक प्रेमासक्त दीवाना जो उसे आनन्दातिरेक से परिपूर्ण कर देता है।

बस, उड़ गया वह प्रेम-कपोत—मात्र छः महीने के प्रेम-प्रलाप के नये उद्यान उगाकर।

आकांक्षा भाव-विभोर थी। डिपार्टमेण्ट के कक्ष में बैठे-बैठे, एक पन्ने पर उकेर दिया—

मन का पूरा उल्लास... या मिश्रित एहसास...
यथार्थ—
कोई भी हो सकता है,
वह सपना।
स्पर्श—
करवा सकता है—
कोई एहसास—
स्निग्ध, आत्मीय, उत्तेजक...।
तोड़ सकता है—
सजी-सजायी...
कल्पना।
दिन-रात पनपती
सृजनता...।
यथार्थ से बड़ी है
कल्पना।
और सबसे बड़ा है
सपना।
जो बसेगा भीतर—
उतना—
जितना जिओ तुम—
समझ कर उसे...
अपना!!

अवस्थी मनोवांछित वस्तु पाकर प्रसन्न। प्रेम, उसके लिए शारीरिक तुष्टि के अतिरिक्त कुछ भी नहीं। सेक्स के उत्कर्ष तक पनपता, बढ़ता, फैलता परन्तु उसके आवेग की पूर्ति के पश्चात् यह ज्वार-भाटा की तरह उतर जाता है। जितना नयापन

होगा इस प्रक्रिया में, उतना ही आवेग, उफान प्रबल। उसके लिए तो प्रेम-क्रीड़ा ही है इसके अतिरिक्त कुछ भी नहीं। इसलिए शयनागार में नयी-नयी अभिसारिकाएँ ही प्रेम को नित्य नया जीवन देती हैं। प्रेम में भावनाओं का स्थान कहाँ? अवस्थी के लिए, ये सभी एहसास, लगाव, जुड़ाव मात्र किताबी बातें थी। जिनका यथार्थ से दूर-दूर तक कोई वास्ता नहीं।

नारी स्वभावतया ही भावुक, संवेदनशील, विश्वासी एवं एकनिष्ठ समर्पित होती है। परिस्थितियाँ ही उसे पथभ्रष्ट करती हैं अन्यथा वह असामान्य, विकटतम गहनतम वन में भी आत्मबल एवं आत्मविश्वास अडिग रखती। वह भी तो प्रत्याशा करती है कि उसे भी प्रेम के बदले प्रेम, समर्पण के बदले वही मिले।

आकांक्षा मिशिगन में डॉ. अवस्थी के पास लगभग छः महीने के पश्चात गयी। अपनी ही यूनिवर्सिटी से गेस्ट-स्पीकर के तौर पर निमन्त्रण मँगवा लिया था। वह पहला लेक्चर देकर, जब अपार्टमेण्ट में लौटी, तो सीधी बेडरूम में जाकर स्तब्ध रह गयी। सामने अवस्थी पूर्णतया निर्वस्त्र, अपनी किसी कुलीग के साथ प्रेम-प्रलाप में संलिप्त...। आकांक्षा ने उस गोरी महिला को तीन बार पहले भी देखा था और परिचय भी, उसका नाम शायद मिस शॉमिन था। अवस्थी देखते ही हतप्रभ, परन्तु क्रोधित... "यू फ़ूल! नॉक कर के नहीं आ सकतीं। तुम दूसरे की प्राइवेसी का मतलब समझती हो.. नाऊ गेट लॉस्ट..."

आकांक्षा के लिए तो जैसे विप्लव ही था...। वह तो समझ ही नहीं पायी कि कभी ऐसा भी हो सकता है। वह छोटे शहर की पली-बढ़ी, एक ऐसा परिवेश जिसमें किसी दूसरी नारी के बारे में सोचना तक गुनाह हो; वह इस कुकृत्य को, वीभत्स पाश्विक प्रवृत्ति को कैसे ले...। उसके लिए तो यह पूर्णतया अप्रत्याशित था।

आकांक्षा एक सैलाब से घिरी, सीधी फैकल्टी हाउस गयी। धड़ाम से सोफ़े पर गिरी। शरीर में जैसे निर्जीवता से लकवा मार गया हो। आँखें झरझर बहती ही जा रही थीं। चेहरा जैसे चाँद अमावस्या ग्रस्त हो। केयरटेकर एक गिलास पानी और चाय रखकर चला गया। उसके लिए तो यह रोज़मर्रा की घटनाओं की पुनरावृत्ति ही थी। परन्तु उसकी एक कुलीग मिसेज़ रिचर्ड ने उसे फैकल्टी हाउस जाते देखा था। मिसेज़ रेखा रिचर्ड, एकदम शालीन, व्यक्तित्व में आकर्षक ठहराव और भारतीय परिवेश की सुसंस्कृत, सौम्य नारी थीं। अपने ही देश-प्रदेश के नाते थोड़ा कौतूहल और थोड़ी आत्मीयता जाग ही जाती है। सोचा, अभी तो दो घण्टे बाद क्लास है तो जाकर इस नयी यंग लेडी से संवाद ही कर लेते हैं।

"गुड मॉर्निंग... आकांक्षा...। अकेली कैसे बैठी हो! कहाँ हैं आपके डॉ. अवस्थी...?"

"गुड मॉर्निंग... मैम... बस वैसे ही...। मन उचाट-सा हो गया है।"

"यहाँ से, या कुछ और..."

“यहाँ से भी और दुनिया से भी...”

“चलो, यहाँ से तो मान लिया, परन्तु यह आगे निराशा कैसी...? कोई झगड़ा हो गया क्या?”

इतने में केयरटेकर दो कप कॉफ़ी और कुछ साल्टीज़ रख कर चला गया।

आकांक्षा ने सारी बात बतायी...। चाय वैसे ही पड़ी थी। पपड़ी आ चुकी थी। और उसके भीतर के सैलाब में भी थोड़ी कमी।

“आकांक्षा! तुम नयी हो। यहाँ के माहौल की तुम्हें जानकारी नहीं है। सेक्स के मामले में यहाँ स्वच्छन्दता, खुलापन, आवश्यकता, नयापन, सहमति सभी मिलाकर पशुता से बदतर है। भारत जैसे आदर्श, नैतिकता, संलग्नता, समर्पण और एकनिष्ठता नाम की कोई चीज़ नहीं है। ये लोग सेक्स और प्रेम को अलग मानते हैं। सेक्स तो शारीरिक भूख है। जैसे व्यंजन बदलते हो वैसे ही पार्टनर बदले जाते हैं।”

“तो मैम फिर प्रेम... वह मनुहार... वह घुटनों पर आने की नाटकीयता और ‘आय लव यू’ यह सब क्या है?”

“ठीक कहती हो तुम... पर ‘आय लव यू’ मात्र छलावा है। सम्बन्ध जनित है साथ रहने का साधन मात्र... और कुछ भी नहीं...।”

“पर मैंने तो मि. अवस्थी से शादी इसीलिए की थी कि वह मुझसे प्रेम करता है। और पूर्ण रूप से मुझे ही—मेरे लिए तो यह असह्य है।”

“तब तो तुम्हें ही सोच बदलनी होगी... यहाँ का तो समाज ही ऐसा है। किस्मत से ही सही पार्टनर मिलता है। अन्यथा पहले दिन ही तलाक हो जाता है। किसी को सह जाना, उसकी सभी न्यूनताओं सहित, यह इनके बूते की बात ही नहीं।”

“देखती हूँ... मेरे लिए फिलहाल तो असम्भव ही है।”

कॉफ़ी ख़त्म हो चुकी थी। आकांक्षा काफ़ी हलकी महसूस कर रही थी। परन्तु आक्रोश कायम था। केयरटेकर को अपार्टमेण्ट से सामान लाने को कहा।

“आय एम रीयली सॉरी डार्लिंग... आय एम सॉरी...”

“व्हाट फॉर...”

“वही जो तुमने देखा... दैट वाज़ जस्ट माय फॉल्ट... वही जब चिपट गयी तो...”

“और जो भी आयेगा—तुम ऐसा ही करोगे...”

“नो, नेवर... एवर...”

“प्रॉमिस...”

“यस डार्लिंग... प्रॉमिस... जो सज़ा दो... तैयार है आपका गुलाम...”

शादी के बाद का पहला ही ट्रिप और वह भी इतना विप्लवकारी—जैसे जीवन में एक भयावह शून्य-सा भर गया हो। मन ही नहीं मान रहा था कि प्रेम समर्पण में यह प्रतिदान। भूख का यह रूप। कितना नारकीय, कितना वीभत्स। सब ओर क्रिसमस की बेमिसाल रौनक थी। पेड़ों, पौधों पर जगमग करते स्टार, क्रॉस, फ़ानूस और

ताज़ी पिंजी रूई-सी हिम के गोल। शॉप्स, मॉल्स, क्रॉसिंग्स, गगनचुम्बी अट्टालिकाएँ, गिरजाघर, कारें, कैब्स, बस यों कहो कि चप्पे-चप्पे पर क्रिसमस की भव्य छाप। परन्तु आकांक्षा एकदम विचलित, एकदम उदास!

उसने टिकट प्री-पोन करवा ली। डॉ. अवस्थी ने तकाजे, मनुहार, अनुनय, प्रेम-प्रलाप सभी प्रेमास्त्रों का प्रयोग कर लिया, परन्तु सभी असफल। जब मन में ही निष्ठा न हो, निष्कपटता, ईमानदारी न हो तो अमोघ अस्त्र भी विफल ही रहता है। डॉ. अवस्थी के मन में तो चल रहा था। गॉड हिज़ बीन वेरी काइंड। जाये—अच्छा ही हुआ, बला से पीछा छूटा। अभी शाम को लूसी आने वाली थी और कल लॉलिता। सब चौपट हो जाता। नाटकीय अन्दाज़ में डायमण्ड नेकलेस पहना कर, एक प्रगाढ़ आलिंगन और चुम्बन से विदा किया। आकांक्षा, जैसे झील में भी उफ़ान आ गया हो। मन बार-बार भर आता। जी करता, किसी का कन्धा मिले, तो रो ले। माँ हैं, पर अब उसे भी इस अवस्था में क्यों बेचैन किया जाये। घर पर सभी विचलित हो जायेंगे। अपनी त्रासदी आप ही झेलनी होगी। मुसीबत में इन्सान कितना अकेला हो जाता है—इसका एहसास अब हुआ। हुआ भी तो इस तीव्रता से, इस शिद्दत से जैसे हज़ारों दुख हृदय में भर गये हों।

महीने भर बाद ही मिशिगन से रेखा रिचर्ड का डिपार्टमेण्ट में फ़ोन आया।

"हैलो—आप कौन बोल रही हैं।"

"आकांक्षा—पहचाना। कुड यू प्लेस मी। मैं रेखा रिचर्ड फ्रॉम मिशिगन।"

"ओ... मैम—हाऊ कैन आय फॉरगेट...। आप ही तो मेरा सहारा रही हैं।"

"अच्छा—नाऊ.... वह तुम्हारा अवस्थी। ही इज़ ए डीबॉच। वह तो एकदम चरित्रहीन है। एकदम लम्पट... पहले तो मैंने कभी परवाह नहीं की। पर तुमसे मिलने के बाद से मैं थोड़ी सचेत थी। वह तो जैसे रोज़ नयी पार्टनर ले जाता है। ही सीम्स टू बी ए स्टड...। मैंने सोचा मैं तुम्हें आगाह कर दूँ। तुम्हें कुछ तो करना ही होगा।"

"ठीक है मैम। आय एम ग्रेटफुल...। आपके पास आकर ही आपसे सलाह लूँगी।"

महीने भर बाद वहाँ पहुँची। वही पुराना हॉल। किसी कबर्ड में ब्राज़, किसी में पेन्टीज़, नाइट गाउन, लिपस्टिक्स, कॉन्ट्रासेप्टिव पिल्ज़... और न जाने क्या क्या...

"व्हाट्स ऑल दिस..."

"यू कैन सी... दिखता नहीं क्या?"

"तो तुम सुधरोगे नहीं..."

"मैंने कब कहा... मैं तो अभी भी ठीक हूँ।"

"भूख लगती है तो मिटाऊँगा भी। तुम आ जाओ... सब कुछ नहीं होगा..."

"मैं कैसे मान लूँ...।"

"बिलीव मी... ऑन माय वर्ड..."

"हैल विद इट!... तुम सुधार से बहुत परे हो..."

"फिर जो तुम चाहो करो... हैल विद यू..."

कोई विकल्प था ही नहीं। आकांक्षा नौकरी छोड़कर आ जाती यदि अवस्थी के सुधरने की लेशमात्र भी आशा होती तो...! आकांक्षा करती भी क्या? मर्द का, और वह भी एक प्रोफ़ेसर का, ऐसा वीभत्स, घिनौना रूप देखकर, वह तुरन्त वापस लौट आयी। परन्तु किसी दृढ़-संकल्प के साथ।

आस्था जैसे ही आकांक्षा के कक्ष में घुसी, तो किसी पुरुष ने उसे पीछे मुड़कर देखा। वह पहले से ही कुर्सी पर बैठा था। आकांक्षा रूम में नहीं थी। पता किया कि अभी दस मिनट में क्लास लेकर आ रही हैं। पीऊन ने रूम में प्रतीक्षा के लिए कहा।

"गुड मॉर्निंग... आय एम डॉ. अवस्थी..."

"गुड मॉर्निंग... तो आप हैं डॉ. अवस्थी, हमारी आकांक्षा के हसबैण्ड... आप कब आये।"

"बस, अभी आकर बैठा ही हूँ... सोचा आकांक्षा को सरप्राइज़ ही दे दूँ...। आप कहाँ पर हैं।"

"मैं हूँ आस्था। आकांक्षा की फ्रेंड। कुरुक्षेत्र यूनिवर्सिटी में हूँ।"

"कौन-सी फैकल्टी में...?"

"मैं भी इंगलिश में रीडर हूँ...।"

"ग्रेट... आकांक्षा जैसी..."

अवस्थी अभी अपना वाक्य पूरा भी नहीं कर पाया था कि आकांक्षा ने भीतर प्रवेश किया।

"गुड मॉर्निंग..."

"अरे... मॉर्निंग... व्हॉट अ सरप्राइज़...।"

"सरप्राइज़ देने आयी थी और सरप्राइज़ मिल गया।"

आस्था ने उठकर गले मिलते हुए कहा।

"अरे—हग तो कर लो... शरमाती क्यों हो?" आस्था ने कहा...।

"टेक इट ईज़ी...! आप कब आये... श्रीमान जी..."

"अभी... दस मिनट पहले... वैसे मैं श्रीमान जी नहीं—तुम्हारा हसबैण्ड हूँ...।"

"चलो माना... आप मिले आस्था से...।"

"हाँ, यह तो बहुत प्लेज़ेन्ट लेडी हैं और सुन्दर भी तुम्हारी तरह।"

"ठीक है क्वालिटी चलकर कुछ स्नैक्स लेते हैं।"

अवस्थी चाहता तो था कि रात रुके परन्तु आस्था के साथ ही कुरुक्षेत्र चला गया।

"मैं तो वास्तव में इस बार कुरुक्षेत्र जाने के मूड में ही था।" अवस्थी ने फिर सुअवसर का लाभ उठाना चाहा।

"क्यों फिर चले जाना... अभी कुछ बात करनी है।"

"फिर कर लेंगे...। मुझे वैसे भी परसों बॉम्बे जाना है।"

"ठीक है... जैसा तुम्हें ठीक लगे।"

आस्था ने उसे फैकल्टी हाउस में ठहराया...। आस्था का हसबैण्ड टूर पर था। अकेली ही डिनर के लिए अवस्थी के रूम में जाकर नॉक किया।

"कम इन... प्लीज़..."

"ओह—ब्यूटीफुल लेडी! यू आर सिम्पली किलिंग..."

"ओ.के. थैंक्स...! चलें डाइनिंग हॉल में।"

"नहीं... दो मिनट बैठें तो...।"

उसने आस्था का हाथ लेकर चूम लिया। अजीब आदमी है अभी-अभी मिला है। और जैसे पता नहीं कितना घनिष्ठ है। हो सकता है यह बाहर के देशों में रहने वालों का औपचारिकता निभाने का अपना ही सलीका हो। आस्था को अटपटा तो ज़रूर लगा। उसके साथ तो ऐसा व्यवहार पहली बार हुआ था और इस तौर-तरीक़े में ऐसी आपत्तिजनक बात भी क्या है। यह तो उसकी अपनी ही मानसिकता है जो उसे बिना बात के ही अपसेट किये जा रही है।

"क्या सोच रही हैं—मिस रोज़ी... बैठिए ना..."

"मैं आपका डाइनिंग में इन्तज़ार करती हूँ।" कहकर आस्था ने अधखुला दरवाज़ा खोला और तैश में जाकर सोफ़े पर धड़ाम से गिर गयी। अच्छी मुसीबत पाल ली। ग़लती हो गयी वहीं चण्डीगढ़ में ही मना कर देती। और यह आकांक्षा, कितनी अजीब है। कुछ तो बताया होता, आगाह किया होता। परन्तु इन जनाब ने समय ही कहाँ दिया। यह तो हम छोटे शहरों की भोली महिलाएँ ही हैं जो अकारण ही व्यावहारिकता निभाती फिरती हैं। वरना ये लोग कितने शातिर हैं कह नहीं सकती। हो सकता है मेरे मन में ही हीन-भावना धरातल से उभर; काई की तरह सतह पर तैर रही हो।

डॉ. अवस्थी ने आते ही आस्था को हाथ प्रेषित किया। और सोफ़े से उठने के लिए अनुरोधात्मक भाव से हलका-सा झुककर शालीनता निभायी। आस्था के पास भी कोई विकल्प नहीं था। उसने भी अनुक्रियात्मकता से अपना हाथ आगे किया और उठ खड़ी हुई।

"थैंक्स... सर..."

"नो थैंक्स...। यह तो मेरा अहोभाग्य कि आपने सुअवसर दिया।"

डिनर के पश्चात, पता नहीं क्यों, किस विवशता से आबद्ध, आस्था फिर डॉ. अवस्थी को उसके रूम तक छोड़ने चली गयी। अवस्थी के अनुनय-मनुहार के पश्चात वह उसके साथ एक कप कॉफ़ी लेने के लिए सहमत हो गयी। अवस्थी के मन में आया कि उसे बाहुपाश में भर कर, बेड पर ले जाये। परन्तु उसे अब तक एहसास हो चुका था कि आस्था उसके व्यवहार से सन्तुष्ट होने के बजाये उसे आपत्तिजनक

ही मान रही थी। आस्था विदा लेने को हुई तो उसने आस्था को कोमलता से साथ सटा कर उसके कपोल पर चुम्बन अंकित कर दिया। आस्था ने झट से छुड़ाया...

"यह क्या है... कुछ तो शर्म करो।" और पीछे हट गयी।

"यंग लेडी... लर्न मैनर्स... यू मेबी व्हाट एवर यू आर... बट यू आर क्वॉइट बैकवर्ड।"

दूसरे दिन सुबह जब वह डाइनिंग में पहुँची तो अवस्थी एक ब्लाण्ड–गोरी के साथ, सोफ़े पर सट कर बैठा बतिया रहा था। केयरटेकर ने आस्था को पहले ही बता दिया कि यह महिला रात के करीबन ग्यारह बजे इसके पास आ गयी थी।

"मीट माय फ्रेन्ड लुसीयाना... शी इज़ फ्रॉम यू. एस...."

"हैलो..." आस्था ने शेकहैण्ड किया।

"शी इज़... रोज़ी... लाइक ए रोज़..."

और इसी प्रपंच में फँसी आस्था, शाम को चार बजे अवस्थी और लुसीयाना को विदा कर, चैन की साँस ले पायी।

उसी रविवार उसने, फ़ोन कर आकांक्षा को अपने पास बुला लिया और सारा घटनाक्रम विस्तार से सुना दिया।

"देख आस्था–मैं तो तुझे सब कुछ बताने वाली थी परन्तु तुमने मौक़ा ही नहीं दिया। और यह बास्टर्ड तो पेन्थर है...। कब शिकार फाँस ले, आप जान भी न पायें।"

"और तुम... तुम भी तो शादी कर..."

"अरे मेरा छोड़... पूरे एक साल इल्तिज़ा, अभियाचना गुज़ारिश, मनुहार, खुशामद, चिरौरी और याचना करता रहा। कोई विकल्प ही नहीं छोड़ा। मैं तो तंग आ चुकी हूँ व्यभिचारी से। अब तेरी बात सुन कर तो तन-मन जैसे जल रहा है। मैंने तो अबकी बार इसका मर्डर कर देना है। मैंने तेज़ धार की खुखरी तो लाकर रखी हुई है। मैं इसे अब तो बिलकुल नहीं छोड़ूँगी–जो भी हो।"

"अरी–पागल हो गयी हो क्या? और सौ रास्ते हैं।"

"बता फिर क्या करूँ–मैं और सहन नहीं कर सकती।"

"देख पहले तो तू मन बना कि क्या तू वास्तव में ही उससे छुटकारा पाना चाहती है।"

"अब मैं तुझे लिखकर दूँ...। यह इन्सान नहीं भेड़िया है।"

"अच्छा फिर मैं अगले रविवार आती हूँ। चण्डीगढ़ में ही मेरे मामा जी का बेटा, वहाँ का प्रख्यात एडवोकेट है उनसे मिलकर नोटिस दिलवा देंगे।"

डॉ. अमित अवस्थी को तलाक का नोटिस मिला। बिल्ली के भाग से छींका टूटा। वह तो जानता ही था कि यही इसकी इति होगी। वह स्वयं भी तो बन्धनमुक्त होना चाहता था। उसे भी तो अब नयी बादे-सबा की तलाश थी। और इस सबके लिए उसी का देश यू. एस. उपयुक्त था। जहाँ भावनात्मकता, संवेदना या रिश्तों

का बन्धन किसी भी परिधि में नहीं बाँधता। जहाँ सेक्स और प्रेम दो अलग-अलग क्षेत्र हैं। जीवन भर का वैवाहिक कारावास झेलना उसके बूते की बात ही नहीं थी। और आकांक्षा के लिए यह सम्बन्ध मानसिक यातना का बीहड़ बन गया था। जहाँ उसका शरीर दंशों की, नखों, दन्तों की जीवन्त कब्रगाह बन गया था। जिस उभार, जिस गुदाज़ीपन, जिन वक्रताओं, वृत्तात्मक गोलाइयों पर उसे गर्व था, नाज़ था, आज क्रूरता और सज़ा का साधन मात्र हो गये थे।

डायवोर्स में कोई बाधा नहीं थी। अब दोनों स्वतन्त्र थे और अवस्थी स्वच्छन्द, उन्मुक्त बाज़। फिर उसी प्रसरित वितान में नित नये खगों की तलाश!

जिस डिपार्टमेण्ट में प्रोफ़ेसर, टीचर, कर्मचारी आकांक्षा से रश्क करते थे। आज वही उससे सहानुभूति, करुणा, दया, सांत्वना, सहायता, सभी प्रकार की भावनाएँ अपने-अपने मानसिक स्तर के अनुरूप प्रेषित भी कर रहे थे और महसूस भी। परन्तु आकांक्षा तो थी स्थितप्रज्ञ, एक चक्रवात से मुक्त। वह जीवन के प्रति आभारी। कि झंझावात की विकरालता में भी नियति ने उसका साथ दिया। वह आभारी थी उस परोक्ष शक्ति की कि वह उस दुराचारी का अंश तो धारण किये हुए नहीं थी।

"बेटी, यह सौन्दर्य कब अभिशाप बन जाये, कौन जाने। शुक्र है तू सही-सलामत तो है। भगवान तुम पर अपनी कृपा बनाये रखें।" उसकी विभागाध्यक्षा ने, उसे गले लगाते हुए कहा। कहीं-न-कहीं तो, हर व्यक्ति को, अपने जीवन की त्रासद पुनरावृत्ति दिखाई दे ही जाती है।

12

समाज के भी तो अपने ही भँवर होते हैं। अपने ही विवर्त। अपने ही आवर्त। रिश्ते, सम्बन्ध, नातेदारी, पारिवारिक बन्धन, घनिष्ठता या इन्हीं से मिलते-जुलते लगाव, जुड़ाव, जिस संक्रामकता से आकाश-बेल की भाँति, मध्यमवर्गीय परिवारों में फैले होते हैं वैसे शायद अन्य वर्गों में नहीं होते। निम्न वर्ग में जहाँ जीवन गुज़र जाता है दो जून रोटी के जुगाड़ में, किसे पड़ी यह सोचने की कि कौन किसकी जोरू है, रखैल है, छिनाल है या फिर परित्यक्ता। सुविधाएँ, सहूलियतें तय करती हैं सम्बन्ध। कौन किसके साथ भागा, किसे चिन्ता, किसे परवाह। बच्चों का क्या होगा, केवल परिस्थितियाँ ही तय करती हैं कि कौन उनकी देखभाल करेगा। और सम्भ्रान्त परिवारों में भी किसी को क्या सरोकार। भव्य भवनों के रहस्य भी कभी उजागर हों; तो अजगर-सा विकराल रूप धारण कर लें। अन्यथा दीवारें ही साक्षी होती हैं सिसकियों की। जो उनकी निस्तब्धता में ही साँय-साँय-सी मुखर होती हैं!

आकांक्षा को भी कहाँ चैन मिला। मध्यवर्गीय परिवारों में रिश्तेदारियों को न तो निभाते बनता है और न ही छोड़ते। एक अरूप, परोक्ष भय मानसिकता को ग्रस्त किये रहता है। कभी-कभी उसकी विकरालता, चाहे काल्पनिक ही हो, भीतर से दीमक की तरह खोखला कर देती है। और यह असुरक्षा का भाव, अस्थिरता का मानसिक तनाव, उसे त्रस्त परिवेश में धकेल देता है।

"बेटा, देख, अब तुझे उस मनहूस से अलग हुए, साल से ऊपर हो गया है। रोज़ यूनिवर्सिटी से आती है और टूटी-सी बिस्तर पर पड़ जाती है। कोई दुख-सुख की बात करने वाला तक नहीं।" आकांक्षा की माँ ने उसे रोटी पकाते हुए कहा। वह माँ के पास ही चौके में, आसन पर बैठी हुई थी। चूल्हे में लकड़ियाँ जल रहीं थीं। बीच-बीच में माँ, आँच धीमी करने के लिए लकड़ियाँ खींच लेती, ताकि तवे पर रोटी जले नहीं। जब लकड़ियाँ बुझने की कगार पर होतीं तो वह फूकनी से फूँक मार कर आँच को फिर प्रज्वलित कर देती। और धीरे-धीरे धुँआ भी कम हो जाता। और साथ ही कम हो जाती, आँखों से निकलती जल-धार। यह प्रक्रिया प्रतिदिन

सुबह-शाम, माँ कलवत् दोहराती। यही तो था मध्यवर्गीय परिवारों का चौके-चूल्हे का चक्र, जिसमें गुज़र जातीं औरतों की ज़िन्दगियाँ, पुश्त-दर-पुश्त!

परन्तु माँ की मानसिकता, सोच तो शाश्वत है। वह तो बच्चों से आत्मिक, खून, रुधिर, हाड़-माँस सभी प्रकार से जुड़ी होती है। सन्तान को सेंक लगा नहीं कि माँ को उसका ताप छू जाता है। माँ संवेदनशीलता की पराकाष्ठा है और सन्तान उसकी जीवनी-शक्ति। इसकी तीव्र अनुभूति माँ बनने के पश्चात् ही अनुभूत होती है।

आकांक्षा क्रिसमस ब्रेक में, माता-पिता के पास हिसार आयी हुई थी। सुबह-शाम पारा शून्य से भी नीचे; इतना शीत कि हड्डियों में भी कँपकँपी पैदा कर दे और दिन में जैसे सर्दी है ही नहीं।

"माँ तुम कहना क्या चाहती हो।" आकांक्षा ने फूली हुई रोटी की भाप निकालते हुए कहा।

"बेटा, तू तो खुद ही इतनी समझदार है। तेरे छोटे भाई-बहनों की शादी होनी है। उनकी चिन्ता तो बाद में, पर तेरी चिन्ता ही हमें खाये जाती है।" विषाद रेखाएँ माँ के चेहरे पर उभर चुकी थीं, जो आँच की लौ में जैसे इन्द्रधनुषी रंगों में बदल रहीं थीं।

"माँ देखो, मैं बड़ी मुश्किल से इन पचड़ों से बाहर निकली हूँ। अब मेरे पास इन बेकार के झंझटों के लिये समय नहीं है।"

आकांक्षा के पापा, जिसे सभी बाऊजी बुलाते थे, थोड़ी दूर, कुर्सी पर बैठे, अख़बार के पन्ने खंगाल रहे थे। ध्यान तो सारा माँ-बेटी की बातों में ही था। वहीं से बोले, "बेटे, जिसे तुम झंझट कहती हो ना, वही पूरे जीवन-वृत की नींव है। जीवन कोई वीरान बीहड़ तो है नहीं, जिसमें इन्सान अकेला ही पागलों-सा घूमता रहे। अलबत्ता अकेला हो तो जीवन वैसा बन ज़रूर जाता है।"

"बाऊजी—इन दकियानूसी बातों के लिए अब कोई स्थान नहीं है। अब नारी सशक्त है, अपना भला-बुरा सोच सकती है। अपने निर्णय स्वयं ले सकती है। अपना मार्ग स्वयं बना सकती हैं। कितनी ही अकेली महिलाएँ, समाज और संस्थाओं में शीर्ष पर पहुँची हुई हैं।"

"बिटिया—मैं भी सब जानता हूँ। पर यह तो तुम मानती हो कि हम तुम्हारे माता-पिता हैं हमने भी दुनिया देखी है। उसकी ऊँच-नीच को करीब से, ठोकरों से समझा है। हमसे अधिक अपनी सन्तान की चिन्ता किसे होगी।"

"बाऊजी, आपने जब हमें इस लायक बना दिया कि हम अपने विवेक से अपना सही-गलत स्वयं सोच सकें, तो आप स्वयं को चिन्तामुक्त समझें।"

"बेटे—यह भेड़ियों का समाज है, अकेली नारी का अस्तित्व पग-पग पर तार-तार किया जाता है। उसे साथी, सहारा मिला हो तभी वह सुरक्षित रह सकती है।"

"बिटिया—तू चाहे जो भी कहे, पहले तो तूने अपनी इच्छा से अपना जीवन साथी चुना और उसका परिणाम तुम्हारे सामने है। अब तो तुम्हें हमारी बात माननी ही होगी। अभी तो तीस पार करने वाली है; कोई ठीक-सा लड़का मिल जायेगा। बाद में हम सारा जीवन तो तेरे साथ नहीं रह सकते ना!" उसके बाऊजी की बात उसे उबाऊ-सा भाषण लगा। वैसे भी बुजुर्ग जब अपनी बात पर अड़ जाते हैं तो उठते-बैठते, सुबह-शाम वही बात करते हैं।

अब आकांक्षा भी घर जाने से कतराने लगी थी। जब परिवार एक ही रट लगाये रहा तो उसे लगने लगा जैसे वह बाज़ार में कोई विक्रय की वस्तु हो।

"हैलो... गुड मॉर्निंग..."

"गुड मॉर्निंग... कहिए...।"

"मैं आकाश... आकाश खन्ना... आप शायद कभी मिली नहीं। मैं देहली यूनिवर्सिटी के किरोड़ीमल कॉलेज में अर्थशास्त्र का प्रोफ़ेसर हूँ। अभी मेरी नियुक्ति आप ही की यूनिवर्सिटी के अर्थशास्त्र विभाग में हो गयी है।"

"वेरी गुड... गुड न्यूज़।" आकांक्षा थोड़ी तो हतप्रभ थी। आखिर मुझे इस सबसे क्या लेना-देना?

"आप भी सोच रही होंगी—मैं यहाँ कैसे। आपके पिताजी रिश्ते में हमारे चाचा जी लगते हैं। सम्बन्ध तो सम्बन्ध ही होता है, चाहे दूर का ही हो। उन्होंने ही आपका ज़िक्र किया था।"

"कब ज्वाइन कर रहे हैं?" शालीनता का कवच तो ओढ़ना ही था।

"बस, लौट कर त्याग-पत्र दे दूँगा—फिर महीने भर में ज्वाइन कर लूँगा।"

"ओ.के. अभी तो मेरी क्लास है। फिर मिलते हैं।" कहकर वह झट से उठी और हिरनी-सी कुलाँचे भरती चल दी।

अजीब महिला है, पहली बार मिला हूँ। कहा भी है कि रिश्तेदारी भी है, परन्तु फिर भी आत्मीयता के नाम पर जैसे जैसलमेर का मीलों फैला मरू! पता नहीं औपचारिकतावश दो शब्द भी कैसे कह दिये। परन्तु जो भी हो वह वसन्ती मुस्कान। कितना सहज विकर्षण था उसमें। और मुख पर आभा, अलकों का जाल, नेत्र जैसे कैलीफोर्निया के बादाम और उनमें वही बादामी गहराई। शरीर के एक-एक अंग में पैनापन। सरू-सी ऊँची जैसे मलय बयार में इठला रही हो। आकाश तो कुर्सी पर बैठा ही पीछे मुड़ कर देखता रहा। कोई और महिला होती तो यह स्पष्टतया ही तिरस्कार था और सम्भवतया वह भी कुछ तीखी प्रतिक्रिया दे ही देता। परन्तु उसे याद आया कि उसके पिताजी, प्रायः, कहा करते थे कि दुधारू गाय की दोलत्ती (पछाड़) तो सहन करनी ही पड़ती है। और यह तो अतुलनीय सुन्दरी है। दम्भ न

हो और फिर इस यूनिवर्सिटी में, सम्भव ही नहीं। ठीक है यह तो "टेमिंग ऑफ़ द शर्यु" वाली स्थिति ही है। बहरहाल, देखूँ तो सही कि वास्तव में ही इसकी क्लास है या फिर विमुखता का प्रदर्शन किया गया है।

जाकर विभाग के ऑफ़िस से पता किया। क्लास तो नहीं थी। चपरासी ने आकर बताया, कि आकांक्षा जी तो हैड मैडम के पास बैठी हैं। तो यह माजरा है। जो भी हो, यह स्थिति तो चाचाजी के द्वारा ही सँभाली जा सकती है। शाम को बस पकड़ी और पहुँच गया हिसार।

एक तो एकदम से अपरिचित, सिवा इसके कि, जनाब, यहाँ अर्थशास्त्र विभाग में ज्वॉइन कर रहे हैं। स्वयं को कुछ विशेष ही समझ रहे थे। कुछ तो मर्दों में यह बाहिरी दिखावे का प्रपंच और तिस पर यह छद्म आत्मीयता। शहद की मक्खी है, मँडरायेगी तो है ही। यह नरसत्तात्मक समाज जो है। हर महाकाव्य, काव्य या फिर सांस्कृतिक धरोहर का ग्रन्थ, पुरुष द्वारा ही रचा गया है। तो उस सारी प्रक्रिया में पुरुष महिमामण्डित तो होगा ही। यह सारी की सारी सोच, विकृतियाँ और अलंकरण, दम्भ, अहं सभी तो पीढ़ी-दर-पीढ़ी पुष्ट ही होते गये। नारी को जब बना ही दिया चारदीवारी का भाग, उसमें भी, चौके-चूल्हे की दिनचर्या तक सीमित तब उसे समानता का स्तर प्राप्त करने में समय तो लगेगा ही। और आकाश, उस पुरुष का ही प्रतिरूप, जो इंच भर जगह पाने पर, मकान मालिक तो बन ही सकता है। उसका अभिमान अधिक तीव्रता से गतिशील होता गया। हर सप्ताह हिसार के चक्कर और आकांक्षा से एक सुरक्षित-दूरी या औपचारिक-दुराव। वह जानता था कि नारी की अन्तरंगता प्राप्त करने के लिए, यह मार्ग अधिक कारगर होता है। आकांक्षा के माता-पिता तो आकाश के तौर-तरीक़ों, सरोकारों और व्यवहारकुशलता से अभिभूत थे। वह तो आश्वस्त थे कि आकाश आकांक्षा को हर स्थिति में प्रसन्न ही रखेगा। उन्होंने सोचा और परस्पर विमर्श भी कर लिया कि अब एक तलाकशुदा स्त्री को अच्छा-भला, सम्बन्धी, रिश्तेदारी में सुसम्पन्न, संस्कारी, सुपठित, लड़का और कहाँ मिलेगा। आज तो रिश्ता माँग रहा है, कल हम दर-ब-दर भीख माँगते रहेंगे। आजकल लड़कों के नखरे भी कितने हैं। माँगों की भी कितनी लम्बी लिस्ट होती है, चाहे लड़की कितनी भी पढ़ी-लिखी हो। कितना भी कमाती हो।

"अरी—तो क्या हुआ। दो बच्चे हैं ना। बसा-बसाया परिवार। एक तो परिवार सम्भल जायेगा और फिर घर में कोई रोक-टोक नहीं। एक ही यूनिवर्सिटी, एक ही जगह। दोनों की नौकरी भी एक ही जगह। यह तो भगवान का भेजा उपहार ही है। हमें तो उसका कृतज्ञ होना चाहिए।" आकांक्षा के पिता उसकी माँ से कह रहे थे।

"सो तो ठीक है। पर जब उसके अपने बच्चे हो जायेंगे तो खड़ा होता है क्लेश। घर ही महाभारत हो जाता है।" माँ आशंकित भी और आक्रोशपूर्ण भी। उसे नहीं जँच रहा था यह सब।

"अब तुम्हारे लिये कोई दूल्हा गढ़ कर तो भेजा नहीं जायेगा। आज तो द्वार पर दसियों चक्कर काट रहे हैं। कल तुम काटोगी और भाग्य को कोसोगी। बाक़ी बच्चों की पढ़ाई, शादी सभी का भी ध्यान देना है।" आकांक्षा के पिता को समझ नहीं आ रहा था कि आखिर इसे आपत्ति क्या है। ये औरतें ना; चौके चूल्हे से आगे दुनिया देख ही नहीं सकतीं। दिमाग़ पर तो जैसे भगवान ताला ही लगाकर भेजता है।

"आपको क्या? आप तो रवाना करो—पीछे वो मरे या जिये... आपकी बला से।" माँ अब तैश में आ गयी। "मेरा खून है, उसे काँटा लगे तो खून मेरा बहता है। माँ बनो तो पता चले!"

प्रतिदिन का वाद-विवाद दिनचर्या का भाग बन चुका था और उसका केन्द्र बिन्दु थे—आकांक्षा-आकाश।

"अब तुम जैसे भी कहो, मैंने तो आकाश के पिता को हाँ कह दी। बता रहे थे कि सैकड़ों रिश्ते आ रहे हैं। परन्तु हमारी तो रिश्तेदारी है। इसलिए बिना किसी भी बाधा के यह सम्बन्ध हमें मान्य होना चाहिए। आज तो आकाश भी तकाजा कर रहा है। कितने ही चक्कर काट चुका है।" आकांक्षा के पिता ने एक दिन उद्घोष कर ही दिया।

"अब अगर आपने वचन दे ही दिया तब फिर बहस का क्या मतलब। अब बेटी से बात तुम खुद ही करना। यह काम अब तुम्हारा।"

माँ के गले में यह दंश जाकर अटक गया। नीलकण्ठा बन गयी। जिसे शायद कोई अप्रत्याशित भविष्य दृष्टिगोचर हो रहा था।

बहुत अनुरोध, सम्बन्ध का वास्ता, भगवान को साक्षी, माँ की कसम; सभी को बीच में लाकर आखिरकार पिता ने बेटी को मना ही लिया।

शादी तो होनी ही थी। पूरी तामझाम परन्तु साधारण-सी साज-सज्जा के साथ रस्में निभायी गयीं। रिश्तेदार, सम्बन्धी और गिने-चुने मित्र वर्ग के लोग साक्षी थे। आकाश तो जैसे सातवें आकाश पर। पहली सामान्य-सी, साधारण-सी पत्नी और यह दूसरी चाँद का टुकड़ा। परन्तु उसकी माँ और पिता ने उससे वचन लेकर उसे शपथबद्ध कर दिया था—

"देखो बेटा! हम शादी के लिए पहल तभी करेंगे अगर तुम माँ के सर पर हाथ रखकर कसम खाओ कि अब तुम्हारी आकांक्षा से कोई सन्तान नहीं होगी।"

"समझता हूँ पिताजी, पर क्यों?"

"कहते हो समझता हूँ और फिर पूछते भी हो। बेटे अगर आकांक्षा से भी बच्चे हुए तो इन बेटा-बेटी की ज़िन्दगी नरक हो जायेगी। बेशक कोई कितना भी कहे, परन्तु सौतेलापन तो इस रिश्ते की नींव है ही। यह शपथ तो तुम्हें निभानी ही है। यह बात मैंने, आकांक्षा के पिता से खोल दी है। उन्हें इसमें कोई आपत्ति नहीं।"

वह उमंग, वह उल्लास, वह रोमांच, आकर्षण, कौतूहल, सौम्य-समर्पण, भविष्यत स्वप्नों का दर्पण, लेने-पाने, अपनाने, आत्मसात कर चिर शाश्वत बन्धन में बँधने की उत्कण्ठा, वो ज्वाला, वो अग्नि कुछ भी तो नहीं था आकांक्षा के लिये। एक वचनबद्ध नारी जैसे बलि-वेदी पर बैठा दी गयी हो। पता नहीं किन बाधाओं, किन बन्धनों, किन अटूट लगावों ने उसे फिर उसी कुचक्र में पिसने के लिए डाल दिया। वह कभी भी, सही-ठीक के निर्णय पर पहुँच ही नहीं सकी। बस ऋण—हो सकता है जन्म का ही कर्ज़ हो... कि ब्याज स्वरूप, उसे शनैः शनैः अपनी आहुति देनी ही है। परन्तु इतनी नकारात्मकता कहाँ से टपक रही है। यह भी हो सकता है जीवन में उमंग हो, लहर हो, नयी स्फूर्ति, ऊर्जा हो। फिर बेमतलब सोच कैसी। अनिश्चितता तो हर स्थिति में होती ही है। पहले वाली परिस्थिति में तो मैं ही नायिका और मैं ही सूत्रधार थी। परन्तु अन्ततः निर्णय तो भाग्य ने ही किया।

और घूँघट में ढँका चाँद... वैसे ही चन्द्रिका से एक-एक कण को आलोकित कर रहा था।

"पापा हम भी शिमला चलेंगे। आंटी हमें भी ले चलो ना। वहाँ हम मम्मी को मिलेंगे। पापा कहते थे कि मम्मी शिमला में हैं; हम उनसे मिलेंगे।" छोटी बिल्लो ने पापा की गोदी से उतरने से इनकार करते हुए कहा। बिट्टू देख रहा था।

"बेटा हम ऑफ़िस के काम से जा रहे हैं। अगली बार आप दोनों को अवश्य ले जायेंगे। अभी आप दादा-दादी के साथ रहो। हम ढेर सारे खिलौने भी लायेंगे।"

आकांक्षा के लिए यह सब असामान्य था। बिना बच्चे के, बच्चों वाली जैसे पैंतीस के पार। जबकि अभी वह तीस की भी नहीं हुई थी। जो भी हो, आकाश को सँभालने दो।... देखती हूँ कैसे मैनेज करते हैं। रोते हुए बच्चों से विदाई। हनीमून नहीं, जैसे 'वीपिंग मून' हो। हृदय में पीड़ा, अवसाद, बिछोह, बच्चों का अलगाव, उनकी माँगों, इच्छाओं पर कुठाराघात। परन्तु आकांक्षा को तो जानना है क्योंकि आखिर आकाश के साथ जीवन बिताना है।

मॉल पर होटल ओबेरॉय...। अच्छा भव्य आलीशान सूइट...। कारपेट, गलीचे, शेंडेलीयर, सोफ़े, हॉट कोल्ड वॉटर, अटैच्ड टॉयलेट, आमने-सामने आदमकद आईने, सामने फैली जाखू हिल की छटा। वह बीसियों बार तो आयी थी शिमला। कल मिलेगी डॉ. शोभित से—यदि वहाँ हुए तो। लगा मन थोड़ा रोमांचित हो रहा है।

आकाश को गुलाब-पंखुड़ियों को खा-खा कर सन्तोष कहाँ। उसे तो पूरा गुलाब का पौधा ही खाना था...। पर रात ही तो होती है इस सब चरमोत्कर्ष का पड़ाव! स्वप्निल-सम्मोहक-सौन्दर्य की मोहिनी निरावरण संकुचित-सी सिमट रही थी अपने ही बाहुपाश में। जैसे जो भी उनका और क्रम वैसे ही बलात् बल प्रयोग। साक्षी होता प्रातः में दर्पण जो दिखाते उनके कण-कण पर दंश। आकांक्षा की आँखों में वह मंज़र, वह दृश्य, किसी चलचित्र-सा खुल रहा था। आकाश मन्त्रमुग्ध परन्तु क्षणिक; क्योंकि इस कमनीयता, काम्यता, रूपमत्ता का साक्षात्कार उसके संयम की सीमाओं से परे था। उत्तेजना उसका कण-कण जला रही थी। उसने आकांक्षा का बाहुपाश खोला और सौन्दर्य-कलशों की रसमयता में पूर्णतया डूब गया। वह मंज़र अकस्मात् एक आश्चर्य में बदल गया। आकाश तो पूर्णतया धरा पर छाया हुआ था। परन्तु उसका प्रकाश अधूरा था। आकाश ने हाथ बढ़ाकर तकिये के नीचे से कॉण्डोम निकाला और आवेश पर एक कृत्रिम आवरण। एक सौम्या, शोभना अनावरणित और दूसरा सम्भोगी आवरणित...

"यह क्या, आकाश!"

"यह है गर्भ निरोधक।"

"क्यों अभी से, अभी तो पहली ही रात है।"

"तभी तो...। हमें पूरी सावधानी और सतर्कता बरतनी चाहिए। हमें अब बच्चे थोड़े पैदा करने हैं। हमें तो साथ रहना है और ऐश करनी है।" आकाश का पूर्णावेश रसातल में जा चुका था।

"पर मुझे तो बच्चा चाहिए। यही तो उम्र है। बाद में तो होगा भी नहीं।"

"यही तो मैं चाहता हूँ कि न हों। दो बच्चे तो पहले ही हैं अब और नहीं।"

"परन्तु मेरा बच्चा...। मेरा अपना बच्चा...। मैं भी तो मातृत्व का सुख भोगना चाहती हूँ। अब तक आकाश धरती पर आ चुका था। आकांक्षा की ऊष्मा भी हिमखण्ड हो चुकी थी। आकाश एक ओर बैठ कर बोला–

"देखो आकांक्षा–ये दोनों बच्चे तुम्हारे ही तो हैं। अब इनमें मेरा-तेरा मत करो। ये अब हमारे ही बच्चे हैं। यह बात तो आपके पिताजी से पहले ही कर ली थी और वे इस शर्त से सहमत भी थे।"

"परन्तु मेरा अपना अस्तित्व...?"

"आकांक्षा–मेरा अपना अलग कुछ भी नहीं। अब अस्तित्व, हमारा, हम दोनों का है। अलग कुछ नहीं।"

"ये सब किताबी भावनात्मक और भावुकता की बातें हैं। स्त्री का स्त्रीत्व, मातृत्व, पत्नित्व और सम्बन्धित्व–सभी अलग होते हैं। परन्तु जब अपना ही

भाग्य...” कहती-कहती चुप हो गयी। हिमशिला पर काई जम चुकी थी। आकांक्षा ने कंचुकी पहनी और नाइटी पहनने की प्रक्रिया में थी कि आकाश ने उसे आलिंगनबद्ध कर चूमना चाहा। “डार्लिंग... आय लव यू...।”

“बस... बहुत हो गया...। अब फिर देखेंगे।”

आठ दिन का हनीमून मात्र दो दिन में ही समाप्त हो गया। आकाश को उत्तेजना का निकास तो मिल गया, परन्तु प्रेम की अमराई मधुमास से पहले ही शिशिर की भेंट चढ़ गयी। आकांक्षा ने नियति के किवाड़ पर बड़ी-सी साँकल लगा कर ताला जड़ दिया। केवल कर्तव्य का वातायन खुला रखा जिससे जीवन की साँसें चलती रहें।

“क्यों बिटिया... तुम तो हफ्ता भर, शिमला में रहने वाली थीं। फिर क्या हुआ...?” माँ ने उसके हिसार पहुँचने पर पूछा। थर्मल प्लांट की राख घर के चारों ओर छायी हुई थी और भीतर भी दम घुट रहा था।

“माँ, छोड़ो ना, दो दिन से पूछ रही हो...। क्या करना है तुम्हें जानकर। जब मेरे भाग ही ऐसे हैं।” आकांक्षा की हताशा, उसकी भाव-भंगिमा से परिलक्षित हो रही थी।

माँ ने अपनी कसम दिलाकर सारी बात पूछ ही ली। आकांक्षा पर एक वज्रपात सुहागरात पर हुआ था। जिसमें वह मातृत्व रहते भी बाँझ हो गयी थी। दूसरी बिजली गिरी माँ पर। जिसके लिए सीता की भाँति धरती ही फट गयी, परन्तु उसे अपने अंक में समेट न सकी। कुछ भी हो, चाहे जो हो जाये वह पति, पुत्र, या पिता; मर्द तो मर्द ही रहता है। जिसमें वह ही, उसकी सोच ही, उसका स्वार्थ ही सर्वोपरि रहता है। बाक़ी सब गौण...। माँ तो जैसे निर्जीव, प्रस्तर-प्रतिमा, शिलाखण्ड। मूक, निर्वाक, निष्प्राण।

“आपसे कोई क्या कहे...? आपने तो कहने लायक छोड़ा ही नहीं। बेटी को जीते जी ही मार डाला।” माँ ने आकांक्षा के पिता से कहा।

“क्यों क्या आफ़त आ गयी।” पिता ने झेंप को मिटाने के अन्दाज़ में कहा।

“इससे ऊपर आफ़त क्या होती है? अच्छी-भली तन्दुरुस्त, सुन्दर बेटी को बाँझ बना दिया। धन्य है ऐसे पिता और ऐसे पति—जिसने बेटी की बलि दे डाली। इससे ज़्यादा कहूँगी तो शायद तुमसे सहन भी न हो...।”

“और करता भी क्या? कोई दूसरा रास्ता ही नहीं था। सोचा बच्चे तो हैं ही—और झंझट क्यों पाले?”

“तो तुम्हारे अपने बच्चे तुम्हारे लिए झंझट ही थे...। जो जी में आता है... करो...। मारो या रखो। मैं तो औरत हूँ...। खूँटे से बाँधे रखो...। बँधुआ दासी...। सभी के लिए कानून...। लानत है ऐसे समाज पर...।” और माँ पैर पटकती सीधी बाथरूम में घुस गयी। सुबकने की आवाज़ तो आ रही थी, परन्तु किसी की हिम्मत नहीं हुई कि उसे बाहर आने के लिए कहे।

आखिर आकांक्षा के कहने पर ही वह बाहर आयी। सर में बहुत ज़ोर का दर्द और चक्कर। खाट पर जाकर लेट गयी। आकांक्षा ने डॉक्टर को बुलाया। अति मानसिक तनाव के कारण रक्तचाप एकदम उछाल खा गया था। माँ को आराम... और खुश रहने को कहा। माँ का आराम... धरती में ही समा गया बेटी का दर्द... माँ के अतिरिक्त आखिर कौन समझे? कौन सहे? कौन बाँटे और कब तक...?

13

आँच, आग, संताप, या मनोव्यथा, मानसिक पीड़ा या मनस्ताप; किसके हिस्से कितना आता है यह तो इस स्थिति पर भी निर्भर करता है कि आपके भीतर सहिष्णुता, संवेदना, समचित्तता, स्थितप्रज्ञता या स्थिरमनस्ता किस पुट या किस अनुपात में विद्यमान है। वास्तविकता में तो यह परिस्थिति जनित होती हैं परन्तु फिर भी चरित्र की इन सभी विशेषताओं पर जीन्स या वंशावली के जैविक अणुओं का भी पर्याप्त प्रभाव पड़ता है। बेशक, आपके भरण-पोषण, परिवेश और संगत का भी प्रचुर असर होता है। तभी तो हम इसे इमोशनल क्वेशेंट या भावात्मक लब्ध कहते हैं।

कुछ तो वैसे ही आकांक्षा मानसिक स्तर पर बहुत सन्तुलित और सशक्त नहीं थी और कुछ परिस्थितियाँ ही उसके विपरीत थीं या एक के बाद एक होती ही चलीं गयी। सी.ए.आर. शिमला में तो आस्था उसका आत्मबल थी। जो उसे हर पग पर, हर उतार-चढ़ाव पर सँभाल लेती थी। यहाँ तक कि डॉ. शोभित के प्रति कृतज्ञता बोध में भी सर्वस्व समर्पण के लिए तत्पर ही थी। तुलनात्मकता में आस्था में स्थायित्व, ठहराव एवं विवेकशीलता कई गुणा अधिक थी। विपरीत परिस्थितियों में भी, अपने आत्मबल, आत्मविश्वास और आत्मविवेक से हालात-अनुरूप कोई न कोई, समाधान निकाल ही लेती थी।

आज आकांक्षा यूनिवर्सिटी के प्रबन्धन कार्यालय से अपने डिपार्टमेण्ट की ओर जा रही थी। फुटपाथ पर चलते-चलते, फरवरी की शीतल हवा, उसके गेसुओं से अठखेलियाँ किये जा रही थी। पवन पेड़ों, पौधों के पत्तों को भादों की तरह उनके मूल से अलग कर रही थी। उसी वेग में वह आकांक्षा को भी अस्त-व्यस्त करने पर आमादा थी। वैसे भी आकाश से शादी के बाद अब उसकी मनःस्थिति वैसी नहीं थी जो उसे उसकी निजता, उसके अस्तित्व से समरूपता में रख सके। ठीक ही तो था कि "कुछ तो नाज़ुकमिजाज़ थी ही वह, कुछ यह चोट भी नयी थी अभी" पता नहीं मन के किस कोने से आस्था उसके दिल पर बार-बार दस्तक दे रही थी।

होता ही है। प्रायः ऐसा हो जाता है। होनी, अनहोनी, सुखद न भी सही, परन्तु अनिष्ट का तो पूर्वाभास हो ही जाता है। रेश्नेलिस्ट या अनास्तिक इन सबको महज़

वहम की संज्ञा देकर नकार देते हैं। इसी अकधक, अनिश्चितता, एवं असन्तुलन की स्थिति में वह अपने कक्ष में जाकर बैठ गयी। कॉफ़ी का आर्डर कर आयी थी। इसलिए कॉफ़ी की फेन, पहले ही सिप में, उसकी गुलाबी पंखुड़ियों पर, पहले हिमपात की तरह ठहर गयी थी। वह तो टकटकी लगाये कॉफ़ी के प्याले में ही डूबी थी जैसे वह कोई अन्ध-महासागर हो, जिसमें वह दिन-ब-दिन डूबती ही जा रही थी। कोई आश्रय, सम्बल, सहारा दूर-दूर तक नज़र नहीं आ रहा था।

आकांक्षा को पता भी न चला। एक महिला करीबन उसी की वय की और एक बच्चा चार-एक साल का, उसके सामने कुर्सी पर बैठे थे। अचानक वह कुर्सी पीछे को घुमाकर तारीख देखने को मुड़ी। नज़र सामने पड़ी। "आप कैसे...?" उसने अपनी ही लय में अन्यमनस्कता से पूछा...।

महिला उसकी ओर हतप्रभ-सी देखती रही।

एक क्षणिक झलक का अन्तराल—और आकांक्षा को अपनी आँखों पर जैसे विश्वास ही नहीं हुआ। जैसे एक अवचेतना से लौटी हो—

"वाह—आस्था! मैं तो सोच भी नहीं सकती कि तू हो सकती है।"

और झट से अपनी चेयर से उठी और जा लिपटी अपनी अन्तरंग मित्र से। जाने जैसे सदियाँ ही गुज़र गयी हों अपनी मनोवांछित छवि को देखने भर के लिए।

"अब बातें मत बना—पहले तो पहचानने से भी इन्कार कर दिया।"

आकांक्षा तो ज़ार-ज़ार जलधार बहा रही थी—"अरी पगली! तू सचमुच ही वो ही छुई-मुई है। तो क्या ज़रा मुर्झा गयी हो, पर है तो मेरी जान", आस्था ने उसके अश्रुआर्द्र नयनों को जैसे पी ही लिया हो।

"सच में ही आस्था। आज तो मैं भगवान से कुछ और भी माँगती तो मिल जाता। बस, कितनी उत्कण्ठा से तुझे याद किया था—अभी-अभी। और तू जैसे कोई वरदान ही फलीभूत हो गया हो।"

दोनों के आलिंगन को सामान्य स्थिति में लौटने में कुछ तो समय लगा। बच्चा झट से आस्था की टाँगों से लिपट गया। जैसे कोई उसकी मम्मी को ले जायेगा।

"अच्छा! अब बता; तू कैसी है? कहाँ है? कोई अता-पता तक नहीं। और यह छोटू-सा, प्यारा-सा दुलारा... तेरा ही है ना?"

आकांक्षा के उत्साह और उल्लास का पारावार ही नहीं था।

"अरी चल—पहले इसे... इस मेरी पारी दुलारी को कुछ खिला दें। ढेर सारी बातें करेंगे।"

होटल माउंट व्यू की धुँधली दूधिया छनती रोशनी उनकी टेबल पर पड़ रही थी। आस्था की दुलारी फिंगर चिप्स खा रही थी और उसके पास पड़ा था हॉर्लिक्स

का मग। एक चेयर पर आस्था और दूसरी पर आकांक्षा। पास-पास। सटी-सटी। सामने दुलारी।

"क्या बताऊँ आकांक्षा आशा—! यही बुलाती थी न मैं तुम्हें डिपार्टमेन्ट में। एक दिन अचानक हैड-ऑफ़-डिपार्टमेण्ट ने बुलाया और कहा कि अगर तुम ऑक्सफोर्ड यूनिवर्सिटी में दो साल के लिए बतौर गेस्ट फैकल्टी जा सकती हो तो मैं तुम्हें फौरन भेज सकता हूँ। मेरे लिए तो जैसे आकाश से कोई नक्षत्र ही आ गया हो और पन्द्रह दिन में ही मैं लन्दन में थी।"

"और फिर... फिर कहाँ गयी?"

"जाना कहाँ था? दो साल पूरे हुए कि तीन साल की एक्सटेन्शन मिल गयी। बस फिर क्या वहीं की होकर रह गयी।" आस्था संयत तो थी। पर फिर भी थोड़ी उत्तेजना में लग रही थी।

"मैडम—यह सब तो हुआ। पर शादी कब हुई... और मुझे बुलाया क्यों नहीं।"

"बुलाती क्या? कोर्ट मैरेज की। मेरे ही डिपार्टमेण्ट के आलोक शर्मा रीडर थे। उन्होंने ही प्रस्तावित किया और रजिस्टर्ड मैरेज हो गयी...। अब तो उसे भी छः-सात साल हो गये।"

"पर यह बेटा या बिटिया तो तीन-चार की लगती है। इसके पहले मौज की क्या?"

"अरे... तू भी ना... बस क्या कहूँ?" मौज काहे की—दूसरे ही साल गर्भ ठहर गया। माँ आ गयी थी। प्रसव के नौ महीने यथा सम्भव सतर्कता से पूरे किये। वहाँ की चिकित्सा सुविधाओं के बावजूद डिलिवरी में डीलेड लेबर के कारण—डॉक्टर शिशु को बचा नहीं पाये। सारी आशाएँ, सारे सपने, सारी खुशियाँ ध्वस्त। पहले तो प्रसवकाल ही काफी कष्टप्रद था। लगातार कभी ब्लीडिंग, कभी वॉमिटिंग, वर्टिगो, डिज़ीनेस और न जाने क्या-क्या? सोचा था एक बार डिलिवरी हो जायेगी तो सब सामान्य हो जायेगा। परन्तु यह अकस्मात् आघात...। कैसे सहा मैंने; केवल मैं ही जानती हूँ।"

और कहती-कहती आस्था फफक-फफक कर रो पड़ी।

दुलारी ने मम्मी को रोते हुए शायद, पहली बार ही देखा था।

"यू आर बैड आन्टी। आय विल नॉट टॉक टू यू...।"

"नो माय चाइल्ड—योर मम्मी इज़ वेरी गुड... वी ऑल लव यू..." आकांक्षा ने उसे सहलाया।

"बेटा, आंटी इज़ वेरी गुड। गो एण्ड किस हर...।"

और बच्चे ने वैसा ही किया।

"मातृत्व यदि प्रकृति की सबसे बड़ी अनुकम्पा है तो उस प्रसाद को खो देना जैसे अपूर्त-क्षति। इतना बड़ा विप्लव तूने कैसे सहा होगा, सोचकर ही दिल दहल

जाता है। भगवान का आभार कि अब यह बच्ची तेरा मानसिक और मनोवैज्ञानिक सम्बल है। इसका प्यार ही सारे दुःख हर लेता है।" और आकांक्षा ने बेटी को गोद में लेकर चूम लिया।

"अब तुम्हें क्या बताऊँ? बेटे के जाने के बाद बात-बात पर नोक-झोंक, टोका-टाकी, कलह, चिड़चिड़ापन, ज़रा-ज़रा-सी टिप्पणी पर एक-दूसरे पर बरस पड़ना। यही रह गयी थी दिनचर्या। एक बार हमारे बहुत ही करीबी दम्पति शाम को चाय पर आये। मैं किचन में चाय बना रही थी और शेल्फ से स्नैक्स निकाल कर बाउल्स में डाल रही थी। अचानक आलोक किचन में आये और चाय उबल कर ओवन में गिरती देख, मुझ पर उबल पड़े। आवाज़ इतनी पिच पर थी कि घबरा कर वह दम्पति सीधा किचन में आ गये। जैसे-तैसे चाय तो पी ली। परन्तु उनके परामर्श पर हमने गहनता से विचार शुरू कर दिया। अब न तो आलोक और न ही मैं, इस मानसिक स्थिति में थे कि एक और बच्चे के लिये जोखिम उठायें। उसी दम्पति के सहयोग से हमने यह बच्ची गोद ले ली।" आस्था विस्तार से सभी वृत्तांत सुना रही थी।

"यह तो तूने एकदम समझदारी और साहस का काम किया। एक तो तुम्हें बहुत बधाई, दूसरा तुम्हारे सदैव की तरह के, अनुपम विवेक पर। यह कब हुआ?" आकांक्षा वास्तविकता में ही प्रफुल्लित थी।

"हमने तो आशू को जब यह दो महीने की थी तभी मेरीज़ होम ऑफ़ चैरिटी से गोद ले लिया। लीगल कार्यवाही तो काफ़ी करनी पड़ी। परन्तु हम दोनों इसे पाकर प्रसन्न थे। इसके आने के बाद से जैसे हमारी दुनिया ही बदल गयी। एक ही बच्चा कितना सुख देता है। यह एक स्वर्गिक एहसास है। दिन भर, काम से लौटने के बाद इसी की नन्हीं तुतलाती बातें और रुन-झुन करती पैजनियाँ पूरे घर में किसी परी के अवतरण का आभास देती हैं। अब कभी कोई ऊँच-नीच नहीं, ऊँची आवाज़ नहीं।"

"यह तो तूने वाक़ई रोमांचित कर दिया। अच्छा, कब तक है यहाँ?" आकांक्षा जैसे आत्मविभोर थी।

"वो तो तू छोड़। अब अपनी सुना। कौन है वह भाग्यशाली जो इस गुलाब को जैसे पी ही गया हो। शीशा देखा है कभी... कहाँ गया वो चुलबुलापन, वह सिन्दूरी लालिमा। जो भी हो मुझे उसकी ख़बर लेनी है, अभी, इसी वक्त..." आस्था धीरे-धीरे उत्तेजित हो रही थी।

"चल घर चलते हैं। वहीं लंच लेते हैं। तुम भी तो थक चुकी होंगी। थोड़ा आराम कर लेना। तब तक वो श्रीमान भी आ जायेंगे।" आकांक्षा तो जैसे सुलगती हुई दीपशिखा थी जिसमें नेह समाप्त होने की कगार पर था।

आकांक्षा ने विस्तार से अपनी पहली शादी के बारे में बताया। वो भूल ही गयी कि आस्था यह सब कुछ जानती है। अमित अवस्थी की चरित्रहीनता, लम्पटता और

उसके पाश्चात्य समाज के खुलेपन का अनावश्यक लाभ उठाने के क़िस्से सुनाये। फिर सम्बन्ध-विच्छेद। और अब माता-पिता के बेमतलब के अर्थहीन दबाव में आकाश से दूसरी शादी। उसके दो बच्चे। वह तो जैसे तीस से अकस्मात् ही चालीस पर पहुँच गयी। अब तो उसे केवल कर्तव्य-निर्वाह करना है। पति को हर रात संतृप्त करना है। एक सूखी सरिता की तरह बरसात की बाट जोहते-जोहते उसी का ही हिस्सा बन जाना है अन्ततः।

आस्था ने सुन तो लिया, परन्तु पहले से ही द्रवित भावावेश अब जैसे सैलाब में बदल चुका था। जिस आस्था में अपनी सर्वप्रिय अन्तरंगता से एकलय रसात्मकता में समन्वित होने की ललक थी, वह कहीं एक पाषाण में परिवर्तित हो चुकी थी। जिस मन ने चाहा था अपने जीजा जी से घनिष्ठता और अपनत्व कायम करना, वह तो जैसे निर्जीव काठ हो चुका था। मात्र दो घण्टे ही तो बीते थे। वे भी गुज़र गये इन अवसाद भरी वीरानियों में। मन ही नहीं हुआ कि और टिके, और रुके। रुक भी नहीं पायेगी। कितना भी चाह लो।

"अब तू मुझे ऐसी ही अस्त-व्यस्त अवस्था में छोड़कर चली जायेगी। तू जानती तो है मैं जी ही नहीं पाऊँगी।" आकांक्षा ने डबडबाई आँखों से देखा जैसे झील में वर्षा के कण टप-टप कर, सारी झील को ही विवृत कर देते हैं।

"मैं ही कौन-सी संयत रह पाऊँगी। पर, सच पूछे तो अब मैं यहाँ जैसे किसी भट्ठी की ज्वाला में दग्ध हो रही हूँ। चल बैठ मेरे साथ। एकदम से उठ। आस्था ने त्वरा से उसका हाथ पकड़ा और गाड़ी में बिठा लिया।"

कितनी ही देर, सेक्टर 17 का क्वालिटी उनकी वार्ता का साक्षी रहा। एक दग्धता भीतर सुलग रही थी जिससे धीमे-धीमे प्रकाश की किरणें बिखर रही थीं। और एक प्रफुल्लता बाहर सेवेंटीन प्लाज़ा में, हाथों में हाथ लिए, भविष्य के रंगीन सपनों की दुनिया में विचर रही थी।

किसी को क्या पता, किसकी दुनिया पल-पल दहन होती और कौन उसी की प्रचण्डता से कुन्दन-सा निखर कर बाहर निकला था। जो भी हो। अब आस्था आकांक्षा में बस चुकी थी और आकांक्षा आस्था में विलीन।

छः-सात महीने बीत चुके थे। शिशिर से ऋतुराज की बहार, गर्मी में तपती धुँधकार और फिर वर्षा की शीतल फुहार। परन्तु आकांक्षा थी निर्लिप्त, निर्विकार। केवल साँसों का पर्यायक्रम बार-बार...। कोल्हू के बैल-सा ढोता जीवन का भार।

अचानक एक दिन, डिपार्टमेण्ट में उसके लिए एक पार्सल आया। आस्था ने लन्दन से भेजा था। आकांक्षा को क्या पता कि आस्था उसे मिलने के बाद सीधे हिसार गयी थी। आकांक्षा के पापा से कितना झगड़ा किया, उसकी मम्मी को कितने

उलाहने, पर मन था कि हल्का होने का नाम ही नहीं ले रहा था। सौन्दर्य का यह पल-पल दहकता वीभत्स स्वरूप। उसका हृदय बार-बार चीत्कार कर उठता। अब उसे ही तो कुछ करना था अपनी अनन्य बहन, सखी या अन्तरंग मित्र के लिए। वह कदापि उसे परिस्थितियों और नियति के रहमोकरम पर नहीं छोड़ सकती। उसे ही तो कुछ करना था।

अपने ही हैड-ऑफ़-डिपार्टमेण्ट को मिली। पचास-एक-वर्ष का अंग्रेज़—जेम्स जॉनसन। सारी स्थिति से अवगत करवाया। उसे लगा यदि अंग्रेज़ों को किसी बात में स्पष्टता, निष्कपटता और सच्चाई दिखाई दे और वे इस बात से या कायल हो जायें कि किसी पर वास्तव में ही अन्याय हो रहा है, तो वे सभी सीमाओं को लाँघकर भी उसकी सहायता करेंगे। यदि वह व्यक्ति महिला हो तो फिर वे भरसक प्रयत्न में कोई कोर-कसर नहीं छोड़ते।

आस्था की प्रसन्नता का पारावार नहीं था। मि. जेम्स ने आकांक्षा को दो साल के लिए ऑक्सफोर्ड में गेस्ट फैकल्टी में रीडर के पद पर बुला लिया।

आकांक्षा एकदम अचम्भित। वह तो सोच रही थी कि आज के समय में, आज की व्यस्तता एवं स्वकेन्द्रित परिवेश में; किसके पास किसी दूसरे के लिए समय है। पीड़ा, कसक, टीस, अवसाद, वेदना सभी तो नारी के ही पर्याय हैं। उसे तो जन्मजात पीड़ा में जीना होता है जो प्रतिमाह उसके द्वार पर दस्तक देती है। और उसका चरम होता है प्रसव। प्रजनन, वात्सल्य, स्नेह, अनुराग सभी का सुख परन्तु एक ज्वालामुखी के गर्भ से निकलने के पश्चात। वेदना और कष्ट तो निजी होता है। वह तो उसे अकेले ही झेलना है। स्वयं पर 'ठण्डा लोहा' का पैबन्द लगवाकर। पल-पल होम करती, आँखों में बीतती रातों के सायों में। बिस्तर में एक ओर खर्राटे लेती ज़िन्दगी और दूसरी ओर पीठ की दीवार के पीछे तारे गिनती साँसें। कैसी विडम्बना है नारी जीवन। जीवन की नदिया और प्यासी...। प्रेम पुरुष के लिए अपरिभाषित ही है—बेमानी है। उसकी दुनिया देह है, सेक्स है, सम्भोग है। उसके आगे है एक भयावह शून्य। क्या-क्या सोचती थी आकांक्षा, उठती-बैठती, सोती-जागती। कितना आत्मतोष मिलता था उसे महादेवी में, एमेली डिकिन्सन, एज़रा पाउंड में। पता नहीं कहाँ से कौंध गयी—एमेली डिकिन्सन की ये पँक्तियाँ, शायद कुछ दिन पहले ही एम.ए. पार्ट वन को पढ़ाई थीं—

उस बृहत् पीड़ा के पश्चात—
होता है औपचारिक एहसास—
और आनुष्ठानिक स्नायु-तन्त्र,
हो जाता है जड़—

गुम्बदों की तरह–
स्तम्भित हृदय तब पूछता है–
क्या वो ही था–
जिसने सहा–वह सब–
कल–और सदियों पहले भी?
...
...
यह घड़ी है मार्गदर्शन की
जिसे करेंगे याद–स्मृतिवान्
यदि रहे अतिजीवित–
जैसे जमते हुए लोग–
स्मरण करते हैं–पहले हिम–
फिर नैराश्य भरी शीत...
भावशून्यता–
और फिर देते हैं छोड़–जो भी हो।
After great pain, a formal feeling comes–
The Nerves sit ceremonious, like tombs–
the stiff Heart questions was it we that bore,
And yesterday, or centuries before?
...
...
This is the Hour of Lead–
Remembered, if outlived
As Freezing person,s recollect the Snow–

First– Chill– then Stupor– then letting go–
(From "After great pain, a formal feeling comes"
Emily Dickinson)

पार्सल में सिन्दूरी रंग की सिल्क की लम्बी पोशाक जिस पर पन्ने और सितारे जड़े हुए थे। साथ ही मेल खाते बैंगल्स, हेयर बैण्ड, और वेनिटी बॉक्स। एक अलग पैकेट में स्पॉन्सरशिप के काग़ज़ और ऑक्सफोर्ड की ओर से दो वर्ष का अनुबन्ध। उसे गेस्ट फैकल्टी में रीडर नियुक्त किया गया था। उसी दिन दोपहर को अलग से रजिस्टर्ड लैटर मिला। जिसमें सभी मूल दस्तावेज़ थे। यूनिवर्सिटी और डिपार्टमेण्ट

से अनुमति, वीज़ा, टिकट इत्यादि में मात्र पन्द्रह दिन लगे। बी.ओ.ए.सी. से लन्दन के लिए आस्था ने ओपन-टिकट भेज दी थी। उसे समझ ही नहीं आ रहा था कि आस्था को क्या कहे? उसका कण-कण आस्था के प्रति अगाध स्नेह, प्रेम और निष्ठा से अभिभूत था।

तीन साल बीत चुके थे। आकांक्षा की ऑक्सफोर्ड में स्थायी तौर पर नियुक्ति हो चुकी थी। अपने देश, अपने समाज, सम्बन्धी, रिश्तेदार, नातेदारों से इस क़दर मोह भंग हो चुका था कि अब उनकी सोच भर से ही जैसे समुद्री पोत की गड्डमड्ड में उबकाइयाँ आने लग जाती। वह मानसिक तनाव, देहकारा और तीव्र डिप्रेशन से मुक्त हो चुकी थी। कुछ तो वैसे ही रंग-रूप गोरा-चिट्टा लालिमायुक्त था और अब तो वह पूरी यूरोप की लगती थी।

अब उसने आकाश को पाताल पर पटक दिया था। तलाक का नोटिस मिलते ही आकाश लन्दन पहुँचा था। आकांक्षा को यहाँ आये लगभग साल हो चुका था। परन्तु उसने, सबसे पहले इस कारा से मुक्ति का मार्ग तय कर लिया था। उसका सम्पूर्ण व्यक्तित्व खण्डित हो चुका था।

"यह कैसा मज़ाक़ है, डार्लिंग।" आकाश ने छूटते ही आकांक्षा के कक्ष में घुसते हुए कहा।

"क्यों क्या हुआ? अचानक यहाँ कैसे?" आकांक्षा ने अनभिज्ञता के अन्दाज़ में कहा।

"इतनी भोली मत बनो। यह तलाक का नोटिस। तुम्हारे घरवालों को तो भनक तक नहीं।" आकाश ने संयत होते हुए कहा।

"इसमें भोलेपन की बात कहाँ है। नोटिस ही है, साइन करो और लौटा दो। नहीं तो वकील से बात कर लो।" आकांक्षा ने अपना निश्चय स्पष्ट करते हुए कहा।

"तुम तो कभी ऐसी न थीं। यहाँ आकर क्या हो गया? साल भर में ही पश्चिम का पानी चढ़ गया। मुझे पता होता तो मैं तुम्हें यहाँ आने ही नहीं देता। अब छोड़ो इन बातों को और चलो मेरे साथ।"

"देखिए आकाश! अब मुझे वापस तो लौटना नहीं है। मैंने बहुत देख ली ज़िन्दगी। अब तो मैं अपने तौर-तरीक़े से स्वाबलम्बी होकर ही जीऊँगी। अधिक तकरार और तर्क-वितर्क में मैं नहीं पड़ना चाहती। मेरा यह निर्णय अटल है।" आकांक्षा ने जैसे निगाहें फेर ली हों। परन्तु फिर भी वह अतुलनीय लावण्या लग रही थी। आकाश इस सम्बन्ध-विच्छेद के लिए कदापि तैयार न था।

उसने सोचा, अब घी टेढ़ी उँगली से ही निकालना पड़ेगा। भीतरी दबा आक्रोश आखिर जुबाँ पर आ ही गया। मर्द जो ठहरा, कुछ देर तो सह सकता है परन्तु

यथार्थ स्वरूप तो हिंसक प्रवृत्ति का ही होता है और यह बात आकांक्षा उसकी समग्रता में जानती थी।

"देखो आकांक्षा! इतनी आसानी से तो तुम भी नहीं छूटोगी। तुम्हारा प्रत्यार्पण न करवाया तो मेरा नाम बदल देना।"

"मुझे पता ही था कि तुम अपने असली स्वरूप में जल्द ही आ जाओगे। भेड़ का मुखौटा कब तक पहने रहोगे। हाँ, प्रत्यर्पण की बात तो बाद में आयेगी क्योंकि यह भारत नहीं है। कहीं ऐसा न हो कि महिला की शालीनता भंग करने के आरोप में, यहीं पर जेल की चक्की पीसते रहो। पेपर लाये हो तो साइन कर जाओ। —नहीं तो मैं देती हूँ।" आकांक्षा का यह चण्डिका-स्वरूप उसने पहली बार देखा था।

"ठीक है, मैं तुम्हारा दम्भ कुचल कर ही दम लूँगा—यू ब्लडी बिच... आय हेट यू...।" और वह गुस्से से लाल, जलते शोलों को आँखों से बरसाते बाहर निकला।

पीछे से उसने आकांक्षा को कहते सुना... "गेट आउट यू बास्टर्ड!—सन ऑफ़ ए स्वाइन...!" और आकांक्षा ने गिलास से दो घूँट पानी पिया। उसने सोचा, पता नहीं कौन-सी घड़ी थी कि वह अपने पिता जी के परामर्श और दबाव में आ गयी। अब जो हो भी मुझे इस झंझावात से बाहर आना ही है। ठीक है, मुझे अपने छोटे भाई-बहनों से प्यार है। उनको आर्थिक सहायता देती ही रहूँगी। मन से, तो माँ का आशीर्वाद भी उसी के साथ था, उसे ऐसा ही लगता था। और रही बात पिता जी की वे तो पहले से ही गहन अपराधबोध से ग्रस्त थे। उनकी तो हिम्मत भी न हुई कि वे उससे बात भी कर सकें। या फिर उसे दो पंक्तियाँ लिख भी सकें।

एक सप्ताह बीत चुका था। आकाश की ओर से जैसे घटाटोप अन्धकार ही था। कोई ख़बर नहीं, कोई फ़ोन नहीं। अच्छा हुआ—वापिस लौट गया होगा। उस दिन शाम चार बजे, आस्था आकांक्षा के विला पर बैठी चाय पी रही थी। ठण्ड का प्रकोप अपनी तीव्रता की ओर अग्रसर था। दोपहर को धूप थी परन्तु इस समय तो श्यामल मेघ जैसे जयद्रथ वध के लिए कृत्रिम सूर्यास्त का अभिनय कर रहे थे।

डोरबेल बजी—एक, दो, तीन। स्पष्टतया ही प्रतीत हो रहा था कि कोई गहन अशान्त मानसिक स्थिति में है या फिर पीड़ाग्रस्त है अन्यथा बिना विलम्ब निरन्तर घण्टी बजाना अभद्रता को हो परिलक्षित करता है।

मेड ने दरवाज़ा खोला। देखा दो पुरुष। चालीस-पचास के बीच होंगे। दोनों का रंग साँवला और चेहरा ढलती वय का संकेत दे रहा था। एक ने तो तीन पीस काला धारीदार सूट पहन रखा था और दूसरे ने काली लेदरनुमा जैकेट। जैकेट की ज़िप बन्द की हुई थी। सर पर 'ज्वेल थीफ' ब्रांड की कैप। उनका प्रयत्न तो स्मार्ट लगने का ही था। पता था कि एक अंग्रेज़नुमा महिला से मिलने जा रहे हैं। मेड के

पूछने पर उन्होंने अपना परिचय दिया। उसने धीमे से आकांक्षा के कान में जाकर बताया—“सम आकाश फ्रॉम इण्डिया”

मेड ने दोनों को बुलाकर वहीं लॉबी में बैठा दिया। मेड किचन में चाय लेने चली गयी, उसे उन सबकी गर्मागर्म बहस सुनाई रही थी। वह हिन्दी बहुत कम समझती थी। परन्तु इतना अवश्य जान गयी कि पूरी डिस्कशन उसकी मैम को लेकर ही थी। वह चाय, कुकीज़, केक, साल्टीज़ रख कर आ गयी। काफ़ी नखरे दिखाने के बाद उन्होंने चाय पी। आखिर में उससे एक पेन मँगवाया और कुछ पेपर साइन किये और टेबल पर पटक कर चले गये। उसे ऐसा व्यवहार अनपेक्षित लगा।

“मैम—दे सीम टू बी फ्रॉम इण्डिया—नॉट बीहेव्ड।” उसने कह ही दिया। क्योंकि वे उसे भी थैंक्स किये बिना ही चले गये। उसे तो वे ‘इल मेनर्ड’ लगे। लेकिन आस्था ने ही कह दिया—“यू माइण्ड योर ओन”... और वह चली गयी।

“कान्ग्रेट्स—आशू...। जैसे भी हो जान छूटी...। अब मैं किसी स्वर्गिक शान्ति को महसूस कर रही हूँ। तू खुश नहीं होती न, तो जैसे मैं निष्प्राण-सी ही घूमती हूँ—पूर्णतया अव्यवस्थित...।”

आकांक्षा के गालों पर ओस-कण टिके हुए थे। उठी और जाकर आस्था को पुरज़ोर आलिंगनबद्ध कर लिया। चूमा और उसके कपोलों को भी अपनी ही धारा से परिष्कृत कर दिया।

“आस्था! सच में भगवान ने तुम्हें जैसे मेरे लिए ही भेजा है। बार-बार प्राणहीनता की दहलीज़ से जीवन्तता के प्रफुल्ल परिवेश में खींच लाती हो। तू सच ही पूर्वजन्म में मेरी माँ थी या फिर बड़ी बहन... मेरा रोम-रोम तेरा... यह जीवन ही तेरा है... तुझे समर्पित...।” आकांक्षा भावावेश में बह रही थी।

“बस—बस... अब ज़्यादा सेंटी होने की ज़रूरत नहीं। अब मन को उन्मुक्त हारिल की भाँति स्वच्छन्द उड़ने दे। फिर सोचना डॉ. जिमी जॉनसन के बारे में, सर तो वैसे ही तुमसे आवश्यकता से अधिक ही प्रभावित हैं।”

“तू अब बेमतलब सन्दर्भ मत जोड़। मैं ज़रा किसी से हँस कर बात कर लूँ तो उसके अर्थ का अनर्थ मत बना। अब बहुत हो गया। अब मुझे क्षमा कर... इन पचड़ों से...।”

“मैं तो कर भी दूँ... पर उस बेचारे डॉ. जिमी का क्या होगा जो कब से तुम्हारे सपने ले रहा है।” और इसी प्रेम, स्नेह और घनिष्ठता की नोंकझोंक में दिन बीतते गये।

डॉ. जिमी जॉनसन तो पहले ही अपनी पहली पत्नी से मोहमुक्त था। तलाक के तीन साल बाद के अन्तराल में उसने निश्चय कर लिया था कि शादी करेगा तो किसी इण्डियन महिला से। वह जान गया था कि भारतीय महिलाएँ निष्ठावान

सात्विक और समर्पित होती हैं। वे हमेशा ही छल, कपट, झूठ, फरेब, प्रवंचना मुक्त होती हैं। आकांक्षा ही उसकी चाह थी, आखिरी आकांक्षा। और उसने आस्था को इसमें राज़दार बना लिया था।

जिमी अब पूर्ण निष्ठा, आसक्ति, रोमांस, कामना, चाहत से आकांक्षा के प्रणय-अभिसार, कोर्टशिप में पूर्णतया संलिप्त था। जिमी के डैड—डॉ. जेम्स जानसन को तो आकांक्षा पहले ही से बहुत पसन्द थी। परन्तु आकांक्षा अब यह गुनाह दोबारा नहीं करना चाहती थी। वह इस दाम्पत्य के व्यूह में हरगिज़ भी फँसना नहीं चाहती थी। परन्तु जिम्मी भी तो लिट्रेचर का ही डॉक्टरेट था। वह भी तो प्रणय पथ की बाधाओं, बीहड़ों, कन्दराओं और शिखरों को पूर्णतया समझता था। वह भी तो शादी के भँवर में फँसने से पहले, सौ बार सोच चुका था। वह जानता था कि दाम्पत्य में कर्तव्य, परस्पर विश्वास, निष्ठा, प्रेम और समर्पण सर्वोपरि होते हैं और उनका निर्वाह करना जैसे सागर की उछाल पर चलने जैसा है, लेकिन इन सबके पालन में एक आनन्दानुभूति है, एक मानसिक तोष है। और सब पर सर्वोपरि कि स्त्री के, नारी के सान्निध्य, सामीप्य का कोई विकल्प नहीं। यह नज़दीकी, यह बन्धन, यह साथ और युगल मांगलिक सुख, पूरे जीवन के सन्तोष, आनन्द, उल्लास और तुष्टि की चरम सीमा हैं अन्यथा जीवन ही अधूरा है—किसी काष्ठ की प्रतिमा है जो केवल सुबह-शाम के कालचक्र की एक धुरी है। साल भर की प्रणय याचना ने हिमशिखा को आखिर द्रवित कर ही दिया।

सेंट पॉल चर्च, ग्रीनविच में कैथोलिक रीति-रिवाज़ से प्रणय बन्धन अनुमोदित हो गया। साथ ही अदालत में मैरिज रजिस्टर भी हो गयी। नाम रखा गया (Aurica) ऑरिका। परन्तु फिर भी आकांक्षा ही प्रचलन में रहा। प्रेम की प्रगाढ़ता, पूर्ण शालीनता, आदर, सुख-दुख का पूरा ध्यान, सान्निध्य, सामीप्य, लगाव, जुड़ाव जब मन से हो तो सम्भोग एक अपार द्रवित सागर हो जाता है। ठण्डापन तो दूर की बात, उफान, उष्णता, समर्पण, समन्वय, परस्पर समाविष्ट हो जाना, सम्भोग और प्रणय-प्रलाप को उसके चरमोत्कर्ष पर ले जाता है। यह आकांक्षा ने अब अनुभूत किया। सालभर में हृष्ट-पुष्ट बेटे का उपहार जिमी को आकांक्षा ने दिया—उसके जन्मदिन पर। आकांक्षा ने नाम दिया—प्रेमोदय। जो हर उगते दिन के साथ बढ़ता ही जाता था। एक सुखमय तरंगिणी की लहर में समाविष्ट पूरा प्रेम-परिवार।

सान्निध्य का प्रभाव आस्था पर न हो यह कैसे हो सकता था। प्रेमोदय के ठीक छः महीने बाद आस्था के आँगन में भी कुलदीपक प्रज्वलित हुआ और उसने भी नामकरण किया—प्रेमनिष्ठ; क्योंकि आस्था कोई नारी, महिला, प्रोफ़ेसर नहीं थी। वह तो थी एक भाव, एक एहसास, एक अनुभूति जो सबके साथ मलय बयार सी बहती रहती थी निरन्तर... एक जीवनदायिनी शक्ति—एक आस्था...!

भावनात्मक लगाव, जुड़ाव, खिंचाव बौद्धिकतावादियों या रेश्नलिस्ट विचारधारा के लोगों के लिए, महज़ क्षणिक भाव, आवेश या हृदय-स्पन्दन हो सकता है। परन्तु जो इससे संलिप्त होते हैं, पूर्णतया समाविष्ट होते हैं उनके लिए यह नाता अटूट, अविछिन्न होता है।

लॉर्ड चेम्बरलेन रोड पर होटल इम्पीरियल का भव्य हाल। बाहर हिमपात के आसार; परन्तु लन्दन की चहल-पहल, जैसे कुछ हुआ ही नहीं। आस्था को मैसेज मिल चुका था कि उसके कुछ भारतीय मित्र उसे आज शाम चार बजे, मिलने को उत्सुक हैं।

आस्था झट से वह मैसेज-स्लिप लेकर आकांक्षा के पास गयी।

“अरी देख... यह मैसेज... कौन हो सकते हैं?”

“होना किसे है, होगा वही बास्टर्ड आकाश—या फिर मैम भी हो सकती हैं।”

“तेरा तो ध्यान हमेशा से ही आशंकित रहता है और इसीलिए अशुभ ही सोचती है। अब तो बदल... यहाँ आये भी तुझे पाँच साल होने को आये।”

“अच्छा मेरी अम्मा... तू ही बता...?”

“मेरा मन कहता है—हो न हो... शोभित सर और मैम ही होंगी... और हमारी दीदियाँ भी हो सकती हैं। मि. जॉनसन और मि. शर्मा तो पता नहीं कब तक लौटें। तू तैयार हो जा। अभी दस मिनट में चलते हैं। अभी तो मेड को भी रोक सकते हैं... ओ.के. क्विक...” आस्था बहुत उत्साहित थी।

“वैसे आस्था तुझमें सच में ही भगवान का अंश है; मुझे क्यों नहीं सूझा...”

बाहर से कैब ली। शनिवार का दिन... सड़कें भी खुली मिलीं। आधे घण्टे में वे दोनों चार बजने में पाँच मिनट पहले पहुँचे होटल इम्पीरियल!

डाइनिंग हॉल, जो बाँहें फैलाये आगन्तुकों के इन्तज़ार में था—इक्का-दुक्का टेबल पर बजती क्रॉकरी की झंकार से, बार-बार सुस्ताते हुए, जाग जाता। दोनों ने ही लाँग स्कर्ट और मिंक कोट पहन रखा था और सर पर फ्रेंच हैट...।

एक किनारे की टेबल पर एक बुजुर्ग दम्पति और एक कपल—काफी यंग। कपल का फेस धुँधला-सा दिखाई दे रहा था... परन्तु वे बुजुर्ग... पीठ से पहचाने नहीं जा रहे थे।

धीमे से दोनों पास गयीं...“एक्सक्यूज़ मी मैम...” आस्था ने झुककर उस महिला से पूछा... और एकदम विस्मित...

“मैम, सर आप... कितना सुखद सरप्राइज़...” और आकांक्षा मैम से और आस्था डॉ. शोभित से लिपट गयी। उन्हें उठने का अवसर ही नहीं दिया। शोभित ने आकांक्षा को भी पास बुलाया... दोनों को कानों से पकड़ा...

“छोड़ो भी–क्या कर रहे हो... इतने सालों बाद मिली हैं बेचारी... प्यार से दुलार करो...”

“नहीं... बेटियाँ हैं... डैड-मॉम को भूलने की सज़ा तो मिलेगी ही...।”

“दो... सर...” और इसके आगे वे बोल ही नहीं पायीं... बस शोभित के कन्धों पर सर टिका कर ज़ार-ज़ार भीतर का ज्वार बहाती रहीं।

“इतना कुछ हो गया... हमें ख़बर तक नहीं...।”

किसने कितनी सरिताएँ बहा दीं... कितनी यातनाएँ बह गयीं... सुगन्धि और जेम्स साक्षी थे इस निर्विकार, निश्छल वात्सल्य के...। सौम्या ने जी भर तीनों बेटियों को प्यार से सराबोर कर दिया।

14

ग्राण्ड होटल, शिमला के फैमिली सूट में बैठे-बैठे, सौम्या के मन में यह विचार एक बार नहीं, अपितु अब तक तो सैकड़ों बार मेरी-गो-राउंड की तरह घूम चुका था। वह सौन्दर्य के इस घिनौने, अनैतिक और अनाचारी स्वरूप को आत्मसात कर ही नहीं पा रही थी। वह स्वयं ही नहीं जानती कि किस-किस प्रकार के विचार उसके मन में आ रहे थे, जब उसने सी.ए.आर. विला के शयनकक्ष के 'की होल' (चाबी छिद्र) से शोभित को मानसी के साथ निर्वस्त्र आलिंगनबद्ध रति-क्रिया में संलिप्त देखा।

प्रेम में अटूट परस्पर विश्वास, निष्ठा और समर्पण के पक्षधर का यह वीभत्स स्वरूप और वह भी जीवन के सायंकालीन कुहासे भरे पक्ष में। उसकी तो समझ में ही नहीं आ रहा था कि पुरुष की इतनी पढ़ाई, इतनी उपाधियाँ, इतने अलंकरण सभी का क्या अर्थ यदि वह आत्मसंयत रहने का पाठ ही नहीं पढ़ सकता। क्या देंगे ये भविष्यत-पीढ़ी को? कौन-से आदर्श? कौन-से मूल्य? कौन-सी नैतिकता? कौन-सा अनुशासन, चरित्र और सम्बन्धों में ईमानदारी? कितनी दोहरी मानसिकता की प्रवंचना में उलझा रहे हैं समाज को। कितनी लम्पटता, अनैतिकता, विवाहेतर सम्बन्धों का मकड़जाल, कामुकता और बहुगमनता में लिप्त है यह बौद्धिक समाज। शायद पुरुष के जीवन का यही आदि है और यही इति। जिससे जन्मता है उसी में ही उन्मत्त हुए रहता है, आजीवन! नाम अवश्य ही अलग-अलग दे देता है। मूर्तिकार, चित्रकार, उपन्यासकार, काव्य या कथाकार, सभी में ही नारी के अलंकरण या उसके वीभत्स स्वरूप को देखता है। फिर भी सदी-दर-सदी हमेशा नवीन ओज, ऊर्जा, जोश लेकर उसी पथ पर अग्रसर रहता है। नारी कदापि नहीं है ऐसी! वह प्रत्यक्ष-परोक्ष सज्जा में एक ही है। जहाँ है, होती है, वहीं पर होती है मनसा, वाचा, कर्मणा। हो सकता है क्योंकि वह स्वयं वैसी है तो सभी उसे उसी प्रकार के लगते हों। परन्तु यदि कुछ नारियाँ अपवाद भी हों, तो भी उनकी सम्पूर्ण जाति पर यह दोष नहीं मढ़ा जा सकता।

बच्चन जी ने कैसे, किन मानसिक परिस्थितियों और कितने अनुभवों से गुज़र कर लिखा था—"और और की रटन लगाता, रहता हर पीने वाला"। मधुशाला पुरुष

की मानसिकता का सजीव चित्रण है। पर पढ़ने वाले तो क्या, पढ़ाने वालों ही ने उनसे कोई सीख नहीं ली। अब तो लगता है यह सारी शिक्षा पद्धति ही अर्थहीन है, बेमतलब है। जो जीवन मूल्य, आदर्श, कर्तव्य, निष्ठा, विश्वास की विवेचना नहीं कर सकते, सेक्स और प्रेम का सामंजस्य और उसकी एकरूपता, एकरसता की व्याख्या नहीं कर सकते, उन्हें ये सभी उपाधियाँ ग्रहण करने का कोई अधिकार नहीं होना चाहिए। वैसे कितना आश्चर्य होता है यह सोचकर कि पश्चिम-पूर्व की संस्कृति, जीवनयापन की पद्धति और मूल्यों की ओर अग्रसर है। और, पूर्व-पश्चिम की ओर भाग रहा है! उन्हीं के रहन-सहन, उनके तौर-तरीक़े को तेज़ी से अपना रहा है और इसी प्रक्रिया में अपने जीवन-मूल्यों का परित्याग और हनन कर रहा है।

जीवन गुज़ार दिया इसी इन्तज़ार में कि सेवानिवृत्ति के बाद तो सान्निध्य का सुख मिलेगा। परन्तु यदि प्रत्यक्ष के कसमे-वादे, प्रेम की निष्ठा, समर्पण और पारस्परिक विश्वास यही है कि परोक्ष में पूर्ण छलावा, विश्वासों की आहुति और वाणी और मन का कोई तालमेल ही नहीं तो यह साहचर्य, पारस्परिकता, समर्पण-भाव, परस्पर विश्वास, मिलन, माधुर्य, सभी केवल प्रवंचना है, धोखा है, छलावा है।

यह निकटता, अन्तरंगता, अन्तरहीनता, सामीप्य और सान्निध्य सभी केवल शाब्दिक जाल हैं। जो हमें समय के लुढ़कते बर्फ़ के गोले के साथ चिपकाते जाते हैं। ज़रा विकर्षण, कामुकता या कमनीयता की तपिश मिली कि पिघलकर अस्तित्वहीन हो जाते हैं।

उसने उठकर बन्द विंडो से बाहर देखा। दूर-दूर तक कुहासा, कहीं धुन्ध ने श्रृंखलाओं को ढँक रखा था और कहीं वे सकुचाती-सी उसके आवरण से झाँक रही थीं। सामने घाटी में, उसकी कल्पना में ही सतलुज बह रही थी। जैसे हम बहुत से स्थान, घटनाएँ, विचार सोच लेते हैं जिन्हें हमने कभी जिया होता है, भोगा होता है परन्तु आज उनका जीवन्त अक्स हमें पुनः उन्हीं वृत्तों में ठेल देता है। वे सभी वहाँ, वैसे हैं भी या नहीं, परन्तु हमारी सोच, हमारी कल्पना तो उन्हें उसी रूप में मूर्तवान् कर देती है। कुछ देर तो वह मन्त्रमुग्ध-सी जड़वत देखती रही। वह उसी विडम्बना की स्थिति में सरक गयी जिसमें वह काफ़ी समय से थी।

वह यन्त्रवत मुड़ी और होटल का राइटिंग पैड उठाया। कुर्सी सरकायी और टेबल लैम्प जलाकर इंगलिश में कुछ पंक्तियाँ घसीट दीं–

Something swings–
On the twigs of thought;
That the sparrows twitter not–
in the mighty blowing winds.

Are we not confound
within our own confines
Created in the jungle of pines
with sleety winds
sweeping the conifers–
blade by blade
Like– Love– faiding in shades
of separation;
not measured by miles
But the dread of raunchy smiles
that were and are not.*

पता नहीं क्या सोचा? शाम के चार बज चुके थे। रिसेप्शन से कहकर टैक्सी मँगवायी। जो भी एक आध साड़ी, गाउन, निकाला था, वापिस ट्रॉली बैग में रखा और टैक्सी वाले को चलने का आदेश दिया।

त्रिवेन्द्रम (तिरुवनन्तपुरम) का कोवलम बीच। एक महिला। केशों में झलकती चाँदी (शायद बीच की ही सुनहली बिखरी चाँदी का ही बिम्ब

---

* ख़यालों की टहनियों पर
कुछ जाता है झूल–
कि गौरैया चहकती नहीं–
जब, चलते हैं–प्रचण्ड अन्धड़!
क्या हम कैदी नहीं हैं
अपनी ही काराओं के–
जिन्हें बनाया हमने–
अपनी ललकों के जंगल में।
और
ओलों की अँधियाँ–
ले जाती हैं बहा–
पत्ती-दर-पत्ती
हमारे भीतरी कोनिफरस को–
जैसे प्रेम दुराव के सायों में–
होता है क्षीण–
जिसे नहीं नाप सकते मीलों से–
परन्तु उन आशंकित
कामोत्तेजक मुस्कानों से–
जो कभी थीं–
पर आज, नहीं!!

हो)। चेहरे पर दमकती अरुणोदय की आभा। ललाट पर शोभित सूर्यास्त का क्षुद्र स्वरूप। अलकों से अठखेलियाँ करतीं सागर की आर्द्र हवाएँ और कपोलों को चूमने की उनकी ललक। रिक्लाइनिंग चेयर पर, निश्चिन्तता से लेटी वह, देख रही थी दूर, क्षितिज से उठता ज्वार, वेगवती लहरों में परिवर्तित होता उनका स्वरूप और सम्पूर्ण ओज और उग्रता से मचलती लहरें। कैसे बढ़ती हैं साहिल के अंक में समा जाने को लालायित। परन्तु आलिंगनबद्ध होकर या होने से पहले ही ध्वस्त हो लौट जाती हैं, बेठौर होकर। शायद यही नियति है नारी की। क्षणिक उजास में मिलता है उत्तेजनापूर्ण पल, जो अपने चरम पर जाकर हो जाता है नष्ट। उल्लासपूर्ण, आनन्दातिरेक के शिखर पर जाकर या फिर अपूर्ण, अधूरा, एकतरफा वेग जो छोड़ता है अपने पीछे कसक, पीड़ा, वेदना, टीस। ठीक सागर के वेगवान ज्वार की तरह जो छोड़ जाता है घोंघे, सीप, शंख, कंकड़, अवशेषों के खण्ड—जब लौट कर होता है शान्त।

सुबह के नौ बजे। रविवार नहीं था। इसलिए यदाकदा ही कोई उधर से गुज़रता था। गुज़र भी जाये तो उसे क्या परवाह, जो अपनी ही दुनिया में तल्लीन हो।

“गुड मॉर्निंग, मैन...!”

“मॉर्निंग...!”

“मैं आपको रोज़ ही देखता हूँ—ऐसे ही—यहीं पर...”

“ओ.के.” उसने धीमे से विस्फारित नेत्रों से देखा। उफ़ कैसे नयनों में समेट रखा है समूचे सागर को! दोनों ही पल भर के लिए अचम्भित। एक के लिए किसी अनजान का यूँ ‘हैलो’ करना, एकदम अप्रत्याशित। दूसरा, उन आँखों की गहराई से सम्मोहित।

“आपका फ्लैट ‘रिट्रीट’ के ‘ए’ ब्लाक में दूसरी मंज़िल पर चौथा है ना! मेरा भी उसी कॉम्पलेक्स के ‘सी’ ब्लाक के तीसरे माले पर पाँचवाँ है।” वह थोड़ा अनौपचारिकता के क्षेत्र की ओर बढ़ रहा था।

“ओ.के. गुड...”

“ओ.के. एंज्वाय योर सेल्फ... ।” और वह मुड़ा और जॉगिंग करता हुआ आगे निकल गया। उसे लगा यह महिला अपने एकाकीपन की प्राचीर से बाहर आने में कदाचित भी रुचिकर नहीं है। और वह महिला देखती रही। यह व्यक्ति हाव-भाव तथा व्यक्तित्व से कोई सेवानिवृत्त वरिष्ठ अधिकारी लगता है। चेहरे-मोहरे से भी उत्तर भारत और विशेषतया शिमला हिल्स या फिर कुमाऊँ क्षेत्र का लगता है। उसकी हलकी आसमानी टी शर्ट पर

अंकित 'स्मार्ट' से उसे हैरानी तो हुई। जब सफ़ेद बाल गंजेपन की सीमा तक क्रॉप-कट हैं और रंग से लालिमा टपकती है। रीबॉक के स्पोर्ट्स शूज़ और सफ़ेद सॉक्स के साथ सफेद ही शार्ट्स... फिर 'स्मार्ट' का तमगा लगाकर उसका विज्ञापन क्यों? हो सकता है यह उसकी लापरवाही का द्योतक हो या फिर बालोचित मानसिकता ही हो। जो भी हो—मुझे इससे क्या सरोकार। मैं स्वयं ही अपने विषय में मोहमुक्त हूँ। भ्रमित, परिमूढ़, और परेशान। समस्त जीवन का समर्पण, शून्यता की कगार पर। पुरुष की प्रवंचना का शिकार!

यहाँ आये हुए भी उसे साल से ऊपर हो गया। उसने फ्लैट भी वामा के नाम से लिया था। उस दिन ग्राण्ड होटल-शिमला से सीधा देहली जाकर त्याग-पत्र दे दिया। चेयरमैन को विश्वास में लेकर सारा प्रकरण बता दिया। केवल दो महीने ही तो बचते थे सेवानिवृत्ति में। त्याग-पत्र के पेपर्ज़ जब वित्तमन्त्री के पास पहुँचे तो उन्होंने साफ़ मना कर दिया। वित्त सचिव के द्वारा कहलवाया कि वे तो उसे योजना आयोग में सलाहकार के पद पर नियुक्त करना चाहते हैं। इसलिए त्याग-पत्र को स्वीकार करवाने के लिए वित्त सचिव और चेयरमैन को काफ़ी मशक्कत करनी पड़ी। पी.ए. को अपना बैंक अकाउण्ट नम्बर दे दिया जिसमें पेंशन तथा अन्य रिटायरमेण्ट बेनीफिट जमा करवाने होंगे। केवल चेयरमैन ही जानते थे कि सौम्या कहाँ जा रही है और किसी को भनक तक नहीं लगी। एक सप्ताह के भीतर ही सारा बिखराव समेट लिया। प्रायः सौम्या ही शोभित को फ़ोन करती थी। परन्तु इस बार उसने एक बार भी फ़ोन नहीं किया। शोभित भी यू.जी.सी. की निरीक्षण समिति के आतिथ्य में अति व्यस्त रहा। आखिरी सप्ताह के शुक्रवार को, उसने सौम्या को लगभग साढ़े-दस बजे फ़ोन किया।

"हेलो... विशी... कैसी हो? पूरे वीक कोई फ़ोन नहीं।" उसने थोड़ी उपालम्भ की मुद्रा में कहा।

"और आपने भी कौन-सा पता किया? सौम्या है भी या नहीं...।"

"डार्लिंग! स्वीट हार्ट...! कैसी बातें कर रही हो। मैं थोड़ा बिज़ी था...। ओ.के. बताओ फिर कब आ रही हो?"

"अब तो आपको ही आना होगा।"

"क्यों नहीं? इस हफ्ते तो नहीं, पर अगले वीकेंड पर ज़रूर...।"

"ठीक है... जब भी आपको फुर्सत मिले"

और सौम्या ने फ़ोन बन्द कर दिया।

शोभित के लिए विमुखता का यह अन्दाज़, जो पहले उसे अशान्त और विकल कर देता था, अब उसे असंयत और अपदस्थ कर गया। वह इतना साहस भी न कर सका, कि सौम्या को दोबारा फ़ोन भी कर सके। रात भर करवटों में निकाली। शाम को चाय के लिए मानसी आयी थी। उसने आते ही पूछा था–

"क्यों सर, क्या हो गया! मूड उखड़ा हुआ लग रहा है।"

"नहीं बस ऐसे ही।"

"कुछ तो है जो बुझे दीये-सा धुँआ-धुँआ हो रहा है। बताओ... आपको... अब कसम तो क्या दिलाऊँ। अपनत्व भी तो उस स्तर का नहीं है।"

"अच्छा! अब तुम बात को कोई और ही मोड़ दे रही हो। एक तो तुम्हारी सोमवार को बायोप्सी और दूसरे सौम्या से पूरा सप्ताह बात तक नहीं हुई। उसके और तुम्हारे शुभ और स्वास्थ्य की ही चिन्ता है।"

"सर, क्यों घबराते हो। उस दिन आपने ब्रेस्ट में नॉड्यूल टटोल कर देख तो ली थी। ज़रा-सी बढ़ी होगी। स्नोडन हॉस्पीटल के डॉक्टरों ने आश्वस्त तो कर दिया है, फिर चिन्ता किस बात की। रही मैडम की बात। उनके साथ तो हम सबकी दुआएँ हैं। आप बेवजह ही चिन्तित हो जाते हैं। नाऊ, चीयर अप...।"

"वेल! आय विश ऑल इज़ वेल...।" और मानसी आलिंगनबद्ध चुम्बन के पश्चात् चली गयी थी।

परन्तु शोभित अपने अपसेट होने का कारण, समझ ही नहीं पा रहा था। खाना खाकर, पहले तो गाउन पहन कर बाहर परिसर में टहलता रहा, परन्तु फिर सर्दी बढ़ने के कारण जाकर सीधा स्टडी टेबल पर बैठ गया।

शोभित के सामने एक विज्ञापन का पर्चा पड़ा हुआ था। उसने देखा कि एक ओर तो किसी शोरूम की सेल का बखान था परन्तु दूसरी ओर खाली था। पेन होल्टर से पेन उठाया और लिखना आरम्भ कर दिया–

हमारे गिर्द
सगों, सम्बन्धों, समाज, सरोकार
स्वार्थ, संयोग के–
बनते जाते हैं वृत–
वृतों के गिर्द आवृत्त–
एक के बाद एक–।
हम, सब पर लदे हैं
लबादे–

फ़र्जों, वर्जनाओं, निषेधों के–
जो धकेल देते हैं हमें–
सपनों, बिम्बों, अक्सों की ओर...
और, रुकते हैं जाकर...
मारीचिकाओं के क्षितिज पर...!!

वह लिख तो गया, परन्तु बाद में ख़याल आया कि जो लिखा है--आखिर उसका अर्थ क्या है? शायद उसके अन्तःकरण में यह घटनाक्रम, मानसी के सन्दर्भ में, और सामान्यतया उसका महिलाओं के प्रति अदम्य आकर्षण, उसे कचोटता रहता है कि वह अनवरत, सुधारातीत प्रेम पिपासु, अकारण ही मरीचिकाओं के पीछे भ्रमित है। वह निष्ठा, विश्वास, एकनिष्ठ प्रेम का प्रतिदान अविश्वास और अनिष्ठा से दे रहा है। अन्यथा यह नैसर्गिक प्रस्फुटन और उसका प्रवाह, उस ओर अग्रसर न होता।

रात तारों के साथ पथ भ्रमित होते-होते गुज़री। द्वन्द्वात्मकता, ऊहापोह और आत्म-प्रवंचना–न सोने देती है; न ही जागने। अपराध से अपराधबोध कई गुणा अधिक घातक होता है। जो हर पल सैकड़ों बार मारता है।

सुबह चार बजे उठा। पोर्टफोलियो में एक शर्ट, नाइट सूट, टॉवल और शेविंग किट के साथ 'सिडनी शेल्डॉन' का नॉवेल 'द अदर साइड ऑफ़ मिडनाइट' डाला। तैयार होकर बेल बजायी। जानकी राम, खानसामा, आँख मलते-मलते आया–"जी, साब–गुड मॉर्निंग।" "जल्दी से चाय ले आओ। और सैंडविच भी।"

पन्द्रह मिनट बाद खानसामा ने डाइनिंग टेबल पर चाय रख दी। "कहा ना, अन्दर ले आओ।" और उसने स्टडी टेबल पर ट्रे रख दी।

शोभित चाय पी ही रहा था कि जानकी बोला... "सर... लंच तक लौट आयेंगे...?"

"नहीं, जानकी, देहली जा रहा हूँ। सोमवार को ही लौटूँगा।"

"सर! सॉरी आपसे एक बात कहनी थी।"

"कहो क्या बात है? जल्दी..."

"सर, मैम, मंगलवार को आयी थीं। आप बिज़ी थे।"

"मैं कहाँ था...? तुमने बताया क्यों नहीं...?"

"आप तो सुबह से शाम तक ही बिज़ी थे। रोज़ सोचता था कि आपको बता दूँ पर..."

"पर क्या? अब कुछ बक... बोलो तो..."

"सर, आप बिज़ी थे। देर रात आते और सुबह कोई न कोई साथ होता। फिर आपका मूड भी ठीक नहीं था... इन सारे दिनों... कैसे बताता...?"

"चल अब तो बता...।"

"आयी थीं। आपको बिज़ी देखा। मुझे तो बुलाया भी नहीं। मैंने तो उन्हें गेट के बाहर जाते देखा। पीछे से बुलाना ठीक नहीं समझा।"

"और यू ईडियट... अब बता रहा है... गो अवे... जाओ अब... क्या देख रहे हो...।"

सुबह छः बजे कहीं डीलक्स बस पकड़ी। ड्राइवरों की तो आदत ही होती है कि ये लोग उसी ढाबे पर रोकेंगे जहाँ इन्हें फ्री का ब्रेकफास्ट और फ्री का ही लंच मिले। पहला स्टॉप जाकर किया शाहबाद से पहले। कहने को तो जी.टी. रोड। पर बमुश्किल दो से अढ़ाई बसें ही गुज़र सकती थीं। बस ऐसी रुकी कि चलने का नाम नहीं। अब ड्राइवर, कंडक्टर, भला शौच इत्यादि से निवृत्त होकर ही ब्रेकफास्ट करेंगे। एक घण्टा रुक कर चालक जी आकर ऐसे विराजे जैसे कोई कृपा कर रहें हों। फिर सोनीपत बाइपास पर जाकर लंच किया और बस आई.एस.बी.टी. पर जाकर दो बजे लगी। शनिवार का दिन, शोभित को लगा भारी पड़ रहा है। परन्तु मन में उत्सुकता थी कि सौम्या को आश्चर्यचकित कर देगा। टैक्सी ली और शाहजहाँ रोड के बँगले पर पहुँचा। टैक्सी को रवाना कर दिया और झट से भीतर जाकर बेल बजायी।

आश्चर्यचकित तो उसे करना था, परन्तु स्वयं ही हो गया अचम्भित। देखा, बँगला, एकदम खाली। न पर्दे, न गमले और न ही गाड़ी। पोर्टिको, सर्वेण्ट क्वार्टर, सभी कुछ खाली। खिड़कियों के शीशों से बँगला अपनी स्थिति बयां कर रहा था। भव्यता का पर्याय बँगला, अपनी निर्जीवता, निर्जनता से साँय-साँय कर रहा था।

शोभित कुछ देर तो ताले को देखता रहा। फिर साथ वाले बँगले के नौकर से पूछा। उनकी बात सुनकर एक सौम्य, शालीन सुन्दर-सी महिला निकली। बताया कल दोपहर को ट्रक लोड होकर शिमला चला गया। मैम सुबह आयीं। साथ में कोई ऑफ़िस का कर्मचारी था। उसे चाबी दी और टैक्सी से ही हमें बाय कर चली गयीं। शायद शिमला ही गयी होंगी।

आदमी ज़िन्दगी की दिनचर्या में मिलने वाली सुख-सुविधाओं का इतना अभ्यस्त हो जाता है कि वह कभी भी इस बात का एहसास तक नहीं करता कि उन सबके पीछे कौन है? कौन वह सभी सहूलियतें यन्त्रवत प्रक्रिया में प्रदान करता रहता है? उसकी निर्भरता इस क़दर उसे सिस्टम

का दास बना देती है कि वह मान कर ही चलने लगता है कि जो कुछ भी उसे मिल रहा है वह तो मिलना ही है। लापरवाही की सीमाओं को लाँघ कर, वह उन्हें प्रदान करने वाले के प्रति भी उदासीन हो जाता है। बेशक, रोज़मर्रा की ज़रूरतें हों या फिर संसर्ग, सम्भोग, साहचर्य का ही विषय हो। प्रेम भी जब रुटीन हो जाता है तो वह मात्र लिप्सा, ललक, स्वाद लोलुपता तक ही सीमित हो जाता है। जब तक वह उसमें नयी स्फूर्ति, नयी लालसा, नया सुख, नया उल्लास नहीं देख पाता वह प्रेम क्षीणता की ओर अग्रसर होता जाता है जो अन्ततः दाम्पत्य के साहचर्य तक ही सीमित रह जाता है। तब मन की उच्छृंखलता नयेपन की तलाश के लिए उग्र हो जाती है।

इन सब का संज्ञान, शोभित को तब हुआ, जब सूर्यास्त हो चुका था। उसे समझ नहीं आ रहा था कि क्या करे? वह तो मानकर ही चला था कि सौम्या है, वह होगी, उसी तरह चहकती, उसी तरह ज्योत्सना-पुंज, नवजीवन का संचरण करने वाली—अभिवादन को आतुर! वह तो घर से टेलीफ़ोन की डायरी तक नहीं लाया था। करे भी तो क्या? उसे न तो सौम्या के विभाग के अधिकारियों का पता, न ही किसी का फ़ोन नम्बर ही पता था। वह महिला तो ब्योरा देकर भीतर चली गयी। अगला दिन रविवार...।

सोचा, क्यों न शिमला फ़ोन करके ही पता कर ले। सौम्या ने भी कितनी ही बार कहा मोबाइल ख़रीद लो। परन्तु महँगा ही इतना कि ख़रीदा नहीं और सौम्या का मन्त्रालय कि फ़ाइल सरकते-सरकते आदमी कन्याकुमारी का चक्कर लगा आये परन्तु निर्णय फिर भी नहीं। उसे याद आया कि अभी उसी दिन ही तो पढ़ा था कि विलम्ब बहुत-सी समस्याओं का समाधान होता है। तभी तो भारत सरकार की अति धीमी गति से भी देश तो चल ही रहा है।

वह टेलीफ़ोन बूथ पर गया। पंडारा रोड मार्केट—पहले तो कभी गया नहीं था। कारें ही कारें। जबकि सड़कों पर अधिकतर थ्री-व्हीलर या टेम्पो ही मिलते हैं।

"हैलो..." उधर से आवाज़ आयी।

"हैलो जानकी...! कोई आया तो नहीं।"

"सर, आप हैय बोलत रहिन..? एकवया ट्रक आवत रहिन। बोलन दिल्ली साँ आवत रहिन..."

"और मैडम... सौम्या मैम..."

"नहीं सर, मैम तो नाँही आवत रहिन...!"

"ठीक से पता करो। हम सुबह तक पहुँचते हैं।"

करता भी क्या शोभित! दो-चार बँगलों से पता किया... परन्तु किसी को कोई ख़बर नहीं।

शिमला वापिस पहुँचा। महानगर देहली में किसी को किसी से कोई सरोकार नहीं, कोई वास्ता नहीं। मिनिस्ट्री के नॉर्थ ब्लॉक में चेयरमैन से बात तो हुई... परन्तु मिल नहीं पाया। हमेशा मीटिंग...। पता नहीं ये लोग काम कब करते हैं। कब सोचते हैं और कब देश के लिए नीतियाँ निर्धारित करते हैं। शोभित के निजी सम्पर्क सूत्र किसी भी काम न आ सके। पुलिस के भी अनाधिकारिक सूत्रों से इंवेस्टीगेशन करवायी। परन्तु निराशा ही हाथ लगी। महीने पर महीने बीतते गये और नये साल में भी अन्धकारमय मेघ छँटे नहीं। सौम्या जैसे सपना बनकर ही बिना पंख के उड़ गयी। किस देश—कौन जाने? वामा (सौम्या) ने फ्लैट की सीढ़ियों से उतर कर कार में चाबी लगायी ही थी कि उसने देखा बीस-इक्कीस वर्ष की एक सुन्दर, साँवले-दमकते वर्ण, घुँघराले लहराते केश, मुख पर अद्वितीय आभा जो उसके नैन-नक्श के पैनेपन को और भी मुखर कर रही थी—उसकी ओर तेज़ी से चली आ रही है। उसने बादामी पर टमाटरी रंग के टेसू के फूलों वाली टॉप और गहरे नीले रंग की टाइट जीन्स पहन रखी थी। एकदम आधुनिक युवती की भाव-भंगिमा, बहिर्गमनीय दृष्टिकोण और आत्मविश्वास की झलक—उसे काफ़ी आकर्षक बना रही थी।

आज सौम्या ने भी ताम्बाई रंग की लम्बे लहराते, कन्धों को सहलाते; केशों की विग पहन रखी थी। यहाँ आकर उसकी आदत ही हो गयी थी कि वह बदल-बदल कर विग पहनती या केश-विन्यास करती थी। आज उसने मलयाली ढंग से; सुनहली ज़री की गुलाबी साड़ी पहन रखी थी। उसे अपनी पहचान छुपाने की आवश्यकता तो थी नहीं। क्योंकि वह न कोई अपराधी या आतंकवादी थी और न ही कोई विदेशी थी। जिसे राजनयिक कारणों से उसे अपने देश निर्वासित किया जाये।

"गुड मॉर्निंग मैम!... आप मुझे नहीं जानतीं। पर मैं आपको जानती हूँ।"

"कैसे...?"

"आप सौम्या मैम ही हैं ना...। हम आपसे सी.ए.आर. शिमला में मिले थे।"

"नहीं, मैं वे नहीं जो तुम समझ रही हो।"

"नहीं मैम आपकी तो हमारे साथ फ़ोटो है।"

"ओ.के.। अभी तो मैं जल्दी में हूँ... फिर बात करना...।" और वह कार स्टार्ट कर चली गयी।

उसने अपनी फ्रेंड को उस महिला, सौम्या के साथ अपनी मम्मी की फ़ोटो दिखाई। वह भी सहमत थी कि वह फ़ोटोग्राफ उसी महिला की ही है। उसने भी ठान लिया कि वह उसका पता लगाकर ही रहेगी।

अगले दिन, उसने कैम्पस में टहलते हुए देखा कि मैम अपनी बालकोनी में, बिना विग के बैठी, कुछ पी रही हैं। दूर से समुद्र की लहरों का ऊधम, उठापटक ज़ारी थी। हवा का रुख़ भी ऐसा था कि लहरें साहिल पर आकर टकरा रही थीं। लग रहा था शाम तक वे आकर उनके परिसर की बाउण ड्री को छू ही लेंगी। सौम्या को जाने कैसे आभास हुआ कि कोई उसे मिलने को आतुर है। अन्यथा ये लहरें आज तक इस प्रचण्डता से उनके परिसर पर माथा नहीं पटकतीं। जब भूत से मोहभंग ही हो गया तो उसके विषय में क्या सोचना। जब मन ही निर्लिप्त हो, निर्विकार हो, तो सोच, रुझान, चिन्ता या उद्विग्नता किस बात की। अब उसे भी लगने लगा है, नहीं, लग ही चुका है, कि अब उन्मत्त, उच्छृंखल, स्वच्छन्द, चंचल, लहर नहीं है वह, उसका अस्तित्व कण-कण हो चुका है। वह जैसे अस्तित्वहीन, निष्प्राण हो चुकी है—केवल गौण अस्मिता, अनामिका!

डोरबेल बजी। आज बाई भी अभी तक नहीं आयी थी। दीन, हीन, दरिद्रों का जीवन पूरे भारत में एक-सा ही है। पुरुष का निठल्लापन, बेरोज़गारी और परिस्थितियों से पलायन उसे ड्रग्स और, शराब के गर्त में धकेल देता है। यातना, प्रताड़ना, शारीरिक और मानसिक—सभी स्त्री के भाग में। उसे लगा, वह भी इसके सुधार के लिए विशेष कुछ नहीं कर सकती। अपनी ओर से सहायता करती है। परन्तु संवेदनहीनता, अलगाव और भ्रष्ट तन्त्र ने समाज को जकड़ लिया है।

वह अन्यमनस्क-सी उठी। दरवाज़ा खोला।

"गुड मॉर्निंग, मैम! सॉरी। मुझे आपसे खूब बातें करनी हैं—प्लीज़ मैम...!"

"चलो आओ... बाहर कुर्सी ले आओ।"

उसने कुर्सी बाहर निकाली और पास बैठ कर एक फ़ोटो एल्बम निकाला।

"मैम आप जो भी कहें—आप हैं तो सौम्या मैम ही। मेरी मम्मी तो आपकी ज़बर्दस्त प्रशंसक थीं। इन फ़ोटोग्राफ से अधिक तो मेरे दिमाग़ में जो चित्र बना हुआ था आप तो उससे योजनों ऊपर हैं।"

उसने एल्बम में से सौम्या और मानसी की और सौम्या और मनीषा की दो-दो फ़ोटोग्राफ दिखायीं। सौम्या ने थोड़ा पलटा और मानसी, मनीषा, शोभित की कई फ़ोटोग्राफ थीं।

"मिलती हैं ना—मैम...!"

"हाँ, मिलती तो हैं। पर कोई और भी तो हो सकती है। मेरी ही हमशक्ल।"

"नहीं मैम, आपकी बात को नकारूँगी तो नहीं। पर हाँ, इतना अवश्य जानती हूँ कि आपकी भी कोई विवशता रही होगी जो आप यहाँ हैं। पर आप तो मेरी आदर्श हैं। मम्मी ने ही मुझे आपसे मिलवाया। मैं हूँ सोनाली—मानसी जी की बेटी!"

"चलो मान भी लूँ क्षण भर को। पर इस सबसे मेरा क्या सम्बन्ध!"

"सम्बन्ध तो है और नहीं भी। मम्मी आपको अपनी बड़ी दीदी मानती थीं। आपसे मिलकर कोई सम्बन्ध न जोड़े, यह तो हो नहीं सकता। मम्मी कहा करती थीं, पर अब आपको देखने के पश्चात मैं मान गयी... आप साक्षात् ही..." और उसका गला रुँध गया।

"फिर... अच्छा! आपकी मम्मी अब कहाँ हैं?"

"क्या बताऊँ मैम...! वो होतीं तो मैं आपको उन्हीं के साथ मिलती। उनके स्वर्गवास को करीबन छः महीने हो चुके हैं।" और सोनाली की मीन-सी आँखों से जलधारा बहने लगी।

सौम्या उठी। उसे हाथ पकड़ कर उठाया और अपने वक्ष से सटा लिया। सौम्या ने उसे चूमा—माथा, गाल, आँखें और केशों को सहलाती रही...।

"सोनाली आज से तू मेरी बेटी है। मत सोच तू अकेली है। तेरी मासी जो है। बस अब चुप और ज़रा बैठ! मैं तुम्हारे लिए कॉफ़ी लाती हूँ।"

सौम्या उठी और सोनाली उसके साथ ही किचन में चली गयी। सागर जो इतना उद्दण्ड हो रहा था, एकदम शान्त हो गया। प्रचण्ड हवा, धीमी, मन्द समीर-सी बहने लगी।

"मानसी को हुआ क्या था?"

"मैम... उन्हें ब्रेस्ट कैंसर था। उस दिन सर तो देहली चले गये थे। शायद शनिवार को। सोमवार को मम्मी का वहीं स्नोडन में टेस्ट हुआ। तीन दिन बाद बायऑप्सी रिपोर्ट आयी। कैंसर की आखिरी स्टेज थी। सर का पता नहीं था कि कहाँ पर हैं। मम्मी दिल्ली आ गयीं। मैं उस समय सेन्ट्रल सर्विसेज़ के एग्ज़ाम देकर हटी थी और फ्री थी। ऐम्स में एडमिट करवाया। कॉलेज ने बहुत सहायता की—। परन्तु सब लाचार, अशक्त,

असमर्थ...। मम्मी दिन भर आपकी, सर की ही बातें करती रहती थीं। न सर को ही पता और न मम्मी को ही पता—कि वे दोनों कहाँ हैं—किस स्थिति में हैं। अब मेरे लिए सारी दुनिया है पर मैं किसी की नहीं।" और वह सौम्या से लिपट गयी।

"पगली... क्यों घबराती है। तेरी मासी है तेरे साथ।"

कॉफ़ी के मग लेकर वे समुद्र के सामने बालकोनी में बैठ गयीं।

"अच्छा सोनाली! तुम यहाँ कैसे?"

"मॉसी—ठीक है ना या आन्टी कहूँ?"

"जो तुम्हें अच्छा लगे।"

"तब तो मासी ही कहूँगी। वो अंकल जो रोज़ आपको सैर करते हुए दीखते हैं और कभी-कभी बात भी करते हैं। वह आपको जानते हैं। उन्होंने कई बार आपकी फोटो 'द टाइम्स ऑफ़ इण्डिया' में देखी। कहते थे, यह तुम्हारी आंटी सी.बी.डी.टी. की अध्यक्ष बनने वाली थीं। पता नहीं क्यों छोड़ कर चली आयीं? मैं और उनकी बेटी सेन्ट्रल सर्विसेज़ की इंटरव्यू की तैयारी कर रही हैं। मैं फ्री थी इसलिए वो साथ ले आयी।"

"तब तो बहुत अच्छा है। अब तुम अपना सामान यहीं ले आना। जब तक इंटरव्यू के लिये न जाना हो, यहीं पर, मेरे पास रहना। और भी तो तुम्हारी मम्मी शिमला की बातें करती होंगी।"

"हाँ, सी.ए.आर. की। वहाँ की फैकल्टी की। चतुर चौहान जब से वापिस गाँव के पास कॉलेज में चला गया। सारी फैकल्टी ही बदल चुकी है।"

"मैम—मासी... एक बात कहूँ... कल ही मेरी एक शिमला की सहेली का फ़ोन आया था। वह भी हमारे साथ ही इंटरव्यू देगी। उसने बताया सी.ए.आर. के सर—डॉ. शोभित पिछले दो महीने से स्नोडन हॉस्पिटल में कोमा में पड़े हैं। पहले छोटी बेटी आयी थी—अब बड़ी बेटी है। बाक़ी तो मुझे भी पता नहीं कि अब उनके पास कौन है। वह कहती थी कि उनकी पत्नी भी सी.बी.डी.टी. में ही अधिकारी हैं। आप जानती ही होंगी।" सोनाली ने इस सहजता से बात की कि जैसे उसकी मम्मी ने शोभित और सौम्या के सम्बन्ध का बताया ही नहीं। वैसे बताया भी हो तो, बच्चे उतनी ही बात पर ध्यान देते हैं जितने से उन्हें मतलब हो। सौम्या एकदम पाषाण सी मौन!

"क्यों मासी क्या हुआ? चुप कैसे हो गयीं।"

"नहीं बस ऐसे ही...। कुछ ख़याल आ गया।"

कॉफ़ी पीकर, शाम को आने का वादा कर, सोनाली चली गयी। पति-पत्नी का सम्बन्ध बाक़ी सम्बन्धों से अलग और अटूट होता है। यदि उसकी नींव प्रेम पर खड़ी हो तो विछोह, अलगाव, दुराव कितना असहनीय, कष्टकर होता है, यह सौम्या समग्रता से जानती थी। जिस सुख-दुख में साथ निभाने की शपथ के आलम्बन पर उनका दाम्पत्य टिका था, उनके प्रेम का प्रासाद खड़ा था, उनका समस्त जीवन खिला था। उसी का एक स्तम्भ जर्जर स्थिति में निःसहाय। सौम्या का मन चीत्कार कर उठा। नहीं, वह कदापि ऐसा नहीं होने देगी। उसे तुरन्त शोभित के साथ होना है उसे जीवनी शक्ति देनी है। उसे संजीवनी शक्ति से संचरित करना है।

त्वरा ने एक ऊर्जा उत्पन्न कर दी। उठी–अटैची तैयार की जाकर सोनाली को घर की चाबियाँ दीं। बताया उसे तुरन्त जाना है–कुछ दिन में लौटेगी। उसकी सहेली का फ़ोन नम्बर ले लिया। गायत्री मन्त्र का जाप उसका रोम-रोम कर रहा था। शाम तक फ्लाइट से देहली और कालका मेल से सुबह कालका। टैक्सी ली। उसकी गति के साथ-साथ जीवन का पूरा घटनाक्रम उसी द्रुत गति से चल रहा था। एक समूचा जीवन–पूरे चालीस वर्ष का–वह मात्र दो-अढ़ाई घण्टों में ही जी गयी। लगा समुद्र संकेत दे रहा था कि 'उसे पिया मिलन की आस' है। रास्ते के पहाड़ों की हरी शॉल पर जामुनी, पीले फूल, लग रहा था जैसे शोभित ने प्रेम से ओढ़ा दी हो। उसका मन आशान्वित था, उद्भासित था, आलोकित था। जीवन, प्रकृति, प्रच्छन्न शक्ति सभी उसी के साथ थे। उसके प्रेम की सात्विकता, सार्थकता, निरन्तरता उसके साथ थी।

उसने पर्स से एक छोटी-सी डायरी निकाली और लिखा–

We live by slips alone
Escapades of a life that blooms
By the gushing torrents of today;
I, a mere witness of
the stillness of tomorrow
Who created the deluge in the rocks;
Never, mind!
Moments undergo a change,
for recreation of the new.

हम होते हैं अकेले ही
जीवन की फिसलन भरी, ढलानों पर—
जो आज की—वेगवति
लहरों के किनारे—
हैं फलती-फूलती!
और मैं—कल की नीरवता से अनभिज्ञ—
किसने पैदा किया—
इन चट्टानों में विप्लव—
क्या पड़ता है अन्तर!
हर पल परिवर्तनशील है, पुनः सृष्टि के लिए!!

सौम्या रोयी नहीं। संयत रही। बेटी को चूमती रही। उसके केश, पृष्ठिका सहलाती रही। बेटी को तो जैसे सुख का संसार मिल गया। गिले-शिकवे बाद में। पहले इस चक्रवात का सामना करना था। डॉ. ने बताया यह केस अति-तनाव, अति-अवसाद, डिप्रेशन और आत्मग्लानि का प्रतीत होता है। रक्तचाप बीच में कहीं एक बार बहुत ऊँचा चला गया होगा, जिससे मस्तिष्क की नसों को क्षति तो हुई है परन्तु रक्तस्राव नहीं हुआ। इसीलिए बचाव हो गया। मस्तिष्क को गहरा आघात लगा है। तभी ऐसी स्थिति उत्पन्न होती है। जैसे-जैसे मन स्थायित्व एवं शान्ति के क्षेत्र में अग्रसर होगा, चेतना लौट आयेगी। भगवान का धन्यवाद करो कि मस्तिष्क का हेमरेज या पक्षाघात नहीं हो गया। अब प्रेम से सहलाओ, उन्हें विश्वास दिलाओ। तभी सब कुछ सामान्य होगा।

चेतना, अवचेतना, अर्धचेतना, सभी अवस्थाओं में संवेदनाएँ, स्पर्श, अनुभूतियाँ, एहसास जीवित रहते हैं। रोम-रोम किसी अप्रत्याशित, किसी अति करीबी, अति मार्मिक नज़दीकी के लिए प्रतीक्षारत रहता है। धीरे-धीरे स्पर्श ने स्पन्दन पैदा कर दिया। झट से ख़बर फैल गयी कि सौम्या वापिस आ गयी है। महक कहाँ रुकने वाली थी। अगली ही फ्लाइट ली और अगले दिन प्रातः शिमला—माँ के आलिंगन में। जीवन किसी अति-आत्मीय के अवसान के बाद भी चलता तो है परन्तु वह खलिश, वह शून्य, वह खालीपन वैसा ही बना रहता है क्योंकि विज्ञान के सिद्धान्त के विपरीत वह शून्यता अक्षय होती है। उस समय लगने लगता है हर सम्बन्ध, हर रिश्ते का जीवन में क्या महत्त्व है या वह कितना नगण्य है।

एक सप्ताह के अथक संवेदनात्मक उपचार के पश्चात् प्रातः शोभित के नेत्रों में कुछ कम्पन महसूस हुआ। लगा वह आँखों को खोलने का

प्रयास कर रहे हैं। सौम्या ने प्रेमपूर्वक हाथ सहलाया और कान के पास जाकर मधुरिम वाणी से कुछ रस की बूँदे टपकायीं। “शश, देखो... मैं हूँ—योर विश... आय लव यू...” और दो ओसकण कोरों से ढलक कर शोभित के दाहिने गाल पर गिरे। कुछ ही पलों में आँखें खुलीं। पुतलियाँ घूमी, सामने पाया उसकी जीवनदायिनी प्रेयसी, सौम्या, शोभन शिखा और सौम्य महक। शिखा और महक ने आगे बढ़कर पापा को चूमा...। शोभित ने प्रयत्न किया कि हाथ उठाकर उन्हें आशीर्वाद दे; परन्तु प्रयास विफल रहा। परन्तु दो मोती दोनों नयनों से छलके जिन्हें सौम्या ने हथेली पर ले चूम लिया। बालों में उँगलियाँ फेरीं... और एक सुखद प्रशान्ति की लहर एक-एक की नस-नस में कौंध गयी।

होटल ग्राण्ड का 'बॉल' आयोजन—रंग-बिरंगी स्प्लिट लाइट्स और फ्लोर में से विकीर्ण और प्रसृत होती लाइट्स, पूरे परिवेश को रूमानियत और चकाचौंध से अचम्भित कर रहे थे। सौम्या ने अपने सभी परिचितों को और शोभित के सभी घनिष्ठ मित्रों और करीबियों को निमन्त्रित किया हुआ था।

हॉल में उपस्थित थे विशिष्ट अतिथि सी.बी.डी.टी. के चेयरमैन, केन्द्रीय वित्त सचिव, सौम्या की दीदी सुनयना और उनके पति युवराज; शिखा, समीर और उनका बेटा जो तीन महीने से यू.एस. से आये हुए थे। महक उसके पति गुसताव जेम्स, आस्था, आकांक्षा, कशिश कोटली, चतुर चौहान और कुमारहटी तथा सी.ए.आर. के समस्त कर्मचारी। उल्लास और खुशी से परिपूर्ण वातावरण एक सुखद आनन्द, परितोष, उल्लास और प्रसन्नता से चहक रहा था। प्रायः सभी जानते थे कि यह भव्य पार्टी डॉ. शोभित के लम्बी व्याधि से स्वस्थ होने की खुशी में जा रही है।

हॉल की सजावट, अलंकरण, सजधज, वैभवशालिता और शानोशौकत से माहौल शादीनुमा लगता था। भीड़ इतनी कि लगता था हॉल छोटा पड़ रहा है। हॉल के बीचोबीच टेबल पर एक बड़ा-सा केक सजाया हुआ था। केक पर पाँच गुलाबी रंग की कैंडल्स और एक कैंडल लाल रंग की थी।

परिवार के सदस्य एवं सभी अतिथि विस्मित थे कि इन कैंडल्स और केक का क्या प्रयोजन है। बॉल हॉल के प्रवेश द्वार के ठीक सामने—करीबन पचास फुट की दूरी पर एक स्टेज पर पोडियम और माइक था। सौम्या स्टेज पर चढ़ी। उसकी नारंगी सिल्क साड़ी पर हल्के आसमानी रंग का

लाँग कोट और लताओं की लत्तरों से लहराते केश, कानों में डायमण्ड के बुन्दे; गले में लहराता सॉलिटेयर; सभी उसके कँटीलेपन को उभार रहे थे। माइक पर जाकर उसने प्रारम्भ किया–

"मे आय हैव योर फेवर प्लीज़!" सभी आगंतुक धीमे-धीमे स्टेज की ओर सरके।

"मैं आप सभी आमन्त्रित मित्रों और परिजनों का हार्दिक अभिनन्दन करती हूँ। आपका अतिशय धन्यवाद भी कि आप सभी की प्रार्थनाओं और शुभकामनाओं के फलस्वरूप, मेरे पति डॉ. शोभित, एक लम्बी बीमारी के पश्चात् स्वस्थ हुए हैं। आपकी गुड विशिज़ हमारी बहुमूल्य धरोहर हैं।

दूसरी बात यह कि इस टेबल पर रखे गये केक में पाँच गुलाबी मोमबत्तियाँ मेरी बेटियों, दामादों और एक नाती के लिये, नीले रंग की डॉ. शोभित के लिये और यह नारंगी रंग की छठी मोमबत्ती एक विशेष युवती के लिये है।"

इतने में स्टेज पर एक युवती, लम्बी, छरहरे बदन की सौम्य, सुन्दर-सलोनी काम्या-सी सामने आयी और सबके समक्ष, अभिवादन करते हुए हाथ जोड़ कर नतमस्तक हो गयी। सभी हतप्रभ, हैरान... आखिर यह है कौन? डॉ. शोभित और बेटियाँ भी अचम्भित... "इसका नाम है सोनाली। यह मेरी तीसरी प्यारी-सी बेटी है वह नारंगी कैडल इसी के लिए है। आज इसका जन्म दिन है। विश हर... हैप्पी बर्थ डे... मेनी हैप्पी रिटर्नज़ ऑफ द डे...। आज से यह हमारे परिवार की सदस्य होगी।"

और वह सलोनी का हाथ पकड़े हुए ठक-ठक करती नीचे उतर आयी सभी, सम्बन्धी और मित्रवर्ग आश्चर्यचकित। यह असाधारण सुन्दरी... इतने सालों बाद... सौम्या की तीसरी बेटी...!

एक विवादास्पद विषय पर, परस्पर चर्चा के मध्य, केक काटने क प्रथा पूरी की गयी। खाना आवश्यकता से अधिक स्वादिष्ट था क्योंकि उसमें 'सोनाली' का तड़का लग चुका था।

❑❑